岳乃红 著

走向深度阅读

小学整本书
阅读教学 9 讲

江西教育出版社
JIANGXI EDUCATION PUBLISHING HOUSE
·南昌·

赣版权登字-02-2024-351
版权所有 侵权必究

图书在版编目（CIP）数据

走向深度阅读：小学整本书阅读教学9讲 / 岳乃红著. -- 南昌：江西教育出版社，2024.8（2024.9重印）.
ISBN 978-7-5705-4456-1

Ⅰ.G623.232

中国国家版本馆CIP数据核字第2024RT9273号

走向深度阅读：小学整本书阅读教学9讲
ZOUXIANG SHENDU YUEDU : XIAOXUE ZHENGBENSHU YUEDU JIAOXUE 9 JIANG

岳乃红 著

江西教育出版社出版
（南昌市学府大道299号 邮编：330038）

出 品 人：熊 炽
责任编辑：苏晓丽
美术编辑：张 延
封面设计：王梦珂

各地新华书店经销
江西省和平印务有限公司印刷
710毫米×1000毫米 16开本 20.5印张 263千字
2024年8月第1版 2024年9月第2次印刷

ISBN 978-7-5705-4456-1
定价：68.00元

赣教版图书如有印装质量问题，请向我社调换 电话：0791-86710427
总编室电话：0791-86705643 编辑部电话：0791-86708350
投稿邮箱：JXJYCBS@163.com 网址：www.jxeph.com

序言 XUYAN

岳乃红老师是小学语文整本书阅读的先行者、推进者和持续建设者，20年前筚路蓝缕开创"班级读书会"，在实践研究中形成专著《班级读书会ABC》。如今实践研究不断深化，她又出版新著《走向深度阅读：小学整本书阅读教学9讲》，功莫大焉。

我对小学语文整本书阅读的了解和认识，受教于岳乃红老师。大约是2007年《班级读书会ABC》出版之际，我第一次现场聆听的整本书阅读教学课，就是岳老师讲的绘本《团圆》，随着绘本幻灯片一页页地翻过，岳老师声情并茂地娓娓道来的场景，至今历历在目。

2013年起，我主持建设国家级精品资源共享课《小学语文课程标准与教材研究》，其中第五单元"小学整本书阅读指导"邀请岳乃红老师担任主讲，包括"整本书阅读概述""整本书阅读的课程设计""整本书阅读活动的开展"三个专题，岳老师专程从扬州赶到上海，在教学试验班现场教学并全程录像。该单元的主要课程资源，是岳老师的

《柳林风声》交流课教学设计、《一年级大个子二年级小个子》课例、《柳林风声》教学课件等。

2014年起，我任教育部《中小学幼儿园教师培训课程指导标准：义务教育语文学科教学》研制组首席专家，该培训课程指导标准的"阅读教学"领域有五个"核心能力项"，其中第五项"整本书阅读指导"的研制工作主要依仗整本书阅读教学卓有成效的两个团队：一个是岳乃红老师和她的合作者丁筱青老师等，另一个是深圳市南山实验教育集团的宋鹏君老师、周美英老师、王剑宜老师等。培训目标相当于语文教师的教学能力标准，所研制的"整本书阅读指导"培训标准摘录如下（2017年教育部颁布）：

1. 了解适合不同学生年龄段的阅读推荐书目，在亲历阅读的基础上，积极而负责任地向学生推荐优秀作品，指导学生有品位地选择课外读物。

2. 能根据作品特质和学生实际，选择班级共读的若干作品，制订学年或学期的共读计划。

3. 能从儿童视角解读文本，从阅读兴趣、阅读能力、文学素养、身心成长等方面，设计适合学生成长的整本书学习任务。

4. 能围绕学习任务，从版本选择、导读引领、自读指导、交流话题、呈现阅读成果和阅读延伸等方面设计共读活动流程。

5. 能组织班级读书会，采用大声朗读、故事讲述、话题交流、戏剧化表演等教学方式，组织学生分享阅读经验。

对照上述"整本书阅读指导"培训目标来读《走向深度阅读：小学整本书阅读教学9讲》这本新著，可以看出岳乃红老师经过多年的不懈努力，对整本书阅读教学的认识和经验不断深化和丰富。深化和丰富主要表现在两个方面：

一是理论研究。第三讲论述了整本书阅读教学的理论基础，包括经验本位的课程观、认知心理学中的图式理论、文学理论中的接受美学和朱迪思·朗格的"文学想象"的五个立场。论述整本书阅读教学方法的第五、六、七讲，依据上述理论具体解说整本书阅读教学的方法要领及其原理。

二是整本书阅读指导方法。整本书阅读教学有导读、推进、交流三个阶段，这已经成为中小学语文教师较为普遍的共识，但导读导什么、推进如何推、交流怎么开展，至今仍是广大语文教师开展整本书阅读教学的难点和痛点。在第五、六、七讲，岳乃红老师结合一个个实例，条分缕析地讲述了只有整本书阅读教学的深耕者才能发现的指导方法及其要领。例如，导读的多种方法及其适用的图书，选择片段的方法及其注意点，日常化推进的具体方法，梳理故事情节的多种方法及其适用的图书，等等。这部分内容对有效地开展整本书阅读教学具有较大的现实意义和指导作用。

在第九讲，岳乃红老师把《海底两万里》中的一段话作为引言："耐心和持久，胜过激烈和狂热，不管环境变换到何种地步，只有初衷与希望永不改变的人，才能最终克服困难，达到目的。"整本书阅读是语文新课程改革着力推动的一个领域，也面临着一系列困难，愿更多的语文教师怀抱"语文教育—儿童教育—人的教育"的初衷和希望，学习和运用岳老师在本书中所论述的原理和方法，扎扎实实地投入整本书阅读教学中。

王荣生

2024 年 5 月 22 日

自序 ZIXU

始于热爱　结于丰盈

　　打开电脑。此刻，眼前是一张电子白纸，一如我此刻的心，空空荡荡。我不知道该写些什么，从没有一篇文章让我如此犯难，更何况在此之前我已经想了好长时间。就算是一节整本书阅读交流课的设计，想这么长时间也应该有些眉目了。

　　可是，此刻，我仍旧不知道该从哪里说起。

　　我有一个习惯：每次设计一节整本书阅读交流课，我都是先想一段时日，就是不动笔光想的那种。上班路上，忙忙碌碌的车辆和行人在我眼前来来去去，我没看见，就想着怎么设计；骑着自行车去有线电视服务中心办理业务，细雨从淮海路密密的梧桐树叶的缝隙间飘落下来,我居然没有感觉到,就想着怎么设计了;在阳台上晒衣服,儿子忽然气呼呼地跑过来问为什么老是不回答他的问题,我没听见啊,我心里想着怎么设计呢。

最好玩的一次是,沉浸在《绿野仙踪》的世界里已经有一段时间了,我还是没有找到一个通往好的讨论的"黄砖路",而这期间恰好碰上了我和先生的结婚纪念日。准备糊里糊涂地过一下吧,可先生却很重视,尽管那天一个朋友突然要在茶楼跟他聊很重要的事情。怎么办呢?先生只好带上我。走进一个茶室后,先生立刻与对方聊了起来(主要是想早点结束)。我闲来无事,便抽出桌边的便笺纸,顺手拿起一支秃头秃脑的铅笔,准备在纸笔间消磨时间。不承想,在他们的吞云吐雾中,我居然找到了灵感,写下了那节交流课的大致思路。难道这"云雾"倒成了我出入"奥兹国"的通道?哈哈,问题终于破解!

当你埋头于一件事情的时候,这件事情也会向你敞开它的门户。

可是此刻,门户并没有敞开,我仍旧不知道该从哪里说起。

我有一个外号,叫"岳自强"(哈哈,暴露自己的小秘密了,别笑哦),意思就是特别爱学习,自强不息。一点也不夸张地说,我就是一个特别爱学习的人,对这个世界始终保有一颗好奇心,想去了解,想去探究。

就拿阅读儿童文学作品来说吧。童年时期的我在这方面的阅读真的很贫瘠,没关系啦,从头开始。从阅读一本本儿童文学作品开始,到现在可以给老师和孩子们推荐适合他们阅读的书单,我走过了二十年。从阅读一本本文学理论书开始,到现在能较为自如地运用这些理论解读手上的一本本童书,我走过了十五年。从阅读别人的作品解读到尝试着自己撰写儿童文学作品赏析文章,我也走过了十多年吧。

2021年12月27日,我收到了一本书——《战地厨子和半个小兵》。

那时我刚刚带着孩子们探讨完"战争"主题的作品，竟又得到了一本精美厚重的书，喜不自禁之时，便毫不犹豫地答应了编辑的邀约——写一篇赏析文章。有的时候我也恨自己呢，为什么总是"毫不犹豫"?!明明当时的工作已经排到了春节前，明明知道春节应该好好放松一下，结果还乐呵呵地跟编辑说"春节在家写"，还说什么"春节就是充电的时候"，我也是服了自己了!既然应承了下来，那就要做到呀。谁知接下来发生的各种各样的事情，让写作时间整整推后了一年，直到2023年春节期间我才完成这篇文章。除夕吃完年夜饭，我在阅读《战地厨子和半个小兵》；大年初五至初八，我又把这本书读了一遍，还做了详细的笔记。这本书，我前前后后读了六七遍，才完成了那篇赏析文章。

为什么如此执着地去做这件事情呢？只去解读文本，也可以设计教学呀，干吗非要写成文章呢？这就是"自强"在作怪，就是想突破一下自己——我非常清楚我自己，写文学赏析不是我的强项——如果自己把自己发展的路给堵死了，那么我该如何发展自己呢？只有跳出自己的舒适圈，才能有跳跃时的舒展，尽管拉伸时是有阵痛的。

此刻，我正处于写作的阵痛当中，我还是不知道该从哪里说起。

我是一个"工作狂"，用先生的话说，工作就是我的爱好。每天晚上，我都有一件必做的事情——在线上读书群里回应孩子们交流的阅读感受，即便是出差路上，在晃荡的车厢里，在颠簸的汽车上，也从不愿落下。上个月在西藏班戈县，海拔4 700多米，我一边吸着氧气一边在群里回应孩子们，先生说我不要命了。

之前，我没有尝试过这种共读方式，是2017年的一次偶然试水让我尝到了甜头。那一年，我要跟一群三年级的孩子共读《长袜子皮皮》，可是我和孩子们在两个不同的城市，怎样才能实现真正的共读呢？我和这个班级的老师商量后，决定建一个线上读书群，带着孩子们一章一章地朗读，并围绕设计的话题展开实时讨论。这种高质量的共读，让孩子们在交流课上有了不同凡响的生长。

从那时候起，我就开始通过线上读书群和孩子们共读一本本童书，用日常的力量锻造孩子们的阅读能力。所有这些不经意间的尝试和行动，也许会指引你走向明亮地带。

明亮地带，明亮地带……

呀，此刻，我不就已经在明亮地带了吗？说着说着，聊着聊着，原先的那张电子白纸竟然也已经密密麻麻地写满了字，你们也知道了一些不为人知的背后的故事了（这些思考和实践的成果全在这本书里哦），这不就是我想要对你们说的吗？

哈哈，当你不知道怎么走的时候，先迈出一小步，再迈出一小步，走着走着，脚下就是路啦。

今日恰逢芒种，这是一个适合种植的日子。写下这段文字，是想对你和我自己说——

"始于热爱，结于丰盈。"

岳乃红

2024 年 6 月 5 日于家中书房

目录

- **第一讲　你应该知道的整本书阅读** / 001
  - ◎ 你质疑过"整本书"这个概念吗 / 003
  - ◎ 小学生阅读的整本书有哪些类型 / 005
  - ◎ 从三个维度理解整本书阅读 / 007

- **第二讲　数字时代还需要整本书阅读吗** / 021
  - ◎ 影响儿童阅读的环境因素 / 023
  - ◎ 数字时代对儿童阅读产生的影响 / 028
  - ◎ 数字时代的儿童与整本书阅读 / 032
  - ◎ 儿童文学作品是儿童整本书阅读的重要内容 / 037

- **第三讲　整本书阅读教学的理论基础** / 043
  - ◎ 经验本位的课程观 / 045
  - ◎ 认知心理学中的图式理论 / 048

◎ 文学理论中的接受美学　　　　　　　　　　　　　／050

◎ "文学想象"的五个立场　　　　　　　　　　　　／052

第四讲　整本书阅读中的"三"是一个神奇的数字　／057

◎ 整本书阅读的三种形态　　　　　　　　　　　　／059

◎ 整本书共读课程设计的三个步骤　　　　　　　　／066

☆ 案例分享：一条冷漠的深海大鱼也是会流泪的

——《战地厨子和半个小兵》中托托特的人性回归之旅

／080

第五讲　打开一本书　打开一个世界——导读课的要领　／087

◎ "导读"这件事也是可以取舍的　　　　　　　　／089

◎ 导读方式可以有很多种　　　　　　　　　　　　／090

◎ 导读课的开启路径　　　　　　　　　　　　　　／093

◎ 故事永远是第一位的　　　　　　　　　　　　　／097

◎ 选择故事片段的几个注意点　　　　　　　　　　／101

◎ 呈现故事片段的方式　　　　　　　　　　　　　／108

◎ 关于故事片段的讨论　　　　　　　　　　　　　／117

◎ 导读课的教学流程与教学注意点　　　　　　　　／120

☆ 案例分享：《罐头里的小孩》导读课教学设计　　／123

- **第六讲　日常的力量——日常化推进的方法** / 133
  - ◎ 整本书阅读的日常化推进 / 135
  - ◎ 日常化推进可以这么做 / 143
  - ◎ 日常化推进可以收获什么 / 157
  - ◎ 设计一份阅读学习单 / 160
  - ☆ 案例分享：《草房子》日常交流问题 / 164
  - ☆ 案例分享：《柳林风声》阅读学习单 / 167

- **第七讲　来一场苏格拉底式对话——阅读交流课的设计与组织** / 173
  - ◎ 交流课难上，但值得做 / 175
  - ◎ 设计一节阅读交流课 / 182
  - ◎ 梳理故事情节有办法 / 193
  - ◎ 主题·话题·问题 / 205
  - ◎ 讨论催生智识 / 218
  - ☆ 案例分享：《绿野仙踪》交流课教学实录 / 226

- **第八讲　与整本书阅读相伴的写作** / 249
  - ◎ 整本书为创意写作提供了多种可能 / 251
  - ◎ 在整本书中看到写作的秘密 / 261
  - ☆ 案例分享：《布伦克的故事》诞生记
    ——《下落不明的故事》读写活动 / 277

第九讲　整本书阅读呼唤怎样的师者　　　　　/ 289
　　◎一个追求心灵完整的教师　　　　　　　/ 291
　　◎一个深具思考能力的读者　　　　　　　/ 295
　　◎一个共创式教练　　　　　　　　　　　/ 297

附录　整本书阅读推荐书目　　　　　　　　　/ 306

后记　　　　　　　　　　　　　　　　　　　/ 311

第一讲

你应该知道的
　　整本书阅读

1

> 有一个孩子每天向前走去，他看见最初的东西，他就变成那东西，那东西就变成了他的一部分……
>
> ——[美国]沃尔特·惠特曼

> 童年时代，儿童对各种影响，无论好与坏，其灵敏度和易接受性都是超过人生其他任何阶段的。尽管每个儿童先天的智力各不相同，但他们的潜力依然是无限的。在这种情况下，为什么我们不将那些公认为有价值的、令他们愉快且帮助他们成长的书交到他们手中呢？
>
> ——[加拿大]李利安·史密斯

读一读沃尔特·惠特曼的诗句吧。如诗中所说，你在人生初始阶段遇见的人、看见的景、遭遇的事，还有读过的书，都会一点一点地被你吸收，最终成为你现在的模样。你正在做着将世界上最美妙的文字带给孩子的工作。在著名儿童文学研究者李利安·史密斯眼里，那些被"公认为有价值的、令他们愉快且帮助他们成长的书"，最终也会成为孩子们的一部分。

咱们中国人是有崇尚"读书"的传统的，正所谓"万般皆下品，唯有读书高"。谈到小孩子的教育，一般不叫"学习"，而叫"读书"，说明在潜意识当中，我们是将"学习"与"读书"画等号的。

如今我们也谈读书，在母语教育的语境下大家耳熟能详的说法是"整本书阅读"。我想，这一点你并不陌生。

你质疑过"整本书"这个概念吗

通常，我们会说"书""一本书"，可是现在挂在嘴边的却是"整本书"，尤其是2001年《义务教育语文课程标准（实验稿）》（下文简称"2001版课标"）颁布后，这种说法逐步普及开来，因为当年的课标上有这样一句话："提倡少做题，多读书，好读书，读好书，读整本的书。"由此，"整本书"和"整本书阅读"的说法逐渐被大家所知道、熟悉、运用，并且慢慢地变成了一个概念、一个专业术语。

你是什么时候听说"整本书"这个概念的？你质疑过这个概念吗？如果你没有质疑过，这很正常，课标里就是这么说的呀；如果你质疑过，也是正常的，这毕竟与我们以往的说法不一样。那么，怎么来认识"整本书"这个概念呢？

好好想一想，你是不是觉得"整本书"其实是一个很奇怪的概念？纸质读物一般以书的样态呈现在读者面前，或大或小，或厚或薄，都是一本本实实在在的书，其中也包括每个小学生手上的语文教科书。既然如此，为什么还要在"书"前面加个"整本"，特别强调是"整本书"呢？

那是因为自 20 世纪初"语文"单独设科以来，小学教科书基本上采用的是以单篇文章为主的"文选型"教材编写模式，也就是说小学阅读教学以阅读单篇文章为主，甚至几乎全部是单篇文章。历年来，我国颁布的语文课程标准或多或少都提出过"辅助性读物""课外读物"的概念，并期望以此增加学生的阅读量，但是语文教科书的存在让广大一线教师错误地认为教科书就是语文课程内容的全部，阅读一本书的行为基本上被边缘化了。2019 年，我国义务教育阶段所有年级开始统一使用统编版语文教材。为了突出"整本书阅读"的重要性，教材特辟了一个"快乐读书吧"板块，给孩子们推荐了一些必读和选读的图书。至此，一本书的阅读才开始真正意义上进入小学语文教师的教学视野。

正是由于长期以来看不见阅读一本书的意义和价值，语文教育观念和行为的滞后就成为必然。这也就是今天如此大张旗鼓地强调"整本书"和"整本书阅读"的缘由。

语文课程与教学论专家王荣生教授在谈到"文本形式"的时候，将整本书和单篇文章都看作单个纸质文本[①]。单篇文章，这是一线教师最熟悉不

---

① 王荣生. 阅读教学设计的要诀 [M]. 2 版. 北京：中国轻工业出版社，2021：6.

过的了,每天的语文教学几乎都是围绕着它在转。那么,怎么理解"整本书"这个概念呢?"整本书"中的"整"是完整、整体的意思,是相对于"碎片化"而言的,体现了全面、系统与深入。这里的"本"是阅读的数量单位,既可以是独立的一本,也可以是相互关联的多本组成的套系,它是相对于单篇文章而言的,体现了丰富、复杂与多样。如果非要给"整本书"下一个定义的话,可以这么来表达:围绕一定主题,完整、系统地讲述或呈现相关内容的一本书或一套书。

为了与课程标准,以及大家心中已经形成的概念保持一致,本书中还是使用"整本书"和"整本书阅读"这种表述。

小学生阅读的整本书有哪些类型

先来看看统编版小学语文教材"快乐读书吧"中给孩子们推荐了哪些图书(如表1-1)。

表1-1 统编版小学语文教材"快乐读书吧"推荐书目

年级	上册	下册
一年级		童谣、儿歌
二年级	童话故事	儿童故事
三年级	《安徒生童话》 《稻草人》 《格林童话》	中国寓言 伊索寓言 克雷洛夫寓言
四年级	中国神话故事 世界神话传说	《十万个为什么》 《看看我们的地球》 《灰尘的旅行》 《人类起源的演化过程》

（续表）

年级	上册	下册
五年级	中国民间故事 欧洲民间故事 非洲民间故事	《西游记》 《三国演义》 《水浒传》 《红楼梦》
六年级	《童年》 《小英雄雨来》 《爱的教育》	《鲁滨逊漂流记》 《骑鹅旅行记》 《汤姆·索亚历险记》

从文体类型来看，统编版小学语文教材推荐的整本书可大致分为文学作品和实用性文体两类。除了四年级下学期推荐的《十万个为什么》《看看我们的地球》《灰尘的旅行》属于实用性文体中的科普类作品以外，其余都是文学作品。这样的安排似乎在向我们传递一个信号：小学语文教材中的"整本书阅读"以文学作品，尤其是儿童文学作品为主。为什么这样安排呢？这个问题将在下一讲中具体阐述。

单就文学作品来看，教材推荐的大都是虚构类文学作品，没有涉及散文、传记、报告文学等非虚构类文学作品，其中"散文"这一文体在教材提供的单篇文章中占比很高。在进行整本书阅读的时候，你也可以给孩子们推荐一些适合他们阅读的非虚构类文学作品。

当然，实用性文体也是不可缺少的阅读营养。如今，大家对于科普类作品阅读的重视程度越来越高，各种优秀的作品被创作出来或被引进出版，除了教材中推荐的科普作品外，小学生有着更为广泛的挑选余地，其中一些非连续性文本和混合文本（连续性文本和非连续性文本的结合）也是孩子们喜爱阅读的文本类型。

在文本形式上，孩子们阅读的整本书大致有两种样态：

一是短篇作品合集。这当中包含一个作家的短篇作品合集，也包括以一个主题集合起来的作品集。统编版小学语文教材推荐的整本书，大部分是短篇作品集，以一个作家的作品集或搜集整理的民间文学作品集为主。

二是大部头的长篇作品。这些作品完整讲述了一个连贯或关联的故事或知识，小学生平时阅读的儿童文学作品主要以这种样态为主。长篇作品在统编版小学语文教材高年级才开始出现。那么，是不是长篇作品只能在高年级阅读呢？显然不是这样的。每个年级都有适合孩子们阅读的长篇童话、小说等，只是文本难度有所不同而已。长篇作品的阅读非常重要，正如著名儿童文学作家曹文轩老师所说："一个孩子必须阅读规模较大的作品，随着年龄的增长，越是如此。因为，大规模的作品，在结构方式上，是与短篇作品很不一样的。短幅作品培养的是一种精巧和单纯的思维方式，而长篇作品培养的是一种宏阔、复杂的思维方式。"

除此之外，图画书也是孩子们阅读的一种整本书，它用图画和文字共同讲述了一个完整的故事或相关知识，因此图画书是一种特殊的艺术类型。

在这本书中，我们将重点探讨以文字为主的儿童文学长篇作品的阅读，看看如何在较大规模的作品的阅读中培养孩子们的语言、思维和精神。

从三个维度理解整本书阅读

我们基本上厘清了"整本书"这一概念，同时也对小学生阅读的整本书的不同类型做了了解。接下来我们试着从不同的维度来理解"整本书阅读"这个概念。

维度一　作为个人阅读行为的"整本书阅读"

如果说，"整本书"是文本的一种外在表现形式的话，那么"整本书阅读"就是一种阅读行为，强调的是"读整本的书"这件事情。因此，"整本书阅读"首先可以理解为作为阅读主体的读者个人化的阅读行为。

既然如此，读者需要面对三个问题：

第一，要不要读？

关于这个问题可以有两个理解，首先是要不要做"读书"这件事情。你肯定会说读书总归是要的，一个人怎么能不读书呢？有一本书叫作《宛如一部小说》，这本书提出了关于读者的十个权利，其中第一个权利就是"不读的权利"[①]。这个权利的提出，倒是让我们可以从另一个角度来思考作为个人阅读行为的整本书阅读。当班级里面有一些孩子还不爱读书的时候，不要过于着急、焦虑，不要试图用阅读的宏大意义去说服他们，可以选择采用更适合于个体的方式让其慢慢地走进阅读世界。

这个问题还有第二个理解，也就是要不要读"这一本书"。这本书可能是老师或同伴推荐的，可能是自己从未涉及过的内容或者感觉有点难度的，那么要不要读，什么时候读？都交由读者自己来决定。

第二，读什么？

在"自然阅读"状态下，"读什么"是读者说了算的事，完全取决于读者自身的阅读喜好和阅读需求。根据自己喜欢的文本类型来选择读书的内容，是小学生常见的阅读倾向。一般来说，小学生比较喜欢故事类文本，童话、小说都是他们所喜爱的；随着年级的升高，阅读喜好还会呈现性别

---

① 达尼埃尔·佩纳克.宛如一部小说[M].赵爽爽，译.上海：上海文艺出版社，2014：159.

差异，比如，不少男孩子会喜欢阅读历史、科学、军事等方面的书籍；有些时候为了完成研究性学习或综合性学习的一些项目，孩子们也会根据研究的主题主动去阅读一些书，寻找到自己需要的相关资料。

第三，怎么读？

采用什么方式阅读一本书呢？这完全取决于读者自身的阅读取向。什么是阅读取向呢？王荣生教授在《阅读教学设计的要诀》这本书中提出用"阅读取向"统括阅读目的、阅读任务、阅读观念、阅读态度、阅读姿态、阅读习惯、阅读兴趣、阅读趣味等，并指出"读者的阅读目的、阅读任务等决定阅读取向"[1]，比如，为了获取信息而阅读，为了学习知识、增进理解而阅读，为了参与社会公共事务而阅读，为了丰富个人的文学生活而阅读，等等。

"一位读者要追求的目标——为了消遣，获得资讯或增进理解力——会决定他阅读的方式。"[2] 从阅读行为的角度来看，阅读方式可以分为朗读和默读、精读、略读、速读、泛读、跳读等。读者可以根据自己的阅读取向来自由选择阅读方式。比如，前段时间为了带着孩子们一起研究"王安石变法"这个专题，我读了一些书，其中有一本书是《王安石传》。这本书分为上、下两册，共15章、52万字。我是怎么读的呢？关于王安石的人生经历部分，我采用了略读的方式，主要是为了获取信息，为分析王安石变法找到其个人性格、政治主张和社会背景等方面的依据。王安石是著名的文学家，书中难免会介绍和分析王安石的诗歌与散文，我一般采用跳读，甚至有些地方我直接选择翻页不读，毕竟此次阅读的目的并不是为了欣赏

---

[1] 王荣生. 阅读教学设计的要诀 [M]. 2版. 北京：中国轻工业出版社，2021：20.
[2] 莫提默·J.艾德勒，查尔斯·范多伦. 如何阅读一本书 [M]. 郝明义，朱衣，译. 北京：商务印书馆，2004：18.

他的作品。到了讲述王安石变法的内容及其产生的社会影响部分，我放慢了阅读速度，运用精读的方式在书中圈圈画画，遇到不清楚的地方会选择重读，有时还会联系书中前面的内容做出推论以确保理解到位，遇到不理解的名词术语还会上网搜一搜，有些句子的意思读不明白干脆朗读一下。所以，选择什么样的阅读方式完全取决于阅读取向，根据阅读取向还可以叠加运用不同的阅读方式。

小学生进行整本书阅读，尤其是自主阅读的时候，大部分是为了丰富个人的文学生活和获取信息而阅读；而在进行班级共读的时候，就更倾向于为了学习知识、增进理解而阅读。好的阅读者，其阅读方式和阅读取向是一致的，根据不同的阅读取向选择适宜的阅读方式，是一个成熟读者的表现。

维度二 作为课程的"整本书阅读"

2001版课标提出"读整本的书"，"整本书阅读"开始进入一线教师的视野。二十年过去了，2022年新的《义务教育语文课程标准》（下文简称"2022版课标"）颁布，明确提出"整本书阅读"的概念，并将其作为"拓展型学习任务群"加以落实，充分彰显了整本书阅读的重要性以及我们国家语文课程建设的丰富性与多样化。

当整本书阅读进入课程领域，它就是一种课程形态，强调的是课程的目标、内容、实施、评价等。

课程目标

2022版课标关于"整本书阅读"提出了学段课程目标。那么，小学阶段整本书阅读的总目标应该如何确定呢？

在《如何阅读一本书》中，美国教育家莫提默·J.艾德勒和查尔斯·范多伦提出了阅读的四个层次，其中第一个层次是"基础阅读"。他们认为"在熟练这个层次的过程中，一个人可以学习到阅读的基本艺术，接受基础的阅读训练，获得初步的阅读技巧……这个阅读层次的学习通常是在小学时完成的"①。

美国儿童发展心理学家玛丽安娜·沃尔夫将阅读者分为五种类型②（如图1-1）。

图 1-1　阅读者的五种类型

第一种，萌芽级阅读者。这个阶段大约是从出生到五岁左右。沃尔夫称这个阶段的阅读"来自于长年的感知、不断增加的概念与社交发展，并且持续地接触到口语与书面语言"③。在这个阶段，"对儿童说的话越多，他们对口语的了解也会越多；为儿童读的书越多，他们对周围语言的理解就越深，词汇量也会越大"④。

第二种，初级阅读者。这个阶段的儿童开始系统地学习书面语言。对

---

① 莫提默·J.艾德勒，查尔斯·范多伦.如何阅读一本书[M].郝明义，朱衣，译.北京：商务印书馆，2004：19.
② 玛丽安娜·沃尔夫.普鲁斯特与乌贼：阅读如何改变我们的思维[M].王惟芬，杨仕音，译.北京：中国人民大学出版社，2012：110–111.
③ 玛丽安娜·沃尔夫.普鲁斯特与乌贼：阅读如何改变我们的思维[M].王惟芬，杨仕音，译.北京：中国人民大学出版社，2012：111.
④ 玛丽安娜·沃尔夫.普鲁斯特与乌贼：阅读如何改变我们的思维[M].王惟芬，杨仕音，译.北京：中国人民大学出版社，2012：82.

于这个时期的阅读者来说，其主要任务就是"破解文字，并且了解其含义"①。这个阶段的孩子开始学习文字，让他们正确、快速地认读文字，建立文字音形义之间的联系是教学的重要任务。所以低年级的语文教学非常重要，如果孩子不能正确、迅速解码文字的话，将对阅读产生重要影响。这个阶段大量识字能够增加孩子的词汇量，这样就会使解码文字更容易，速度也更快，从而促进阅读。

第三种，解码级阅读者。这个阶段的阅读者能够流畅地阅读文字并加以理解，提高流畅度是这个阶段的重要特征，"变得流畅的关键在于阅读——真正的阅读，与理解"，而"流畅度并不确保有更好的理解力，但是会提供整个执行系统额外的时间，好将注意力直接放在最需要的地方，诸如推测、理解、预测，或者回过头修正前后不一致的理解或是重新赋予一种意思"②。提高流畅度的目的是减少工作记忆，从而让大脑释放更多的空间留给文字的理解。这里的理解主要是针对文字表面的意思。

第四种，流畅级阅读者。"解码并不意味着理解"，"这一阶段的目标更为深远：增进理解字词各类用法的应用能力，如反讽、语态、隐喻与观点表达，这些都已经超越了对字面意思的理解。随着阅读的需求不断增加，好的阅读者发展出的比喻与反讽等语言知识，会帮助他们在文本中发现新的意义，促进他们超越文字本身来理解"③。在孩子从解码级阅读者向流畅

---

① 玛丽安娜·沃尔夫. 普鲁斯特与乌贼：阅读如何改变我们的思维 [M]. 王惟芬，杨仕音，译. 北京：中国人民大学出版社，2012：112.
② 玛丽安娜·沃尔夫. 普鲁斯特与乌贼：阅读如何改变我们的思维 [M]. 王惟芬，杨仕音，译. 北京：中国人民大学出版社，2012：126-127.
③ 玛丽安娜·沃尔夫. 普鲁斯特与乌贼：阅读如何改变我们的思维 [M]. 王惟芬，杨仕音，译. 北京：中国人民大学出版社，2012：131.

级阅读者进阶的过程中，教师的明确指导起到了重要作用。

第五种，专家级阅读者。这个阶段的阅读者"不仅会动用词语时间轴上所列的一切认知才能，也会联系到我们的生活经验，我们的喜爱、遗憾、高兴、痛苦、成功与失败都会左右我们的阅读生涯。我们对阅读的诠释通常会引导我们超越作者的思想，向新的方向思考"。所以说，"在阅读改变我们生活的时候，我们的生活也改变了我们的阅读"。[①]

从上述观点可以看出，小学阶段涉及三种阅读者类型：初级阅读者、解码级阅读者、流畅级阅读者。整本书阅读就是要在大量阅读的过程中提高学生的词汇量，帮助学生学习语言并运用语言知识，实现从解码级阅读者到流畅级阅读者的跨越。因此小学阶段整本书阅读的课程目标可以简单地描述为：培养流利阅读且能正确理解的阅读者。

当然，随着年级的升高，阅读的作品难度越来越大，当孩子们面对越来越困难的阅读材料时，培养流利阅读且能正确理解的阅读者依然是整本书阅读的课程目标。

课程内容

2022 版课标对于整本书阅读课程内容从题材、体裁上做了相应安排。当然更为广泛的阅读还需要有一个较为明确的选择标准。前面提到小学阶段儿童文学作品的阅读是重点，那么如何选择优质的儿童文学作品呢？这里提出几个择选的原则供参考：

一是儿童性。儿童是一个独特的生命状态，儿童阶段是人生开始的一个重要阶段，因此选书的首要标准就是"儿童性"。"儿童性"具体表现在

[①] 玛丽安娜·沃尔夫. 普鲁斯特与乌贼：阅读如何改变我们的思维 [M]. 王惟芬，杨仕音，译. 北京：中国人民大学出版社，2012：148-149.

以下几个方面：一是符合儿童的心性，是儿童天性的真实、自然地表达；二是源于儿童生活，是对儿童生存状态的真实、自然地描摹；三是表达儿童的情感，是对儿童敏感心灵的深刻体察，同时引导儿童走进人类伟大的情感中去；四是塑造儿童的精神，将人类的普遍真理用儿童喜欢的、适合的文字包裹起来，以启迪儿童心智，并富含深刻的道德感。

二是经典性。一个幼小的生命个体站在巨大的文学宝库面前，在有限的时间里只能把最经典的作品呈现在他的面前。这样的"经典"具有以下几个特征：一是经过时间淘洗，是一代又一代人都爱读，甚至后代的人还会读的书；二是作品能跨越空间的阻隔，将人性的光辉照亮儿童的内心世界；三是在世界儿童文学史和中国儿童文学史上留下过清晰痕迹的作品；四是可以让一个人在不同的人生阶段都愿意去读，并且还会有新的发现的书。总之，这样的"经典"一定对儿童的语言、情感、精神有所滋养，能给儿童打好人生的底子。

三是教育性。儿童文学整本书阅读是在母语教育的背景下进行的，因此"教育性"自然就成为选书的重要标准。这样的"教育性"主要表现在：一是作品语言是纯正的文学表达，是儿童学习母语的语言养料；二是作品主题能呼应儿童的生活世界和精神世界，是儿童养育心灵的精神养料；三是作品能体现不同的文学体裁，给儿童呈现文学阅读的多个视角；四是所选作品均为名家名篇，是儿童阶段必须了解的作家与作品。

课程实施

小学整本书阅读课程的实施大致有两个样态：班级共读、自主阅读。2022版课标"整本书阅读学习任务群"部分也从阅读时间、阅读任务、阅读方式、活动组织等方面明确阐述了一些实施建议。那么，在班级中如何开展整本书共读活动？我认为课程实施大致要经历三个阶段（如图1-2）：

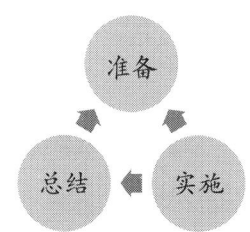

准备阶段：选书——阅读——规划

实施阶段：导读——自读——交流——延伸

总结阶段：评价与总结

图 1-2　班级整本书阅读课程（共读）实施的三个阶段

由上图可知，整本书阅读（班级共读）课程实际上是一个长课程，需要花费两三周甚至一个月的时间来完成，这与单篇课文花费一两个课时来进行教学是完全不一样的。关于"班级共读"如何实施，将是本书和大家探讨的重点内容，后面几讲会做系统全面的阐述。

课程评价

课程评价是课程建设中的难点。目前，对小学生整本书阅读情况的评价主要是通过书面检测的方式进行，且命题的指向重在考查学生是否阅读过一本书，对书中内容的考查也多以机械性记忆为主，无法考查学生阅读整本书的能力。说白了，我们仍旧采用了单篇文章阅读能力测评的方式来考查学生整本书阅读的能力水平。2022版课标指出："注意考查阅读整本书的全过程，以学生的阅读态度、阅读方法和读书笔记等为依据进行评价。教师可以围绕读书的主要环节编制评价量表，制作阅读反思单，引导学生从阅读方法、阅读习惯等方面进行自我反思、自我改进。"可以看到，课标注重对学生整本书阅读过程中阅读行为的考查，以此了解学生的阅读态度、阅读方法和阅读习惯，并且注重对阅读主体的自我反思式评价。这就帮助我们打开了评价的视野和角度，从而在一定程度上可以改变目前单纯通过纸笔考试来了解学生整本书阅读状况的现状。当然，我们仍需进一步研究整本书阅读能力测评应该如何体现整本书阅读的特点。

维度三　作为教学的"整本书阅读"

整本书阅读（班级共读）课程实施大致经历了三个阶段，其中实施阶段就是作为教学的"整本书阅读"需要经历的四个主要步骤：导读——自读——交流——延伸，每个步骤都有各自的教学目标、教学内容和教学方式，本书将在后面几讲中分步骤重点阐述。

当"整本书阅读"进入到教学领域，我们应该知道：整本书和单篇文章是完全不同的文本形式，整本书的长度、宽度与厚度，整本书展现的在大跨度的时间、空间内发生的复杂的故事，整本书表现的丰富多元的主题内涵、人物形象和叙述方式等，都是单篇文章所不能比拟的。因此，用阅读单篇文章的方式去阅读整本书是行不通的。

在课程语境下，"怎么读"的问题，其实也包含着如何指导孩子阅读的问题。我们试着将单篇文章的阅读与整本书阅读对照着来看，从而分析出两者的不同之处。以下三个方面值得思考：

采用什么样的阅读方式？

前面提到，从个体阅读行为来看，阅读方式分为朗读和默读，精读、略读、速读、泛读、跳读等。整本书阅读该采用哪一种阅读方式呢？显然，朗读和默读，速读、泛读、跳读，都是可行的。那么，在整本书共读过程中，究竟是采用"精读"还是"略读"呢？我们还是在母语教育的语境下来思考。

1929 年 8 月颁布的《小学国语暂行课程标准》中关于"读书"有着这样的表述：

> 精读的——选用适当的教材（由教员拣定读本，或师生共同选定课文）诵习研究。多由教员直接教导，以使儿童由兴感而欣赏，由理解而记忆。——重在质的精审。
>
> 略读的——利用许多补充读物参考书和其他儿童图书，支配工作，指导读法，令儿童按期概觉，再由教员分别考查，并和儿童互相讨论。——重在量的增加。①

关于"精读"与"略读"，著名语文教育家叶圣陶先生在《精读指导举隅》和《略读指导举隅》前言中做了相应阐述：

他认为，"精读"分为预习、课内指导、练习三部分。预习分为通读全文、认识生字生语、解答教师所提示的问题。预习后，在课内进行讨论，教师纠正错误、补充疏漏、阐明疑难。课内指导结束后，学生还需要吟诵、参读相关文章、应对教师的考问。可见"精读"是一件复杂、系统的学习历程，从全篇通读到字词疏通，从课内指导到课外拓展，从教师指导到自主练习，涉及课前、课中、课后。

他指出："略读的'略'字，一半系就教师的指导而言；还是要指导，但是只须提纲挈领，不必纤屑不遗，所以叫作'略'。一半系就学生的功夫而言：还是要像精读那样仔细咀嚼，但是精读时候出于努力钻研，从困勉达到解悟，略读时候却已熟能生巧，不需多用心力，自会随机肆应，所以叫作'略'"。②

可见，教材内的一篇篇文章适合采用精读的方式，注重字词句篇的研习，注重教师精细化的指导，注重课后的练习巩固与拓展，目的在于习得

---

① 林治金.语文教学大纲汇编[M].青岛：青岛出版社，2001：4.
② 叶圣陶.叶圣陶语文教育论集[M].北京：教育科学出版社，2015：4-25.

阅读技巧，提升阅读的质。整本书阅读更适合采用略读的方式，通读全书了解基本内容，运用精读中学习到的阅读技巧并通过教师的适当指导理解作品，注重提升阅读的量。

阅读方法和阅读策略哪个更重要？

培养一名成熟的读者，与教师的指导密不可分。我们经常看到在整本书阅读课堂上，老师会交给孩子们一些阅读方法和阅读策略。那么对于整本书阅读来说，阅读方法和阅读策略哪一个更加重要呢？我们来厘清一下"阅读方法"和"阅读策略"这两个概念。

"阅读方法是程序性知识"，"表征为一系列操作程序、步骤"[1]。举例来说，小学生学习一首古诗遵循的阅读方法可以简单概括为：

○ 知诗人，解诗题

○ 抓词句，明诗意

○ 想画面，入诗境

○ 诵诗句，抒诗情

如果是散文教学，其阅读方法又是不一样的。因此王荣生教授认为，"阅读方法受制于语篇类型"，不同的语篇类型应当运用不同的阅读方法。当然，具体到某一个语篇，还应该根据这一语篇的特征，将较大的教学步骤分解成若干较小的步骤。

以往的阅读教学，我们更多使用的是"阅读方法"这样的术语。"阅读策略"这个术语是随着译著的出版逐步进入我们国家语文学科的话语体系中的。根据王荣生教授的研究，"阅读策略或包括三个主要成分：①阅读教科书等学习材料的'学习策略'，主要涉及阅读之后的进一步理解；②阅读

---

[1] 王荣生.阅读教学设计的要诀[M].2版.北京：中国轻工业出版社，2021：34.

过程中的'阅读理解策略';③学习或阅读过程中的自我监控和调节"[1]。其中,阅读理解策略大致有预测、联结、提问、推断、图像化、确定重点、释疑、综合这几种,它们彼此之间没有必然的前后顺序,在阅读理解过程中需要综合加以运用,以帮助读者及时解决自己当下面临的阅读难题。比如,读到某处不理解文本含义,为了读懂而停下来重新再读一遍,以最终达成理解,这就是运用了"释疑"的阅读策略;再比如,读到某处时突然想到文本前面也有相关的内容,于是将前后内容联系起来进行分析以达成理解,这就是运用了"联结"的阅读策略。

单篇文章内容简单、篇幅短小,几乎大致看一下就能知道文章的基本内容,很难发展预测、推断、联结、图像化等阅读策略,而整本书的长度、宽度、厚度都是单篇文章所无法比拟的,为发展孩子们的阅读策略提供了可能。因此,在整本书阅读过程中,适时进行阅读策略的指导将有助于帮助孩子理解作品。

采用什么样的课堂组织形态?

整本书阅读进入小学语文课程领域,必然带来一个问题:它将以一个怎样的课堂组织形态出现在孩子们面前?我们都知道,单篇文章的阅读是通过一节一节的语文课进行的;而整本书阅读主要是通过班级读书会来实施的。语文课是我们再熟悉不过的了。那什么是班级读书会呢?早在2004年,我就给"班级读书会"下了一个简单的定义:班级读书会,顾名思义,就是以班级为单位,有计划地开展读书活动,进行多种形式的阅读、讨论与交流,最终促进学生对作品的理解。

在课程语境下,"班级读书会"也是利用语文课进行的,那它和语文课之间有什么不同吗?我曾经做过一个小小的调查。

---

[1] 王荣生.国民语文能力构成研究:阅读篇[M].上海:华东师范大学出版社,2022:94.

调查对象：学校四、五年级各一个班的学生，共计 104 人。

调查问题：你认为读书会和平时的语文课有什么不一样的地方？

调查结果：认为不一样的有 96 人，认为差不多的有 5 人，认为没有差别的有 3 人。

究竟哪里不一样呢？根据孩子们的回答，我做了四个方面的归纳，一起来听听孩子们是怎么回答的：从学习氛围来看，孩子们认为语文课是严肃的；读书会是轻松、活泼的。从教学方式来看，孩子们认为语文课是老师讲，拘束、单调；读书会是大家一起讨论，像聊天一样。从学习反馈来看，孩子们认为语文课上的问题，答案是唯一的；读书会上的问题，答案不是唯一的。从心理体验来看，孩子们觉得语文课单调、枯燥；读书会有趣，有不同的感受。

孩子们的回答，值得我们反思：我们每天辛苦劳作，为什么孩子们不喜欢我们的语文课呢？说白了，我们的语文课体现的是一种集体生活，集体生活强调的是对权威的服从。而班级读书会为孩子们提供了一种公共生活的场境，在这个场境中，孩子们可以自觉、自愿地参与，自由、平等地交流。所以，孩子们当然喜欢班级读书会啦。

通过以上问题的梳理，我们基本就能知道课程教学语境下的"整本书阅读"的含义：围绕整本书，以略读为主要阅读方式，综合运用各种阅读策略，通过班级读书会展开的，以指导和帮助孩子建构作品意义为主要目的的阅读活动。

希望上面的阐述能让你对"整本书"和"整本书阅读"有一个较为全新、全面的认识，只有认识它们、理解它们，才可能知道如何将它们带到孩子们面前，成就孩子们童年的欢愉，进而让这些在童年时代走进他们心灵深处的一本本书成为他们生命的一部分。

第二讲

数字时代
　　还需要整本书阅读吗

2

　　人的成长有不同的面向：智识的、社会的、精神的。今天教育剑变的一个重点，在于突破把人的发展狭隘定义为智力的开发这样一种占据西方百余年的文化传统，也正是这样的狭隘性导致我们面临的教育体系擅长头脑的教育，而忽略了心的教育。

——［美国］彼得·圣吉

　　正因为这个时代每天都流动着令人应接不暇的信息，才更需要能够作为"定海神针"的书籍，使我们不致被海量信息卷走。

——［日本］茂木健一郎

遇到下面的情况，你会怎么做？

你正在写着一份材料，你希望对一个术语能有一些了解。

你要购买生活用品可是又不想劳动自己的身体。

手机上看到一篇有一定长度的文章。

遇到下面的情况，你会有什么感觉？

一段时间以来你都在手机上娱乐，这时你捧起了一本有点挑战的书。

你已经养成了在电脑上工作的习惯，可是现在需要你手写一段有一定长度的文字。

某天出门匆忙，你忘了带手机或者电脑。

每每这时，你是不是觉得自己已经离不开电子产品、互联网了？我们已经身不由己、不由自主地被卷进了这个数字时代。我们人类从语音时代跨入文本时代，活字印刷术的出现使得阅读成为一种流行的习惯，而如今的数字时代却以席卷之势入侵世界的每一个角落，改变着人类的生活方式、学习方式和工作方式，最终改变我们每一个人。

影响儿童阅读的环境因素

香港中文大学教授凯瑟琳·麦克布莱德在《阅读的习得：多语言文化视角下的儿童读写能力发展研究（第二版）》一书中运用美国著名心理学家布朗芬布伦纳提出的生态系统理论，分析了影响儿童阅读的环境因素。

美国心理学家布朗芬布伦纳认为，环境（或自然生态）是"一组嵌套结构，每一个嵌套在下一个中，就像俄罗斯套娃一样"。这说明儿童生活的直接环境和间接环境之间是彼此关联又同时和儿童之间产生交互作用的。（如图2-1）

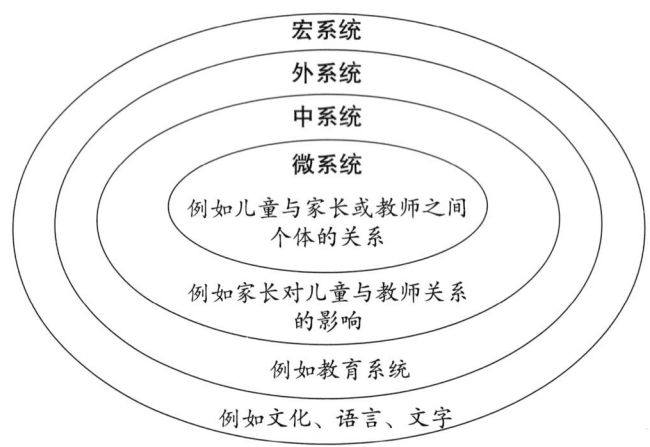

图2-1 应用布朗芬布伦纳的生态学方法理解儿童的阅读习得①

微系统

微系统是指儿童活动和交往的直接环境，随着儿童不断成长，这个环境也是不断变化和发展的。在这一层关系中，儿童与其重要他人的关系显得尤为重要。首先是父母。儿童与父母之间的依恋关系可能对孩子早期读写能力的发展格外重要。"有学者已经证明，相对于不安全型依恋的儿童，安全型依恋的儿童更可能表现出对阅读的兴趣，他们会经常阅读，并且在读故事时更投入，不需要更多的约束。"②所以这个时期的阅读让孩子与被

---

① 凯瑟琳·麦克布莱德.阅读的习得：多语言文化视角下的儿童读写能力发展研究 第二版[M].莫剑宏，译.北京：北京师范大学出版社，2020：9.
② 转引自：凯瑟琳·麦克布莱德.阅读的习得：多语言文化视角下的儿童读写能力发展研究 第二版[M].莫剑宏，译.北京：北京师范大学出版社，2020：26.

爱的感觉紧密联系起来。其次是教师。"一项研究发现，对于年龄较长的儿童（三年级）而言，在班级中分享图书阅读，能够促进积极社会情感功能的发展，这一活动同时提升了阅读成绩，促进了社会情感技能的发展。"[①]教师在班级中若能关注阅读，经常组织阅读分享活动，就可能促进儿童读写能力的发展，与儿童建立更亲密的关系。三年级以后，孩子们的自我意识开始慢慢觉醒，喜欢结交更多的朋友，此时的重要他人慢慢就会让位于自己的伙伴。在同伴之间营造良好的阅读氛围也可以促进儿童阅读能力的提升，这就需要教师投入一定的精力和时间。

中系统

中系统是指各微系统之间的联系或相互关系。布朗芬布伦纳认为，如果微系统之间有较强的积极的联系，发展可能实现最优化。在儿童读写能力发展情境中，如果家长和教师之间存在良好的互动且保持积极的联系，那么儿童倾向于学得更好。研究同样发现，"拥有一起参与读写活动的朋友对儿童阅读能力的发展有明显的益处"，"在超过40种文化中，朋友对阅读的分享可以明确解释稍年长儿童的阅读成绩"[②]。也就是说，如果家长、教师和伙伴形成一个共同体，学生就更有可能成为一名成熟的阅读者。

外系统

外系统是指儿童并未直接参与但是却对他们的发展产生影响的系统。从儿童阅读学习的角度来看，"外系统由对发展中的儿童学习阅读有直接单

[①] 转引自：凯瑟琳·麦克布莱德.阅读的习得：多语言文化视角下的儿童读写能力发展研究　第二版[M].莫剑宏，译.北京：北京师范大学出版社，2020：26.
[②] 转引自：凯瑟琳·麦克布莱德.阅读的习得：多语言文化视角下的儿童读写能力发展研究　第二版[M].莫剑宏，译.北京：北京师范大学出版社，2020：23-24.

向影响的实体组成"，即"儿童个体对于这样的实体没有影响，而这些实体直接影响着儿童。儿童就读的学校教育系统和教育部门关于该儿童教育的指导方针就是外系统的例子"①。自21世纪初，"儿童阅读"开始在小学校园兴起，各个学校积极建设"书香校园"，从阅读环境的打造到阅读活动的开展，从阅读课程的构建到阅读教师的培养，营造了良好的阅读氛围。加之"全民阅读"连续11年被写入政府工作报告，从教育部到各省教育厅以及各市县教育局，对"阅读"越来越重视，2023年3月教育部等八部门联合发布了《全国青少年学生读书行动实施方案》。所有这一切都为儿童阅读发展创造了良好的外部环境，但是也应该看到中国教育还没有走出"应试教育"的泥淖，要想真正营造出促进儿童阅读能力提升的外系统，还需要付出长久的努力。

宏系统

宏系统实际上是一个广阔的意识形态。它规定如何对待儿童，教给儿童什么以及儿童应该努力的目标。凯瑟琳·麦克布莱德认为，"对于阅读学习来说，一个社会的文化、语言和文字组成了儿童发展的宏系统"②。

我们中国文化中一直有着崇尚"读书"的传统，不管是谁，哪怕是文化程度不高的普通老百姓，都希望自己的孩子能够好好读书，将来出人头地。因此，中国父母倾向于孩子通过自身的努力获得学业成就。当孩子在语文学习中成绩不佳的时候，他们往往归因于孩子努力程度不够，对孩子阅读过程中遭遇的困境认识不足，从而使孩子对自身的阅读认知产生偏颇。

---

① 转引自：凯瑟琳·麦克布莱德.阅读的习得：多语言文化视角下的儿童读写能力发展研究 第二版[M].莫剑宏，译.北京：北京师范大学出版社，2020：10-11.
② 凯瑟琳·麦克布莱德.阅读的习得：多语言文化视角下的儿童读写能力发展研究 第二版[M].莫剑宏，译.北京：北京师范大学出版社，2020：11.

另一方面，家长承认阅读是一件好事，但是阅读不能快速产生学习效果，需要慢慢等待，在中考、高考的双重压力下，不少家长会选择让孩子通过直接的操练来获得高学业成就，阅读只能是一个"副餐"。这种情况现在有了稍许改观，但改观的直接原因还是因为中考与高考，没有做到真正与阅读有关，这有可能带来一个后果：很多孩子走出校门后就不再读书了。

除了一个社会的文化，语言和文字的限制同样影响儿童阅读的发展。首先，口语理解能力与阅读理解能力密切相关。上一讲中曾经提到玛丽安娜·沃尔夫的观点："对儿童说的话越多，他们对口语的了解也会越多；为儿童读的书越多，他们对周围语言的理解就越深，词汇量也会越大。"而"书写系统是对口语所进行的编码这一事实说明，成年人的阅读能力与其口语理解能力密切相关"[①]，孩子年幼的时候接触到的口头语言越丰富，一旦进入到书面语言的学习，这些对于口语的理解就会促进其对书面语言的认知与理解，从而形成孩子母语学习的能力。从这个意义上来说，语言环境对孩子的阅读发展尤为重要。其次，中国孩子在学习母语时会出现一种特殊的文化现象，即人们平时交流的时候用的是方言，而在学校使用的却是普通话。口头语言和书面语言在措辞和语法上会有所不同，这种"双言现象"会让孩子在两种语言间来回切换，这也会成为孩子学习书面语言时面临的问题。此外，虽然中国汉字总共只有 1 000 多个读音，但是汉字中同音异形的字特别多，学习中文时就必须要学会几千个汉字，这对初级阅读者来说是一个巨大的挑战。可以说，学习阅读的过程深受文化环境的影响。

从凯瑟琳·麦克布莱德的分析可以看出，伴随着孩子的日渐长大，四个系统不断地相互影响，最终影响着儿童阅读能力的发展。

---

① 丹尼尔·T.威林厄姆.心智与阅读[M].梁海燕，译.杭州：浙江教育出版社，2020：27.

数字时代对儿童阅读产生的影响

印度诗人泰戈尔曾经写过一篇微型小说《误入劳动者天堂的人》，讲述了一个从来不讲实际、整天想入非非的人，在活着的时候把时间都白白浪费在了无用之物上，如泥雕、绘画等。死后，他来到了天堂——劳动者的天堂，这里除了懒散，什么都有。这里的人们信奉"时间贵如金"，他们脚步匆匆，一边叫嚷抱怨自己一分钟也不得休息，一边兴高采烈、精神抖擞。那么，误入劳动者天堂的人会被这个新世界同化吗？我们暂且不表，此时你是否联想到了我们生活的这个世界？我们每天不也是如此的匆忙？每天，我们急急忙忙地起床，一边吃饭一边看着手机；我们急急忙忙地挤上地铁或者打上车，戴着耳机听着新闻或音乐，甚至已经开启工作模式；我们急急忙忙地来到教室，打开电脑和电子白板准备上课；接着就是坐在办公桌面前，打开电脑，滑动鼠标，处理信息和文件；然后就是急急忙忙地吃午饭，继续重复上午的工作，继续处理各种文件或者开着令人头疼的（网络）会议；好不容易结束了一天的工作，又急急忙忙地回家，一天的疲劳在信息、游戏、短视频、电影中慢慢消解……

你是不是觉察到了自己的改变？"你时常会觉得耳鸣、目涩，注意力无法集中；你懒于记忆，习惯于张口就问；你不喜欢冗长的陈述和表白，喜欢直奔主题和搜寻答案。加州大学洛杉矶分校医学院心理学教授杰弗里·施瓦茨把这种状态称为'忙者生存'。"[①] 我们正以前所未有的速度跨入数字时代——一个"匆忙时代"，而我们的孩子就诞生于这个时代。

继续运用布朗芬布伦纳生态系统理论来思考数字时代给儿童阅读带来的影响，你是不是感觉这种影响无处不在，孩子们躲也躲不掉？

---

① 尼古拉斯·卡尔.浅薄：你是互联网的奴隶还是主宰者[M].刘纯毅，译.北京：中信出版社，2015：XXII.

从宏系统来看，孩子们一出生就生活在数字文化中，他们会通过点读机来认读汉字，学习阅读；使用手机打游戏、看短视频；运用电脑上网搜索资料，从一个短信息跳到另一个短信息。再看外系统，从教育主管部门到学校都注重"数字化校园"建设，语文老师一般都会使用多媒体教学，每天上课孩子们面对的是电子白板，写作业有的需要拍摄视频，有的需要上网查阅资料等。从中系统来看，教师每天都会通过微信、QQ反馈孩子的语文学习情况，家长在不断轰炸的信息中身心俱疲，只得应付老师安排的一些语文学习任务，阅读也只是变成了网络上机械的"打卡"行为，家校之间的关系变得越发疏离。从微系统来看，因为学习任务单调、机械、繁重，孩子们无法在学校里获得更多的阅读时间和阅读营养，师生关系在监督和被监督之间变得越发紧张，缺少温暖；父母白天忙于工作，晚上回家用电子产品消磨时间、缓解压力，陪伴孩子阅读只是偶尔为之，甚至毫无作为；与孩子相伴的朋友，平时大多只互相交流打游戏的心得，或只是网络游戏中的玩伴。

对于孩子而言，互联网已经在他们面前摆下一道道盛宴，这场盛宴已经变成了移动的宴席，无时不有，无处不在。他们在品尝一道道盛宴的同时，也享受着"丰盛的佳肴"带给他们的愉悦，然而他们却不知自己正在被慢慢侵蚀。

一是大脑中负责阅读的神经回路正在弱化。人脑的基本形态在过去的 4 万年中没有多大变化，智力技术的运用塑造或重塑了我们的大脑。大约 6000 年前，文字出现了，"每一种新文字的发明，都将使书写系统变得更为错综精细，脑部神经回路因此重新排列组合，从而引导人类智力的发展和思考能力的伟大突破"[①]。大约 1000 年前活字印刷术的出现，使得纸质阅读逐步成为一种习惯，我们运用"阅读脑"（玛丽安娜·沃尔夫的观点）

---

① 玛丽安娜·沃尔夫.普鲁斯特与乌贼：阅读如何改变我们的思维[M].王惟芬，杨仕音，译.北京：中国人民大学出版社，2012：28.

进行深度阅读，并逐步强化了大脑中负责阅读的神经回路。当代儿童出生于数字时代，他们打游戏、看视频、浏览网站的时间挤占了阅读的时间，使得人类在长期进化过程中形成的"阅读脑"发生着迅速而深刻的变化。电脑、智能手机以及其他电子产品"刺激了大脑细胞的改变和神经递质的释放，在逐步强化大脑当中新的神经通路的同时，也在弱化那些旧的神经通路"①。

二是强刺激促使感官退化。英国著名儿童文学作家肯尼思·格雷厄姆在其创作的童话《柳林风声》中塑造了鼹鼠、河鼠、老獾、蟾蜍这四个鲜活的故事人物，肯尼思·格雷厄姆通过描写它们对大自然细腻、丰富、深层的生理感觉，来反思人类与大自然之间逐渐疏离的关系——过度的文明和不断更新的科学技术让人类的感官变得迟钝。"几项长期研究结果表明，在过去的20年中，孩子的感觉意识以每年1%的速度持续减少，主要原因是感官受到的刺激过度。""感觉经验的缺失导致感情生活的冷淡、孤僻、不易被感动、缺乏同情心、心变得麻木不仁。""感觉缺失的另一方面，表现在孩子们需要更强烈的感觉印象才能有所反应——更大声、更鲜艳、更暴力、更富有戏剧性的体验。"②老子在《道德经》中说："五音令人耳聋，五色令人目盲。"当代儿童就生活在这样的时代，他们看得太多，听得太多，感官已经麻木，他们听不进看不进文字，同时弱化或失去了欣赏文字的能力，只能依靠追求更多更强的刺激来满足自己。不仅如此，"互联网发出的各种刺激性杂音，既造成了有意识思维的短路，也造成了潜意识思维的短路，因而既阻碍我们进行深入

---

① 尼古拉斯·卡尔.浅薄：你是互联网的奴隶还是主宰者[M].刘纯毅，译.北京：中信出版社，2015：151-152.
② 马丁·洛森.解放孩子的潜能[M].吴蓓，译.北京：人民文学出版社，2006：86.

思考，也阻碍我们进行创造性思维"①。

三是注意力容易分散。"人脑的天生状态是不专心的。这种先天倾向会使我们的目光和注意力从一个目标转移到另一个目标，因为我们总是想知道周围尽可能多的事情。"②数字时代的特点就是让人们迅速从一个信息跳到下一个信息，长久使用电子产品，注意力很难集中，所以有人说这也是一个"分心时代"。儿童就生在这个"分心时代"，他们"大脑的前额皮质发育不完全，他们只能接受一个个刺激的摆布，快速地从一个刺激源跳到另一个新刺激源上"③。他们在一个个信息的不断切换中产生了多巴胺成瘾的恶性循环，因此当成年人要求他们放下手中的电子产品时，他们都表现得非常痛苦，读书对他们来说是多么困难。

四是过度依赖外部信息，缺乏思考。数字时代带来的一个好处是阅读量的增加，有时一天的阅读量可以抵得上一部小说。我们站在海量的信息面前，任由它一个接一个地扑面而来，看似很多实则很少，因为这些碎片化的知识无法成为长期记忆。而且这种碎片化的信息只是"肤浅地被视为一种娱乐形式，它就只能停留在认知表面上，而这可能会阻碍真正的思考，不可能去推动深度思考"④。当前，ChatGPT 的诞生让人们不需要经过思考就可以获得自动生成的文本，迅速而又快捷，但是带来的最大问题是我们人类将越来越失去人之为人的本质——思考能力。

五是改变了纸质阅读的阅读方式。经常有家长让我给孩子推荐阅读书单，我发现不少孩子读书很快，甚至一些稍稍超出他们阅读水平的书，

---

① 尼古拉斯·卡尔.浅薄：你是互联网的奴隶还是主宰者[M].刘纯毅，译.北京：中信出版社，2015：150.
② 尼古拉斯·卡尔.浅薄：你是互联网的奴隶还是主宰者[M].刘纯毅，译.北京：中信出版社，2015：79.
③ 玛丽安娜·沃尔夫.升维阅读[M].陈丽芳，译.北京：中信出版社，2021：109.
④ 玛丽安娜·沃尔夫.升维阅读[M].陈丽芳，译.北京：中信出版社，2021：75.

他们的阅读用时竟然比我还要短，一部十几万字的童话他们只用两个小时就能阅读完。阅读速度如此之快，说明孩子采用了跳读、浏览的方式在阅读一本书，这是网络时代常用的阅读方式，当孩子从屏幕阅读进入纸质阅读，原先的阅读方式影响了他们投入阅读的专注程度和沉浸在阅读中的深入程度，因此他们的阅读能力很难得到提高。

不得不说，数字时代正以前所未有的力量改变着我们的思考方式和行为方式，生于斯长于斯的儿童无时无刻不深受这个时代的影响。"由于我们的窗户既朝向世界，也朝向自己，我们看到什么，以及如何看到，都由大众传媒决定。到头来，如果我们对传媒使用得足够多，无论是作为个人还是作为社会，我们都会被传媒改变。"①

数字时代的儿童与整本书阅读

继续回到泰戈尔的微型小说《误入劳动者天堂的人》，继续回到提出的问题：误入劳动者天堂的人会被这个新世界同化吗？请继续听我讲述。一天，这个不讲求实用的男子伫立在河边，一个到河边汲水的姑娘注意到了他，并关心地询问他。可是这个闲人却提出要姑娘给他一个汲水用的大水瓶，为的是在瓶上作画，姑娘很生气，觉得他在浪费光阴。可是姑娘经不住男子一而再、再而三地请求，最终让步了。看着水瓶上男子作的画，姑娘先是疑惑它能派什么用场，接着带回家悄悄欣赏，这是她一生中第一次欣赏这种无用之物。第二天当姑娘到河边汲水的时候，她的步子没有以前那么匆忙了，有一种新的意识似乎在她的心中升起。男子又提出帮助姑娘编根丝带，结果姑娘每天会花很多时间用丝带装饰自己的头发，任由时间

---

① 尼古拉斯·卡尔.浅薄：你是互联网的奴隶还是主宰者[M].刘纯毅，译.北京：中信出版社，2015：XXIX.

一分一秒地白白溜走。渐渐地，很多以前勤快的人开始把时间浪费在一些无用之事上而变得越来越懒散了。劳动者天堂的长者们终于发现了这个男子，并一致宣布让他离开。正当男子准备动身的时候，那位姑娘匆匆赶来了："等一等，我要跟你同去。"……

从"劳动者的天堂"回到这个"匆忙时代"，我们该用什么让自己慢下来？这个无用之物当是——书。正如日本脑科学家茂木健一郎所说，我们需要能够作为"定海神针"的书籍，使我们不致被应接不暇的海量信息卷走。

整本书阅读可以让孩子获得较为持久的注意力

> 恐怕不会再有如童年一般充实的岁月……一本喜爱的书陪伴我们度过许多时光。仿佛其他一切皆为了阅读而存在，因此我们将所有打扰阅读的种种，鄙视为对此神圣享受的粗俗妨碍，其中包括：在读到最有趣的片段时，有朋友找我们出去玩游戏、害我们不得不抬起头或更换姿势的恼人蜜蜂及阳光、即便到了黄昏天空由蓝转暗时搁在长椅上碰都没碰的下午茶、到了得回家吃晚餐的时间；遇到这些事时，满脑子只想着待会儿一定要立刻继续未读完的章节。[①]

这是法国著名作家普鲁斯特在《论阅读》中的一段文字，这些打扰阅读的种种成了他对童年的深深缅怀，也让我回忆起童年时读书的沉醉。只有专注，才能让我们进入美妙的文字世界中。如今不少孩子因为电子媒体的阻隔而难以抵达文字。因此，数字时代的教育者面临着许多挑战，其中最重要的就是如何引导一个个神游的心灵。而整本书阅读就是抵御"分心时代"持续不断的诱惑的良方。前面提到儿童的大脑前额叶皮质控制系统

---

① 转引自：玛丽安娜·沃尔夫.普鲁斯特与乌贼：阅读如何改变我们的思维 [M]. 王惟芬，杨仕音，译.北京：中国人民大学出版社，2012：8.

还未发育成熟，他们极易在多个信息的切换和多个任务处理中分散自己的注意力。阅读一本书时，孩子面对的一般是单一任务，很少面临信息的切换和多个任务的处理，容易保持较强的注意力。所以，你会发现一个爱读书的孩子，下课的时候会选择安静地坐在座位上手捧一本书，尽管同伴的追逐打闹声此起彼伏；中午大家要去食堂吃饭了，他手里还拿着一本书一边走一边看，全然不顾周围的一切。就像普鲁斯特所描绘的那样，"仿佛其他一切皆为了阅读存在"。

注意力的效果是思维的基础，只有拥有好的注意力才能进入深度阅读，才会具备分析和思辨思维；而深度阅读又会帮助孩子形成较为持久的注意力，养成坚毅的品质。这一切只有在阅读有一定长度且需要深度阅读的文本时才能实现。

整本书阅读可以让孩子进入深度思考

居室寂静而世事安宁，
读者变成了书本。

夏日的夜晚就像是书本的灵性，
居室寂静而世事安宁。

词句脱口而出，仿佛根本没有书，
有的只是书页上方斜靠着的读者。

他想靠过去，他渴望成为渊博的学者，
对他而言，书是真切的存在。

对他而言，夏夜就像是完美的思想，
居室寂静，因为不能不寂静。

> 寂静是书中含义的一部分，寂静是读者思想的一部分，
> 这正是通向书页的完美路径。①

美国诗人华莱士在《居室寂静而世事安宁》这首诗中给我们描绘了夏日夜晚手捧一本书时，读者和作者融为一体的美好意境。阅读者的"寂静"和"安宁"变成了"书中含义的一部分"，这种状态为自己的思想抵达书本铺就了完美的路径。

无独有偶，古希腊哲学家亚里士多德曾经说过，好的社会有三种生活方式：创造知识和生产力的生活、享乐的生活（这与希腊人热衷闲逸的人生理念相关）以及沉思的生活。这种沉思的生活与华莱士所说的"寂静是书中含义的一部分，寂静是读者思想的一部分"有异曲同工之妙。

在这个"五音令人耳聋、五色令人目盲"的时代，很多孩子无法安静下来聆听、思考，这种寂静的、沉思的生活在数字文化背景下日渐沦落。"恰恰是读书'不产生感官刺激'这一事实使得这项活动在智力方面具有极大的好处。深度阅读让我们得以过滤掉那些分散精力的刺激，保证大脑额叶平静安宁地发挥解决问题的功能，从而使深度阅读变成了一种深思的形式。"② 同时，通过整本书阅读培养起来的深度阅读习惯可以帮助人们在互联网阅读中学会该如何思考。

整本书阅读可以唤醒孩子的同理心

> 夏季的一天，蟾蜍觉得青蛙看上去好像不舒服的样子，就赶紧让青蛙躺在了自己的床上，还为青蛙泡了一杯热茶。青蛙喝了热茶后希

---

① 转引自：尼古拉斯·卡尔.浅薄：你是互联网的奴隶还是主宰者[M].刘纯毅，译.北京：中信出版社，2015：89-90.
② 尼古拉斯·卡尔.浅薄：你是互联网的奴隶还是主宰者[M].刘纯毅，译.北京：中信出版社，2015：154.

望听蟾蜍讲一个故事,蟾蜍想也没想就答应了下来,结果想来想去还是想不出一个故事来,于是他决定:

"我到门廊那儿走一走,这样也许我就能想出个故事来。"

"我希望这样倒立着,能使我想出个故事来。"

"我希望往头上泼点儿水,能使我想出个故事来。"

"我希望把我的头往墙上狠狠地撞,能让我想出个故事来。"

每一次的决定,蟾蜍都付诸了行动,但都以失败告终。

最后,蟾蜍觉得不舒服了,它躺下了……①

《青蛙和蟾蜍——好朋友》是孩子们非常喜爱的一本书,这个憨憨的蟾蜍用自己憨憨的举动传达了一种憨憨的情谊。孩子们阅读时会忍不住地发笑,我曾经问过孩子们什么地方让他们觉得好笑,孩子们都无一例外地指向了蟾蜍的举动,他们从这一系列举动中读出了蟾蜍对朋友的爱与关心,也从中体会到了"朋友"这两个字的分量。理解他人的立场可以让我们在阅读中获得同理心,而这样的过程是在沉浸式的阅读中完成的,当孩子们从故事中走出来的时候,他们在智力和情感方面都发生了变化,这是故事给孩子们最好的馈赠。

记得刚刚开始儿童阅读实践的时候,丁筱青老师的一句话常常会在耳畔回响:"儿童文学的阅读可以让孩子的心变得柔软起来。"这个世界在飞速发展,数字时代的到来让孩子们的心在冷酷的机器中变得越来越坚硬,他们用这颗坚硬的心面对世界同时也伤害着自己。

针对当今社会很多人缺乏对小说的阅读体验,当代美国文坛著名女作家简·斯迈利认为,"技术本身不会让小说消亡……但是小说可能被边缘化,让人误以为可有可无……当这种情况发生时,我们的社会将会因为人

---

① 内容改编自《青蛙和蟾蜍——好朋友》。

与人之间缺乏相互理解,更加残酷和粗暴"①。人与人之间缺乏了理解和信任,就会造成整个社会同理心的缺失,致使人之所以为人的最大特点——"我们思想和身体之间的联系,塑造我们记忆和思维的经验,我们具有丰富情感的能力"②逐步丧失。而阅读可以促进我们智力的发展、情感的丰富,更有助于我们理解他人的立场,这不仅"能使我们用同理心去阅读,还能拓展个人的知识储备。这些习得的能力能够提升我们的人性"③。

希望我们能把用最美丽的文字编织成的故事带到孩子们面前,培养孩子们的同理心,这种对他人的共情能力和认知可能是拯救当前冷漠文化的最好解药。这也是美国学习型组织之父彼得·圣吉提出的今天教育的一个创变的重点:心的教育。

儿童文学作品是儿童整本书阅读的重要内容

儿童文学该给予儿童的,是辽阔与无限,让儿童的想象通过大人提供的素材自然伸向远方,伸向无限的时空,也伸向复杂诡谲的世界。文学的功能在于拓宽人的经验,儿童纵有无限的想象力,如果没有足够广阔的经验作为想象的素材,他的世界很快就会因贫乏而萎缩。④

无论从统编版小学语文教材还是从小学生阅读的整本书的文体类型来看,儿童文学作品都占据了主要位置。为什么是儿童文学作品呢?我们先从认识"儿童文学"入手。

美国的美学家 W. E. 肯尼克说过这样一句话:"就像奥古斯丁知道时间

---

① 玛丽安娜·沃尔夫.升维阅读[M].陈丽芳,译.北京:中信出版社,2021:52.
② 尼古拉斯·卡尔.浅薄:你是互联网的奴隶还是主宰者[M].刘纯毅,译.北京:中信出版社,2015:259.
③ 玛丽安娜·沃尔夫.升维阅读[M].陈丽芳,译.北京:中信出版社,2021:45.
④ 黄武雄.童年与解放[M].2版.北京:首都师范大学出版社,2011:43.

是什么一样,我们也知道艺术是什么。只是当别人问我们艺术是什么时,我们才答不出来。"① 要想回答出什么是儿童文学,恐怕也会遇到这样的困境。许多研究者尝试着依据儿童文学的表层特征对这一基本概念进行了定义:

> 儿童文学是根据教育儿童的需要,专为广大少年儿童创作或改编,适合他们阅读,能为少年儿童所理解和乐于接受的文学作品。
>
> ——蒋风《儿童文学概论》②

> 广义的儿童文学即适合于各年龄阶段儿童的心理特点、审美要求以及接受能力的,有助于他们健康成长的文学,其中以特意为他们创作、编写的作品为主,也包括一部分书写作家主观意识却能为孩子们所理解、接受又有益于他们身心发展的文学作品。
>
> ——浦漫汀《儿童文学教程》③

> 所谓儿童文学,是以通过其作品的文学价值将儿童培育引导成为健全社会一员为最终目的,是成年人适应儿童读者的发育阶段而创造的文学。
>
> ——[日]上笙一郎《儿童文学引论》④

> 儿童文学是主要以儿童为读者对象,由专业人士创作、出版、发行的文学作品。这里的儿童指0至18岁的人,这意味着文本的范围非常广阔。
>
> ——[瑞典]玛丽亚·尼古拉耶娃《儿童文学导论》⑤

---

① 转引自:王泉根,赵静,等.儿童文学与中小学语文教学[M].广州:广东教育出版社,2006:17.
② 转引自:王泉根,赵静,等.儿童文学与中小学语文教学[M].广州:广东教育出版社,2006:18.
③ 转引自:王泉根,赵静,等.儿童文学与中小学语文教学[M].广州:广东教育出版社,2006:18.
④ 转引自:王泉根,赵静,等.儿童文学与中小学语文教学[M].广州:广东教育出版社,2006:19.
⑤ 转引自:王泉根,赵静,等.儿童文学与中小学语文教学[M].广州:广东教育出版社,2006:19.

从以上表述中我们可以看出，儿童文学是成年人专为儿童创作和改编的适合儿童阅读的文学作品；儿童文学的诞生观照儿童的心灵成长，体现儿童的生命价值，满足儿童的生命诉求。这些都无一例外地彰显了儿童文学是"儿童"本位的文学。从这个角度来说，儿童文学作品理应成为小学生整本书阅读的重要内容。

在阅读儿童文学作品中回归儿童应有的文化

儿童应该是活泼的，就像是飞扬在天空中的云朵、穿梭于林间的小鸟，开开心心，自由自在。现实中的儿童每天有着做不完的作业、上不完的辅导课，有一点空闲的时间都被数字媒体霸占了，尽管数字媒体可以促进多巴胺的分泌，但这种暂时性的强刺激带来的恶性循环同样在蚕食着孩子们的身体和心灵，这些都无一例外在摧毁着儿童文化。

著名儿童文学研究者朱自强教授探讨"儿童文化"时，将其放置于儿童生活中显现出来的心灵特质的视野，指出其具有三个特征[①]：一是儿童文化的艺术性。儿童的思维是艺术性（审美）思维，儿童的语言也遍布文学语言，儿童的日常行为往往就是艺术创造行为。二是儿童文化的游戏性。在儿童的生活中，游戏是一种精神的体现，是儿童理解、体验、超越生活的方式，是一种存在的形式，它孕育了儿童文化的物质层面和精神层面。三是儿童文化的生态性。儿童文化具有天真、自然、完整的生态性，儿童的天真不断质疑着成人世界的种种不堪，儿童文化的生态性决定了儿童看事物和世界的眼光是完整的。

从成人为儿童创造的文化来看，儿童文学本就属于儿童文化，它本身就体现着儿童文化所具有的鲜明特征。儿童通过阅读儿童文学作品，远离

---

① 朱自强. 儿童文学概论 [M]. 北京：高等教育出版社，2009：12-18.

成人社会的纷扰，放下一切内心不安，快乐地沉浸在故事中，在故事中疗愈自己的心灵，回归童年的自然本真状态。

在阅读儿童文学作品中获得文学的启蒙教育

儿童文学是文学中的一个重要分支，将儿童文学作为小学生整本书阅读的重要内容，是因为儿童需要文学教育。著名作家毕飞宇在2019年的一次演讲中这么说："在中国，一直有一个传统的，甚至是理直气壮的说法，文学不需要教育。我都懒得反驳这样的话。我已经55岁了，写小说也已经30多年了，我最切身的体会就是，我所受到的文学教育不是太多了，而是太少了。文学的教育意义重大，它不是培养几个作家那样简单，它关乎人的质量，关乎民族的质量，关乎人类的质量。文学所关注的是生活与生命，一个人，只要有最为基本的向好的愿望，就不该忽视文学，不该忽视文学的教育，哪怕你最终选择的职业和文学一点也不搭边。"毕飞宇老师将文学教育的意义上升到了一个人的生命价值、一个民族的振兴乃至全人类生存的高度，足见一位文学创作者对于当前文学教育缺失的深切关注。小学阶段正是孩子们精力最旺盛、吸收力最强的阶段，这个阶段的文学教育将对孩子的一生产生重要影响。

一是用儿童文学作品滋养儿童的语言。儿童的生命是个整体的、艺术性的存在，他们透视这个世界的方式是整体性的、体验性的。可是，很长一段时间以来，我们却用肢解分析式的刻意教导替代儿童的情感体验和生命体验，把语言变成了与儿童的需要和经验无关的抽象事物，儿童在简单、机械而又无用的语言学习中，不仅不能感受到母语学习的快乐，而且也不利于儿童真正地掌握母语的"工具性"，无法提高其母语素养。日本"图画书之父"松居直认为，在儿童的生活中主要有三种语言：日常交谈、对话中的语言，电子媒体语言，文学语言。在这三种语言中，他尤其指出文学语言的重要。他认为文学的、诗性的语言是丰富还是匮乏，决定了儿童想象能力和理解能力是丰富还是匮乏，由此带来的是创造力的丰富或匮乏。[①] 从这个意义上来说，用儿童文学作品滋养儿童的语言，同时通过文学语言激活意象，能让孩子的语言更加丰富鲜活。

二是在阅读儿童文学作品的过程中培养儿童的文学思维。美国文学教育研究专家朱迪思·朗格指出，"文学思维具有让人类在不同背景下获得终生发展的潜力。通过文学，学生学习探索可能性，分析不同的选择；获得关联性并寻找合适视角。他们逐渐成长为有文化、有创造力的思考者，对大学、就业单位和未来社会难题的解决不可或缺"[②]。朱迪思·朗格的这番话，是针对目前广泛重视科学思维和数学思维而忽视培养文学思维的现状提出来的。在儿童文学作品的阅读中，孩子们借助于文字听到人物的语言，看到人物的行为，抵达人物的内心世界；对故事的发展做出有理有据的猜测，分析关键事件在故事发展中的作用和事件之间的关联，以获得独特的思考视角；通过一系列的类比、推理、综合，做出批判性分析，寻找到作品的意义所在。所有这些，都能帮助孩子们"创造新的联系、选择与可能性；不仅仅看到事物的表面现象，更能看到人物与情境中不易觉察的深刻内涵"，从而让孩子们"在文学与现实生活中更善于思考，更富见识"。[③] 所以，朱迪思·朗格认为，文学思维已成为孩子们理解和推理的基础。

三是用儿童文学作品养育儿童的精神。还记得那本经典的童话《小

[①] 松居直.我的图画书论[M].王林,选编.郭雯霞,徐小洁,译.乌鲁木齐：新疆青少年出版社,2017：102.
[②] 朱迪思·朗格.文学想象：文学理解与教学[M].樊亚琪,译.王晓英,审校.上海：上海教育出版社,2015：4.
[③] 朱迪思·朗格.文学想象：文学理解与教学[M].樊亚琪,译.王晓英,审校.上海：上海教育出版社,2015：9.

王子》吗？书中，狐狸告诉小王子："一个人用心灵去看，才看得最清楚。本质的东西，用眼睛是看不见的。"阅读一本书时，孩子会看见由文字搭建起来的故事世界，还会透过文字看到故事所展现出来的是与非、美和丑、善与恶，而这些文字背后的东西，孩子们是通过什么来看见的？心灵。孩子们是通过心灵去看的。渐渐地，他们会将在故事中看见的一切与现实生活建立连接。就像美国心理学家詹姆斯·希尔曼所说，"那些在童年时代读了许多故事书或听说过许多故事的人'比起那些没有接触过故事的人来，会有较好的外表或前景……及早接触故事，他们就会对生活产生观照'"，最初的阅读会变成"一个灵魂得以安身立命的道途"。[①] 当然，在虚构世界里建立的美感、品位与见解，也会自然而然地迁移到真实世界中，形成孩子的一种生活态度。

　　一个人若在童年时代就接触到了优秀的文学作品，贮存了大量的语言和思想资源，让人性的光辉照亮了自己的内心世界，心灵便不会麻木，情感便不会枯竭，生活会越来越丰富，生命也会越来越精彩。这对一个人的终身发展有着特别重要的意义。就像钱理群教授所说："人在年轻时代以这样的精神素质垫了底，以后无论遇到了什么艰难曲折，经历了怎样的人生的、精神的危机，都能从容应对，坚守住基本的精神防线，始终保持积极向上的精神态势，不至于在精神上被压垮。"[②]

　　所以说，儿童文学作品理应成为小学阶段整本书阅读的重要内容。

[①] 阿尔维托·曼古埃尔.阅读史[M].吴昌杰,译.北京：商务印书馆,2002：11-12.
[②] 转引自：钱理群.语文教育门外谈[M].桂林：广西师范大学出版社,2003：10.

第三讲

整本书阅读教学的理论基础

3

> 体验是小孩的自然特质，也是小孩进入文明、掌握文明的主要依靠。环境太早限制小孩的体验活动，把文明当作死的礼物送给小孩，要小孩接纳，反而阻断小孩传承文明香火的志业。
>
> ——黄武雄

> 人类的快乐，不是靠理性、电脑、物质，而来自情感、直觉、本能、快乐行动。
>
> ——木心

你已经知道了儿童文学作品理应成为整本书阅读的重要内容，教授孩子们阅读儿童文学整本书不应仅仅是课外的活动，而应该让教室成为他们阅读并享受儿童文学乐趣的场所。通过阅读儿童文学整本书，一方面可以把多元文化的概念引入儿童内心深处，以期更好地体认多元文化视野下的母语文化；另一方面还可以将文学教育与儿童的审美经验进行连接，凸显审美教育的价值。在教学过程中，我们需要学习、遵循相关的理论，帮助儿童抵达真正的阅读，落实"儿童本位"的教育理念。

经验本位的课程观

"什么叫阅读？"老鼠菲丽德利克一脸的不明白，"是不是你找到了可以吃的东西？"

"不，不是。"莉莉老鼠笑着说，"阅读就好像长了翅膀，可以高高地飞翔，飞出厨房的门，飞到花园大树的上空，一直飞向遥远的地方，陌生的世界。"

…………

德国著名青少年文学作家维里·费尔曼创作的《德国，一群老鼠的故事》中，有一只名叫莉莉的老鼠，它和同伴们生活在一个灰色大宅里面，在鼠群首领的安排下，莉莉住进了大宅的藏书室里。很快，莉莉就学会了阅读，它迫不及待地把这个消息告诉了自己最好的朋友老鼠菲丽德利克，以上这段话就是莉莉和菲丽德利克交流的开始。

菲丽德利克并不知道阅读是什么，根据经验，它觉得"阅读"是一个可以吃的东西（当然我们都知道老鼠是喜欢不停地吃的）。莉莉的回答很有意思，它并没有生硬地解释什么是阅读，而是基于菲丽德利克的经验：一直生活在深宅大院，在厨房待过，只看过门外的花园却从未进去过。对于更辽阔的世界，菲丽德利克是缺乏认知的，通过莉莉的一番解释，它才终于觉得"一个人得学会阅读"。

可以说，莉莉的这一番"教学"是很成功的，它从菲丽德利克的经验出发，最终帮助菲丽德利克形成新的认识和经验。这充分说明了一点：好的教学一定是从儿童的现实经验出发，并在这些经验与新的学习内容之间建立连接。这充分体现了经验本位课程观的核心思想。

"经验本位的课程观是相对于知识本位而言的，它不仅强调将人类已有的经验通过课程编制和设计成为学习内容，而且强调如何帮助学生将这些学习内容转化为学生的自身经验，它着眼于学习是否对学生产生意义，而不是简单地把若干经过组织的人类经验外加于学生头脑。"[①] 所以，经验本位的课程观强调的是学生亲身去"经历"，这样课程就具有了"动态的性质，它期待着学生与学习内容之间产生互动，并且在这种互动过程中形成自己的认识、获得成长所必需的'经验'"[②]。

经验本位课程观的开创者是美国教育家杜威，杜威是第一个有意识地

---

① 王泉根，赵静，等. 儿童文学与中小学语文教学 [M]. 广州：广东教育出版社，2006：56.
② 王泉根，赵静，等. 儿童文学与中小学语文教学 [M]. 广州：广东教育出版社，2006：56.

使用"经验"这一概念，并且力图用它取代知识来描述课程的思想家。在杜威看来，如果课程不与儿童的经验相连接，片面强调系统知识的传授（知识本位的课程），就会造成儿童与课程的割裂。

经验本位的课程观要求教学内容不仅要符合学科的逻辑，还要考虑学习者的学习心理，不应该使教学内容游离于学生的经验之外。而阅读优秀的儿童文学整本书正是打开儿童心灵世界的神秘钥匙，是对儿童经验的唤起。儿童文学作品不仅仅局限在儿童个体的、狭小的经验世界中，它也是成人世界与儿童世界互动的产物。为什么这么说呢？因为儿童文学的创作者是成人，虽然儿童文学作家是"以儿童的耳朵去听，以儿童的眼睛看，特别是以儿童的心灵去体会"（陈伯吹语）[1]，但儿童文学作家必然在作品中渗透着成人的价值观和成人的思想。因此，儿童文学作品立足于儿童的经验世界，却不停留于儿童的经验世界，而是在和儿童经验的互动中改造儿童经验，使儿童从一个个人的、狭小的世界走向一个时间和空间无限扩大的世界。

儿童文学进入了课程后究竟扮演了怎样的角色呢？经验本位的课程观不仅认为课程内容应该与儿童经验相连接，而且认为教学活动的组织方式也要充分调动儿童的经验，在教学过程中教师要"引导学生有一种生动的和个人亲身的体验"[2]。在这里，"经验"又变成了一个动词，就是通过"经历、体验"去改造和丰富自己的经验。然而现如今，功利主义在教育领域甚嚣尘上，老师们把一个个"套装的知识"灌到孩子们的脑子里，"如果众

---

[1] 转引自：王泉根，赵静，等.儿童文学与中小学语文教学[M].广州：广东教育出版社，2006：60.
[2] 约翰·杜威.学校与社会·明日之学校[M].赵祥麟，任钟印，吴志宏，译.北京：人民教育出版社，1994：128.

人只依赖学校教育的知识灌输与学习，不再回溯于自身的观察与体验，那么抽象便吞噬了具体，普遍亦铲平了特殊……人的面目模糊了，人本身遂异化为观念世界的工具"①。

黄武雄教授说，"体验是小孩的自然特质"。当儿童文学整本书进入课程后，不能成为某种向儿童灌输知识或道德的工具，它的教育功能必须是通过对儿童经验的唤起和让儿童去感受、体验来完成的。所以我们必须重视儿童学习的积极性，鼓励儿童主动参与，肯定儿童的个人经历和体验。所以杜威描述的"明日的学校"中有这样一段话："有文学价值的故事适合于这个年龄（约十岁）的题材，要讲或读给他们听，随后要求他们讲校外听到的故事。九、十岁以后，当儿童已经学会阅读，他们就读书上的故事，默读或朗读，然后全班讨论。"②

认知心理学中的图式理论

读同一篇文章的两个读者永远不会建构出相同的意义。

任何一位读者的意义都不会与作者的完全一致。

每个人都得运用自己的价值观、理解和经验来建构自己的意义。③

世界"全语言教育之父"肯·古德曼在《谈阅读》这本书中如是说。他的观点充分说明了图式理论在阅读中的运用价值。

图式理论是德国心理学家巴特利特于1932年提出来的。在巴特利特

---

① 黄武雄.童年与解放[M].北京：首都师范大学出版社，2009：8.
② 约翰·杜威.学校与社会·明日之学校[M].赵祥麟，任钟印，吴志宏，译.北京：人民教育出版社，1994：239.
③ 肯·古德曼.谈阅读[M].洪月女，译.台北：心理出版社，1998：2-3.

看来,"所谓的'图式'主要是指过去的经验,'是指一种对于过去反应的积极的组织',这些过去的经验常常在有机体的反应中发挥作用"[①]。

图式理论的主要作用在于说明人是如何理解事物的,每个人都有自己的图式,当他面对一个人、一件事、一个具体的情境时,他就要调动自己过去的经验,也就是图式,去理解面临的人和事,因此图式的活动是一个主动的过程。"图式理论对于文学教育的启示在于人在阅读文学作品时,是调动自己原有的文学阅读的经验和自己的生活经验去理解文本,阅读的过程其实是在读者的经验中寻找最接近的模式,去预测、推理和印证的过程。"[②] 儿童在阅读时,也会对文本产生模式的预期,然后在阅读中去检测它。

根据图式理论的研究成果,儿童对于作品的理解有赖于他们原有的图式,这些图式可以从他们的生活经验中获得,也可以从他们原先阅读的文本中获得。儿童的生活经验相对较少,主要来自他们成长的世界,儿童文学整本书阅读往往既能与儿童既有的经验世界连接,又能在此基础上进行延伸。儿童从这些书中可以找到他们熟悉的图式,并借助它们发展出更高一级的图式,从而不断提高他们的阅读理解能力。另外,儿童文学的优势还在于,儿童文学作品往往有一些固定的模式,例如情节的模式,像民间童话中三段式的叙事结构模式,"在家——离家——回家"成长小说的结构模式等;再如人物的模式,狐狸代表狡猾,巫婆代表邪恶等。这些图式因为在不同作品中的反复出现而被儿童所熟悉,儿童可以很好地利用它们去发展新的经验。当然,作品的形式本身也可以形成图式。儿童文学的不同

[①] 王泉根,赵静,等.儿童文学与中小学语文教学[M].广州:广东教育出版社,2006: 62.
[②] 王泉根,赵静,等.儿童文学与中小学语文教学[M].广州:广东教育出版社,2006: 62–63.

体裁，如诗歌、童话、寓言、小说等，都可以帮助儿童熟悉不同的文体，了解不同文体的一般面貌和基本的审美特征，并在此基础上成为一个成熟的读者。

充分运用认知心理学中的图式理论，可以帮助教师更好地进行整本书阅读教学。比如，了解孩子已有的学习和生活图式，知道阅读一本书需要形成的图式，然后找到教学的起点与终点，并在其中搭建学习的支架，帮助孩子在原有图式基础上形成新的图式。

文学理论中的接受美学

"刚才一响，是七点十五分。"收音机中播报。

"别再乱搅你的麦片粥了！赫尔曼！"爸爸说。

"赶快把牛奶喝了！赫尔曼！"妈妈说。

"快吃吧！"爸爸说。

"别磨磨蹭蹭的！"妈妈说。

"在路上别东张西望！"爸爸说。

"否则你又要迟到了，赫尔曼！"妈妈说。

"像你这种成绩，哪还有脸老迟到！"爸爸说。

"你妹妹卡拉的麻疹已够我们心烦的了。"妈妈说，"昨晚她哭了一夜。"

"请你出门的时候千万别又重重把门摔上，赫尔曼！"爸爸说。

"否则你会吵醒生病的妹妹，赫尔曼！"妈妈说。

这是德国著名幻想文学大师米切尔·恩德的《去往圣克鲁斯的遥远之

路》的开头部分，作为主人公的小男孩赫尔曼并没有出场，但从爸爸妈妈一声声的催促中，我们可以知道赫尔曼做事拖拉、磨蹭，经常迟到，成绩一般。作品充分调动读者原有的图式，给足读者想象的空间，于是在主人公并未出场的情况下，人物形象就已经立起来了。

接受美学理论认为，读者在进入文本之前有一个"期待视野"，也就是说，读者在阅读之前并不是一张白纸，而是带着自身的文化心理结构进入文本的。这个期待视野也就是认知心理学家所说的"图式"。"在接受美学看来，文学提供了一个框架，这一框架保证了大多数读者可以对文本产生一些基本的共识，在这个框架之中，还有很多空白，这些空白'召唤'读者去填补它——运用读者的'期待视野'，有人将这个框架称为'召唤结构'。"[1]"当文本的召唤结构和读者的期待视野融合，读者才能够真正理解和接受作品。"[2] 因此，儿童文学整本书阅读需要在这两者的融合处给予学生适切的指导，以帮助学生更好地理解作品。

接受美学理论确立了文学教育中读者的主体地位。它强调"阅读的过程是读者期待视野与文本召唤结构的互动，并且在这种互动中促使读者不断调整自己的期待视野，从而不断提高审美能力"[3]。这样，在接受美学看来，最好的作品就是那些给读者留有许多不确定的、空白的文本，以激发读者的理解能力和想象力。因此，我们就不得不思考一个问题：应

---

[1] 王泉根，赵静，等.儿童文学与中小学语文教学[M].广州：广东教育出版社，2006：68-69.
[2] 王泉根，赵静，等.儿童文学与中小学语文教学[M].广州：广东教育出版社，2006：69.
[3] 王泉根，赵静，等.儿童文学与中小学语文教学[M].广州：广东教育出版社，2006：69.

该给儿童提供怎样的文本来阅读？这样的文本既要能连接儿童的经验世界，又要能激发他们不断产生新的期待视野。在这方面，儿童文学整本书就显露了它独特的优势。因为优秀的儿童文学作品就是要在连接儿童经验世界的基础上，让儿童展开丰富的想象，积累新的审美经验，开拓更为广阔的审美视野。在激发儿童的想象力方面，儿童文学提供了更多的可能性。

"文学想象"的五个立场

利塔又把一块松木扔到火堆上。芳香的烟雾从我们身边飘向群星闪烁的天空。她挨着我在毯子上坐下，膝盖咯咯作响。这次，我没有碰她给我做的肉桂热巧克力。

"彼得拉，我有一样东西，想让你离开时带在身边。"利塔把手伸进毛衣的口袋，"因为我不能陪你过十三岁生日了……"她拿出一个太阳形状的银吊坠，吊坠中心镶着一块扁扁的黑石头，"如果你把它对着太阳，阳光就会透过来，让这颗黑曜石发光。"

我从她手里接过吊坠，举了起来。天上没有太阳，只有月亮。有时候，我想象着能看到自己看不到的东西。但这一次，我的确看到有一道微弱的光从石头中间透出来。我前后移动吊坠，当它离我的视野中心太远时，那道光就完全消失了。

我回过头，看到利塔正指着她脖子上那条完全一样的吊坠。"你知道，"她说，"尤卡坦人（生活在尤卡坦半岛上的美洲印第安人）相信黑曜石有魔法。它是一个通道，能让失散的亲人团聚。"她收紧嘴唇，鼻子下面的棕色皮肤微微皱起，像开裂的树皮。

"他们不应该强迫我。"我说。

"你必须去，彼得拉。"利塔朝远处望了许久，才又开口说道，"孩子不应该跟爸爸妈妈分开。"

《最后一个讲故事的人》此刻正摊开在我的书桌上，上面这段文字就是这本书的开头部分。读着故事的开头，我的脑子里不断产生一个个想法：利塔与"我"（彼得拉）之间是什么关系？"我"要到哪里去？离开的时候，利塔送"我"一个黑曜石的吊坠，说是能让失散的亲人团聚，那么"我"即将和哪个亲人失散，利塔是不是"我"的亲人？"他们"指的是谁？哦，原来是"我"的爸爸妈妈。"我"并不愿意去那个地方，他们为什么要强迫"我"？爸爸妈妈强迫"我"去的那个地方究竟是哪里？说最后一句话的时候，利塔朝远处望了许久，她为什么望了许久才说这样的话，她心里想的是什么？……透过文字，我似乎看到了月光透过石头，只是比较微弱。我还猜测这部小说可能跟亲人的聚散离合有关，只是不知道最后"我"是否跟亲人团聚，这个黑曜石是否真的具有魔法。

这就是一个文学体验的过程，在一个个文字进入大脑的同时，我们的大脑也开始高速运转，展开文学想象。"与以往把'想象'当作动词、当作'再现作品世界的手段'这种认识不同，朱迪思·朗格是把'文学想象'当作名词来使用的，指称文学阅读时读者在头脑中的文学体验状态。"[1]

---

[1] 王荣生. 国民语文能力构成研究：阅读篇[M]. 上海：华东师范大学出版社，2022：366.

> "想象"指特定的人在特定时刻的理解，它存在于内心的文本世界，因人而异。它关乎个体与文化体验，关乎个体与当前经历、知识、感觉及未来的关系。想象是个体在阅读、写作、说话或做其他事情时充斥于头脑中的相关理念、图像、问题、分歧、预期、争论的动态集合。通过想象，个体可获得、表达并分享自身思考与理解。每种想象都包括个体理解或不理解的部分，包括某一时刻对故事整体将如何发展的猜想和回应。想象总是处于变化或准备变化的状态，想象的变化被称为"想象构建"。想象不仅是一种文学活动，当我们试图理解自我、他者或世界时，我们也在不断构建想象。[1]

刚刚聊到的阅读《最后一个讲故事的人》开头部分的情形，就非常好地诠释了朱迪思·朗格关于"文学想象"的观点，这就是一个"想象构建"的过程。

朱迪思·朗格将"想象构建"划分为五种"立场"，即"文学阅读"过程中的五种"视角"。"想象构建的立场"，可用于描述"文学想象"形成的动态过程。在实际的阅读中，这五种"立场"不会以线性顺序出现，也未必会在每次阅读中都出现，"它们可能重复出现于阅读过程中的任一时刻，受到特定读者与特定文本的不同互动的影响"[2]。

---

[1] 朱迪思·朗格.文学想象：文学理解与教学[M].樊亚琪,译.王晓英,审校.上海：上海教育出版社,2015：13.
[2] 朱迪思·朗格.文学想象：文学理解与教学[M].樊亚琪,译.王晓英,审校.上海：上海教育出版社,2015：19.

立场 1：文本之外与进入想象。 阅读之始，我们由文本进入想象。我们借助于所获得的文本的外部信息等线索和自己的阅读经验，形成对文本的初步认识和猜想，建立阅读预期。这一立场贯穿于整个阅读过程，而不仅仅是发生于个体认识形成之初，比如遇到不熟悉的词汇时，遇到难解的困惑时，自己的注意力涣散时，读到出人意料的结尾颠覆了自己原有想象时，我们都有可能回到原点来重构想象。

立场 2：文本之内与经历想象。 文学阅读中最常采取的立场。在这一立场中，我们沉浸于文本世界，无论认识对错，都积极生成理解。我们动用自身关于文本、自我、他者、生活和世界的知识来形成理解，找寻关联，推进理解发展，不断修正对文本的认知，已有意义生成意义，以暂时性理解构建起对作品的理解。

立场 3：摆脱文本与反思认知。 在其他立场，我们运用自身知识和经验来探寻文本世界的意义，它们都属于构建想象的基本立场。但在这一立场中，关注点为现实世界的经验和知识，我们以不断深化的理解、文本世界来增加自身的知识与经验。我们暂时转移了对意义发展的关注，即视线从生成中的文本世界转向所构建的想象对自身生活、观念、知识的影响。

立场 4：想象的抽离与经验的客观化。 将想象客观化，以一定的距离对它加以审视。在这一立场中，我们将自己的理解、阅读体验和作品本身客观化，我们反思、分析、评价并使它们与其他作品的经验相关联。我们成为批评家，关注作者的写作技巧、文本结构、文学要素和典故等，从文学理论的角度或其他文化、时代的角度进行分析性阅读，关注特定作者或作品对我们影响的原因和我们赞成或反对他人阐释的理由。

立场 5：想象的转移与超越。从已有想象转移，进入另一个全新的想象之中。这一立场的概率低于其他立场，因为它意味着我们已经构建了足够充足和完善的想象，具备一定的知识和洞察力去应对新的、时而与原有想象无关的情境。①

这五种"立场"以及"立场"之间的交互转移，具体地描述出了文学阅读中"构建想象"的文学体验中个体内在世界的复杂性。② 关于"文学想象"的五个"立场"如何在儿童文学整本书阅读中加以运用，会在后面几讲中做具体阐述。

---

① 转引自：王荣生.国民语文能力构成研究：阅读篇[M].上海：华东师范大学出版社，2022：367-368.
② 王荣生.国民语文能力构成研究：阅读篇[M].上海：华东师范大学出版社，2022：368.

第四讲

整本书阅读中的"三"是一个神奇的数字

4

　　人生犹如单趟车旅，一旦结束，你就不能重新再来一次了，但是假如你有一卷在握，不管那本书是多么复杂或艰涩，假如你愿意的话，当你读完它时，你可以回到开头处，再读一遍，如此一来就可以对艰涩处有进一步了解，也会对生命有进一步的领悟。

　　　　　　　　　　——［土耳其］欧汉·帕姆克

　　若只使用口头语言，可能无法让任何一边的脑半球充分发展其语言功能；很可能是为了让头脑获得这种发挥，所以我们才必须接受教导，以辨识一套大家共享的视觉符号系统。换句话说，我们必须学会阅读。

　　　　　　　　　　——［加拿大］安德烈·罗克·勒古尔

你发现了吗？"三"是一个很有意思的数字。孩子们熟悉的故事有《三只小猪》，我们知道的民间童话的叙事结构是三段式的。另外，"三"在社会生活中也很常见，如绘画上有三原色，奥运会设有三个奖项——金、银、铜，很多国家的国旗也是三种颜色，等等。这就是"三"的法则。细想想，小学阶段的整本书阅读不也主要包含了三种形态？实施整本书阅读课程也是要经历三个阶段的。

整本书阅读的三种形态

现在请你回忆一下，你或你的孩子最初的阅读是通过什么方式展开的。我想几乎所有人大概都是从听故事开始的吧，无论这个故事是以口述或是以朗读的方式呈现在童年的你或者你的孩子面前。慢慢地，我们开始认字，开始自己读书，因为我们知道"我们必须学会阅读"；有些时候我们也会和同伴们读同一本书，我们彼此热烈地分享着阅读感受，从同伴那里得到的启迪会让我们走进更多的书，于是书成了我们人生旅程中必不可少的伴侣。

所以说，整本书阅读大致包含了三种形态：一是亲子阅读，二是班级共读，三是自主阅读。

亲子阅读

亲子阅读是孩子与家人之间展开的阅读活动。在孩子没有接受系统的母语教育之前，亲子间的共读是亲子阅读的主要形态。孩子上小学乃至今后长大成人，亲子阅读在孩子和家长之间也是一种非常重要的情感和精神纽带。

亲子阅读是在家长温暖的臂弯和舒适的怀抱中开始的。记得儿子小时候，每天晚上入睡前都会倚靠着我的身体安静地听我读故事，有的时候还会缠着我读一个不知读了多少遍的故事，或者是跟我讨价还价要多读几个故事。每每这个时候，我都非常乐意，能让孩子如此快乐地喜欢上阅读，真好。在亲子阅读的过程中，家长与孩子头靠着头，相互依偎着，共同注视着，一起投入故事的世界。加拿大哲学家查尔斯·泰勒指出："人类学习语言的关键条件是共同关注。"[①] 亲子阅读就是一种"共同关注"，在此过程中，孩子不仅习得了语言，而且会自然而然地将阅读的过程和被爱的感觉结合起来，这些都为以后长远的学习历程奠定了最佳基础。

当长辈捧着一本书，一边看一边读的时候，孩子的眼睛也会注视着这本书，时不时地小声重复着长辈嘴里念出的词语，或者发出自己的感慨，甚至还会问很多"为什么""怎么样"，这些都说明孩子已经沉浸在故事中，充满好奇地去探索书中的世界了。这个过程对孩子注意力的培养会产生显著影响，对数字时代下的儿童成长有着积极的意义。现在有不少家长将亲子阅读这件事情交由机器来完成，让孩子们去听点读机或各种讲故事的音频，这样带来的后果是：孩子的注意力全部在"点读"这一动作上，而缺乏对故事的整体感知，不利于儿童阅读理解能力的发展；这种"非人体的语言输入少了针对特定视点的专注力，因为声源不是针对某一个孩子的。此外，由于外界有诸多干扰，幼儿很少将眼睛或耳朵关注在所说或所学的

[①] 转引自：玛丽安娜·沃尔夫. 升维阅读 [M]. 陈丽芳, 译. 北京：中信出版社，2021：131.

内容上"①。所以说，在年幼孩子的世界里，人是最重要的。

亲子阅读是在大人和孩子的声音当中展开的。孩子通过声音来阅读，声音可以直接地刺激身体，而这些关于语言的声音和韵律的丰富体验，对于孩子的语言学习有着深远的影响。孩子日常生活接触到的口头语言中的词汇、句法等都很简单、直接，相比而言，故事所呈现的书面语言显得更加丰富。比如，我们熟悉的童话《海的女儿》，故事开头是这么说的："在海的远处，水是那么蓝，像最美丽的矢车菊花瓣，同时又是那么清，像最明亮的玻璃。然而它很深很深，深得任何铁锚都达不到，你要想从海底一直达到水面，必须有许多许多教堂尖塔一个接着一个地连起来才成。海底的人就住在这下面。"这段文字用优雅的文学语言营造了一个浪漫诗意的故事意境和氛围，这是大人和孩子日常的口语交流不可能涉及的。这些书面语言的听读有助于孩子母语能力的形成。

随着孩子年龄的增长、语言的发展和阅读能力的提升，亲子阅读不单纯表现为大人读书给孩子听，慢慢地可能演变为大人和孩子轮流着互读互听，孩子读书给大人听，孩子与大人彼此交流一段时间以来的阅读感受等。

班级共读

班级共读就是在老师的指导下，利用一段时间，围绕一本书开展的班级同伴之间的共同阅读的活动。一般而言，一本书的阅读需要一个月左右的时间，是一个长周期的教学活动。

对于小学生来说，能流利阅读且深入理解一本书是需要学习的。关于什么是"学习"，世界极具影响力的认知神经科学家之一的斯坦尼斯拉斯·迪昂给"学习"下了七个定义，其中第一个定义就是："学习是在脑中

---

① 玛丽安娜·沃尔夫.升维阅读[M].陈丽芳,译.北京：中信出版社，2021：134-135.

形成外部世界的内部模型。"①比如，当我们在阅读时，会有一个庞大的母语心理模型在帮助我们理解书中出现的词语、句子等，没有这些心理模型，我们的眼睛虽然看到了一个个字但它们却是没有任何意义的，而这些心理模型是在自己与外部世界的互动中形成的。当孩子读一本书的时候，相较于阅读单篇文章，如何破解一本书的密码对孩子来说是一个更加复杂的学习活动，通过与老师、同伴之间的交互式学习，孩子慢慢地就会形成阅读整本书的心理模型，如如何看待和运用目录、如何分析故事的结构等，这些可能是其独自面对一本书时所忽略的部分，但却可以通过班级共读获得学习的进阶。

这种阅读活动是在一个组织（班级）内部展开的共学共创的过程，在这一过程中会创造出文本的新意义，也会形成和丰富孩子个体的知识。因此班级共读会自然形成一个"场"，在这个"场"中，孩子们通过交互式活动习得具体知识，以及独立学习时所需的复述策略、精加工策略和监控策略，有效增进孩子们对书本的理解。素有"知识创造理论之父"和"知识管理的拓荒者"之称的日本著名管理学家野中郁次郎非常看重"场"的概念，他认为创造知识的关键在于"场"与团队。在他看来，"场"就是一个"创造的空间"，"在场中，人们有意识、全心全意地致力于一个共同的目标，通过人际互动和环境互动产生新的知识"②。因此，班级共读为每个学生创造了一个促进知识生成与创造的活动共享情境，有利于个体知识在其中获得验证，并与他人的知识进行整合，形成并发展新的知识，而这些知识将有可能成为孩子进入下一个阅读循环的背景知识，从而提升孩子的阅

---

① 斯坦尼斯拉斯·迪昂.精准学习[M].周加仙，等译.杭州：浙江教育出版社，2023：19.
② 野中郁次郎，竹内弘高.创造知识的企业：领先企业持续创新的动力[M].吴庆海，译.北京：人民邮电出版社，2019：X.

读理解能力。与此同时，孩子也会在这个"场"中体验到一种群体的归属感，被群体接纳并与大家共同面对的感觉也会让孩子产生安全感，这些愉快的情感体验能让学习变得有意义。

自主阅读

既为"自主"，也就是说，阅读主体（学生）可以自由选择、自己决定，并且是主动参与的。与前面两种形态不同的是，这是一种个人化的阅读活动。孩子可以根据自己的兴趣爱好选择图书，决定一本书阅读的时长、是否持续阅读或者中途停下调换图书、采用什么方式阅读等等。

说到自主阅读，我想到了《小鹿班比》这本童书。这本书讲的是小鹿班比在危机四伏的森林中慢慢长大的故事。在班比成长的过程中，老鹿王起到了很重要的作用。他对班比说——

"你要自己去听，去闻，去看，你要自己去发现。"

"你必须独自生活。如果你想要保存自己的话，如果你懂得生存的话，如果你想要获得智慧的话，那你就必须独自生活。"

同样，自主阅读让孩子自主选书、自己学习，会让他们成为真正的读者。同时，自主阅读也给孩子们提供了独处的机会，在阅读中建造自己精神的庇护所，慢慢懂得生而为人的意义，拥有独立面对世界的勇气。

在班级进行自主阅读，教师要给予学生自主阅读的时间，要为他们营造一个能让人专心而不被打扰的阅读场所，让他们心无旁骛地去阅读。更重要的是要为他们提供适合他们阅读能力和需求的各种读物，让他们可以在难易略有不同的图书中自由选择。如何确定图书的难易度，以建立一个更加贴心的班级图书角呢？美国哥伦比亚大学教授露西·麦考密克·卡尔金斯的研究团队提出了体现图书难易的一些基本特征（节选）：

> ◎ 每章节都有独立情节的图书要比通过一系列章节慢慢展开故事情节的图书更加容易阅读。
> ◎ 由大量对话组成的图书要比由很多叙述组成的图书更加容易阅读。
> ◎ 越需要背景知识的图书读起来越困难。
> ◎ 如果一本故事书只用1—2个人物就能推动故事的发展，那么它就比那些有多个核心人物的故事更好读。
> ◎ 如果图书的人物特征是静态的、扁平的、始终如一的，那它就会比那些人物特征复杂的、动态的图书难度要低。
> ◎ 一本书越使用文学性的语言、书面化的表达和幽默的手法，难度就越高。[1]

给予学生充分的自主阅读的时间和空间，展示自主阅读的成果，可以强化自主阅读行为，帮助学生形成良好的阅读态度和阅读习惯。

三者之间的关联

亲子阅读、班级共读、自主阅读这三种形态既相互补充又相互影响，在孩子的阅读道路上承担着各自不同的作用，是孩子成为一名成熟读者的不可偏废的路径。认知科学家的研究已经证明，要想成为一名成熟的读者，绝大部分儿童都需要成人的指导，这个成人就是家长和老师。孩子在人生最初的几年如果能经常听故事，那其未来的阅读能力一定不会差。当孩子从解码级读者向流畅级读者进阶的过程中，教师的指导将有助于他们从文本中提取意义，认识所读书本的本质。当然我们也应该认识到亲子阅

---

[1] 露西·麦考密克·卡尔金斯. 如何有效运用阅读教学策略？[M]. 林玲, 译. 吴海玲, 校. 北京：教育科学出版社，2018: 20–21.

读、班级共读最终是为了抵达自主阅读——不需要教导而能自觉自愿地捧起一本书，能根据自己已有的阅读经验和背景知识较好地构建作品的意义。怀特海说，学生是有血有肉的人，教育的目的是激发和引导他们的自我发展之路。[①]所有的教育最终都应该走向自我教育，因此，亲子阅读、班级共读最终都是为了让孩子能够自主阅读，并且成为一名终身的阅读者。

为什么说亲子阅读、班级共读、自主阅读是整本书阅读中的三种形态而不是三个阶段？稍加分析我们就会知道，它们之间还存在着另外一种关联。

幼儿阶段，孩子主要依赖亲子阅读走进一本本书，这期间孩子对书会产生浓厚的兴趣——这方方的厚厚的还有点硬硬的东西里怎么会有这么多有趣的人和好玩的故事呢？这种与书籍的正面接触产生的正向体验会激发孩子的阅读欲望，所以你会看到书也成了孩子的玩具。他们会翻开一本书，煞有介事地读起来，有时你会发现他们居然能讲出其中的故事来，甚至有些孩子还会一字不落地把故事读出来。这个阶段，图画书的阅读发挥了很大的作用，借助于图画，孩子的自主阅读慢慢开启。

等到孩子上了小学，很多家长就会长长地舒一口气——孩子认字了，可以自己读书了。殊不知家长读故事给孩子听，可以为低年级孩子的母语学习搭建一个温暖的支架。这个阶段，孩子刚刚学习拼音、学习认字，他们会付出很多的努力在这些工作上，而且这些工作似乎不那么有趣好玩，所以这个时候读故事给孩子听可以消解孩子内心的学习焦虑；同时由于识字量少，孩子阅读时会遇到不少障碍，他们会把更多的精力花在解码文字上，而无暇顾及故事本身，孩子读得吃力还无法提升阅读理解能力。所以，这个阶段的亲子阅读也很重要，尤其是家长读书给孩子听，让孩子在完整的语言情境中享受阅读的欢愉，从而促进其语言的学习。随着孩子的阅读能力慢慢见长，孩子也可以成为亲子阅读的主导者，给成人读书可以提高

[①] 怀特海.教育的目的 [M].庄莲平，王立中，译.上海：文汇出版社，2012：作者前言.

孩子朗读的流利度，而流利是走向阅读理解的前提。

小学阶段，班级共读和自主阅读也是最佳拍档。孩子在班级共读中经由老师的指导和同伴的分享，会获得一定的阅读知识，学会一些阅读策略，这些阅读经验将最终在自主阅读时显现足够的成效。而自主阅读所积累的阅读量，也会让孩子更具阅读经验和生活经验，这些经验可以在班级共读的过程中得以运用，并在交互式学习中得以强化。

可以看到，亲子阅读、班级共读、自主阅读三者之间是相互穿插的，而不是截然割裂的；是相互促进、相互影响的，而不是毫无关联的。

整本书共读课程设计的三个步骤

21世纪以来，儿童阅读推广在全国各地呈现燎原之势。不少人认为，只要把书放在孩子面前，孩子就会学会阅读、爱上阅读，但是这个观点很快就被现实无情击破。

美国的一份国家教育进步评估报告显示，美国四年级学生中有2/3的人的阅读没有达到熟练水平，即流利且充分理解。[①]

事实证明，儿童的阅读需要成人的指导。在第一讲中，我们已经提到小学阶段整本书阅读的课程目标是培养阅读流利且能正确理解的阅读者，这一目标的实现有赖于整本书共读课程的设计与实施。在设计阶段，应该做好以下三个工作：

选书

叶圣陶先生认为，"略读既须由教师指导，自宜与精读一样，全班学生用同一的教材"，"一个学期中间，为求精详周到起见，略读书籍的数量不

---

① 玛丽安娜·沃尔夫.升维阅读[M].陈丽芳，译.北京：中信出版社，2021：152.

宜太多，有二三种也就可以了"①。也就是说，叶圣陶先生建议每学期班级学生共读两到三本书为宜。根据多年的整本书阅读教学实践，我也认为每学期共读两三本书就可以了，最多不要超过四本。

儿童文学作品就像一个浩瀚的海洋，而我们只能选择其中最美的几朵浪花来细细欣赏，这就考验着我们的眼力。该选择什么样的书跟孩子们共读呢？这是一件非常重要的工作。王荣生教授认为："阅读取决于两个方面：一是阅读主体（读者），二是阅读对象（语篇）。"②

从这两个方面来考虑问题的话，我们需要思考，作为阅读主体的学生，他们的阅读达到了什么水准，需要什么样的书籍继续挑战、提升他们的阅读能力，同时让他们的情感得以丰富、精神得以滋养；我们还需要考虑，什么难度的文本最适合相应年龄段的孩子共读，作品的主题、结构、叙事特点等是否能扩展孩子的文学阅读经验，等等。

因此，选择一本班级共读的图书可以从三方面来思考：

一是选择班级大多数孩子喜欢且值得花一段时间去深度阅读的书。既然是一本共读的书，那么能兼顾大多数孩子的阅读喜好，让他们喜欢去读、愿意去读是前提条件，其中性别差异带来的不同的阅读偏好是教师需要关注的问题，这个问题到了高年级会更加凸显。既然是一本共读的书，而且要花一段时间去阅读，那这本书一定要有足够的吸引力让所有的孩子一追到底，书中是否讲述了一个可以理解且引人入胜的故事显得非常重要；既然是一本需要深度阅读的书，那这本书一定是能让孩子从不同角度深入思考文本内容以获得丰富启迪的书。

二是选择对孩子来说有阅读难度但是经过指导有可能达成深度理解的书。心理学家把人的知识和技能分为层层嵌套的三个圆形区域：

---

① 叶圣陶. 叶圣陶语文教育论集[M]. 北京：教育科学出版社，2015：15.
② 王荣生. 阅读教学设计的要诀[M]. 2版. 北京：中国轻工业出版社，2021：2.

最内一层是"舒适区"，是我们已经掌握的各种技能；最外一层是"恐慌区"，是我们暂时无法学会的技能；中间则是"学习区"，是最适合我们现在学习的技能。^①（如图 4-1）如果阅读的书处于学习的"舒适区"，甚至低于孩子的认知水平，那这样的书读得再多也无

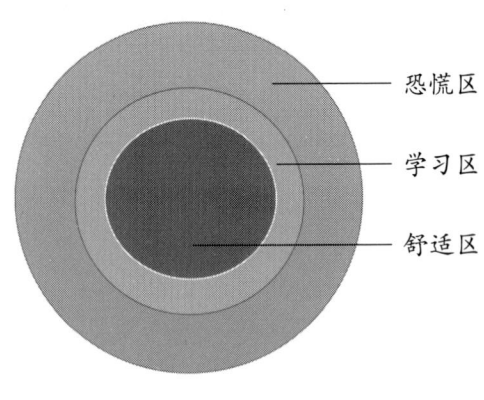

图 4-1

法提高孩子的阅读能力；如果阅读的书处于学习的"恐慌区"，无论是孩子的知识背景还是阅读经验都离完成这本书的阅读相去甚远，并且还会让孩子产生一种挫败感，说明这本书不适合孩子阅读。而恰恰在"学习区"的书，孩子既有熟悉的部分也有一些比较新鲜、陌生的内容，但经过教师的指导能够抵达深度理解，那这样的书最适合孩子阅读，且能有效实现阅读的进阶。正如怀特海所说："每当一本有真正教育价值的教科书出现时，可以确信，一些评论家会说，这本教科书很难用于教学。当然，它是应该难教的。如果它很容易，那么这本教科书就应该被付之一炬，因为它是不可能有教育价值的。"^②所以一本共读的书一定是对孩子来说有一些难度，但经指导之后能够企及的那本书。

三是选择能够拓展孩子生活经验和文学阅读经验的书。真正有意义的学习一定能促进学习者经验的拓展，对于阅读来则是生活经验和阅读经验的拓展。歌德说："为了要找寻自己，所以要走向世界；为了要了解世界，所以要走回自己。"通过阅读，我们可以轻而易举地走向世界，通过故

---

① 万维钢. 学习究竟是什么 [M]. 北京：新星出版社，2020：11.
② 怀特海. 教育的目的 [M]. 庄莲平，王立中，译. 上海：文汇出版社，2012：8.

事走进一个个历史背景下的宏大叙事和小人物的悲喜命运，懂得爱与被爱、责任与担当、快乐与幸福、孤独与痛苦……进而回到自己、认识自己、完善自己，在偌大的世界中找寻自己生命的意义与价值。一本共读的书，应尽可能呈现世界的丰富性和多样性，且能让孩子获得不一样的丰盈的人生体验。同时，这本书还应能帮助孩子学习、积累文学阅读经验，知道作品的体裁及其特征，知道作品是如何叙事、如何塑造人物形象的，知道作家的语言具有什么样的风格特点，等等，让孩子看到文学创作的多面向，学习从不同的视角去观察、思考文学与生活。

当然，选书这件事情也可以让学生参与进来，变"老师让学生读"为"学生自己想去读"。教师可以围绕"选书"这件事情组织一个系列活动，也可以说是一个学习任务群（如图4-2）。

"向你推荐一本书"活动

一、任务：向班级同学推荐一本值得共读的书。

二、形式：以书友队（每组4—6人）的名义进行推荐。

三、活动过程：

　1. 集体商议：班级共读图书的选择标准。

　2. 组内活动

　（1）每人推荐一本书并说明理由，组内成员集体商议，确定推荐的图书。

　（2）小组成员共同阅读该书，并商议如何向同学们推荐（书的优点、可能的收获、推荐的方式等）。

　3. 全班活动

　（1）各小组在班级进行推荐，形式自定。

　（2）根据推荐情况现场投票（教师的一票可以一抵十），最终确定班级共读书单。

图4-2 "向你推荐一本书"活动清单

阅读

这里的"阅读"指的是教师的解读。孩子能走多远一定程度上取决于教师能看多远，教师解读作品能力的高低就成了影响共读活动成败的一个关键因素。目前，教师对儿童文学作品的解读出现了两个极端现象：要么是停留于浅层次的理解，要么是过度解读。这两个都要不得。作者所想说的、所能说的都在作品里了，教师在建构作品意义的时候，既不要缩小也不要夸大，还原作品本来的面貌才是根本。

阅读一本童书可以有不同的视角：一是普通读者视角，即作为阅读主体的读者面对作品时的一般视角，由此获得属于个体的独一无二的阅读体验；二是教师视角，这就不是单纯的普通读者视角了，身份的代入让教师在阅读过程中会更多地考虑教学的因素；三是研究者视角，从一个研究者的角度去审视这本书，思考儿童阅读作品的意义，理解作品创作的诸多特点，等等。那么教师解读一部儿童文学作品时应该采用哪一种视角呢？从真实的课程教学情境来说，这三个视角都是需要的。教师作为一名普通读者，需要和其他读者（学生）一样，平等表达自己的阅读感受；教师作为班级读书会的组织者和引导者，需要通过适当的阅读活动来帮助学生建构作品的意义；从研究者的视角出发，教师能更多地挖掘出作品的意义，可以更好地引领班级读书会的方向。

究竟怎么去解读一本书呢？下面就以作家陈丹燕的代表作《我的妈妈是精灵》为例来谈一谈。这本书讲述的是，因为一个意外，一个叫陈淼淼的五年级小学生得知了自己的妈妈原来是一个精灵，她为了拥有感情才从精灵世界来到了人间。这个惊天动地的大秘密被揭开后，陈淼淼一家就陷入了一系列危机：爸爸提出离婚；为了阻止父母离婚，陈淼淼假装生病、学抽烟，甚至夜不归宿……最终，妈妈实在不忍心一家人如此痛苦地生活在一起而选择了离开人间。在解读这部作品时，我们可以循着以下三个主要问题反复细读文本：

这是一本关于什么的书？

这个问题指向作品的主题。主题是一部作品的灵魂，没有哪一位作家会创作一本毫无意义的书。一部作品一定要先有一定的意义，接着才会被一步步地创作出来。而对于作品主题的理解也会为后续共读活动的开展指明方向。那如何才能准确捕捉作品的主题呢？其实作者想表达的意义全部在故事当中，我们只要能找到故事情节中的关键事件或重要转折点，就能顺藤摸瓜发现作品想要表现的主题（如图4-3）。

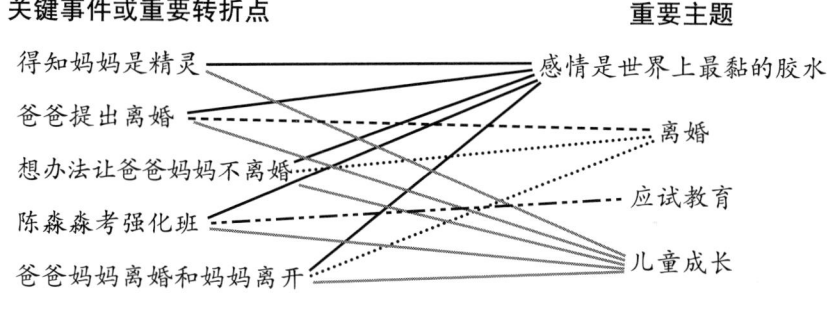

图4-3 《我的妈妈是精灵》主题分析

◎感情世界上最黏的胶水　这部小说中的关键事件主要是以上五个，这五个事件展现着人物的矛盾内心，推动着故事的发展，每一个事件都紧紧围绕着主题"感情是世界上最黏的胶水"展开。比如，当得知妈妈是精灵后，陈淼淼的震惊与悲伤、爸爸的痛苦与孤独、妈妈的伤心与小心翼翼都充分说明一家三口的心中流淌着对彼此的深深的爱。

◎离婚　如果说发现妈妈是精灵对这个家而言如同一个"晴天霹雳"的话，那么接下来"离婚"就成了贯穿整部小说的一个重要主题，从爸爸提出离婚,到因陈淼淼考强化班而暂时将"离婚"搁置,再到爸爸第二次提出离婚,陈淼淼在好朋友李雨辰的指点下,假装生病、在父母面前说另一方的好话、抽烟、要钱买吓人的装束、夜不归宿……目的都是让父母不要离婚。最终,爸爸放弃了离婚的念头,但是陈淼淼却看到爸爸变成了又老又苦的人,她终于理解了爸爸心里的那种深深的孤独。小说的故事情节跌宕起伏,让我们看到了爸爸和妈妈——这两个善良的好人为了给孩子一个完整的家而自我隐忍,这种骨子里的悲伤在字里行间自然而然地荡漾开来。

◎ **应试教育**　在父母离婚的拉锯战中,有一件事情让父母双方都放下了自己的想法一致对外:陈淼淼考强化班。在这个事件中,我们可以看到老师的强势与高压,看到家长的无助与无奈,看到孩子的紧张与痛苦。作者也借精灵妈妈之口道出了自己的态度:"大家都是疯的。"

◎ **儿童成长**　得知父母要离婚,陈淼淼是悲伤的、恐惧的,也是无助的。在李雨辰的指点下,她开始抗争,她所做的一切努力都是源于对这个家庭的爱和对成年人婚姻的不理解。抗争换来的是目的的达成,但却让家庭失去了快乐,就像作品中说的"不离婚,爸爸伤心,我和妈妈是胜利者也伤心"。直到这时,陈淼淼才真正理解了自己的爸爸,开始接受父母离婚的现实。这种慢慢的、痛苦的转变真实地展现了陈淼淼的成长历程。

从以上分析中,我们可以看出,要想准确把握作品主题,必须在纷繁复杂的多个事件中找到最关键的事件,这些事件凸显了矛盾冲突,推动了故事情节的发展。因为这些关键事件的存在,故事才更有吸引力。

这本书塑造了什么样的角色?

儿童文学作品中塑造了各种各样的人物,人物之间的互动形成了一个个激荡人心、引人入胜的故事。小学生阅读的儿童文学整本书以童话、儿童故事、小说为主,对于人物形象的分析是阅读当中的重要任务。儿童文学作品中出现的人物大致有两类,一是扁平人物,二是圆形人物。

扁平人物具有单一个性,随着故事的发展,人物特征是始终如一、没有变化的。这类人物在童话(尤其是民间童话)、儿童故事中比较常见,因此这类童书比较适合低、中年级的孩子阅读。相较于扁平人物而言,圆形人物比较立体,人物特征比较复杂且是动态发展的。这类人物在复杂一些的童话和小说中比较常见,所以这类童书比较适合中、高年级的孩子阅读。

《我的妈妈是精灵》是一部幻想小说,其中既塑造了圆形人物,如故事的主角陈淼淼,也塑造了扁平人物,如妈妈、李雨辰、爸爸。一部好的小说不会出现太多的圆形人物,否则主角光环就无法突显;而小说中安排的不同配角,恰恰是用来衬托主角的。

作品中的人物形象是作者用语言创造出来的,因此分析人物形象时只有一个通道,就是不断地回到作品当中,从作者展现人物的多个角度加以分析。在分析主角的人物形象时,要特别关注人物特征的变化。

这本书在创作上有什么特点?

当代西方马克思主义文学理论家特里·伊格尔顿认为,"我们所说的'文学性',一定程度上就是指用怎么说来衡量说什么"[1],"学文学的人最经常犯的错误,就是直奔'说什么',而不管'是怎么说的'"[2]。在他看来,"文学,就是与内容与表述内容之语言密不可分的作品"[3]。文学作品的主题一旦确立,一切文学形式的存在都是为了更好地表达这个主题。作为文学阅读,我们还应该关注作者是如何表达的,这个主题是通过什么方式传达出来的。为此,我们需要知道以下几个主要元素:

---

[1] 特里·伊格尔顿.文学阅读指南[M].范浩,译.郑州:河南大学出版社,2015:2.
[2] 特里·伊格尔顿.文学阅读指南[M].范浩,译.郑州:河南大学出版社,2015:2.
[3] 特里·伊格尔顿.文学阅读指南[M].范浩,译.郑州:河南大学出版社,2015:3.

◎体裁　儿童文学有很多类别，如童谣儿歌、儿童诗、儿童故事、儿童散文、儿童小说等。很明显，《我的妈妈是精灵》是一部儿童小说，它讲述了一个曲折的虚构故事，又回应了现实生活中的诸多话题。但是这部儿童小说有一个特别之处，那就是作品中既有幻想成分，也有现实成分，和一般童话作品所展现的一次元的世界不同，作品中呈现的是一个二次元的世界，即一个精灵世界和一个人类世界。所以说，这是一部幻想小说。什么是幻想小说呢？

所谓幻想小说是从独创性的想象力中生成的，这种想象力就是超越了从我们用五官所了解的外界事物所导引出的概念，形成更为深刻的概念的一种心灵力量。

——［加拿大］利丽安·史密斯《儿童文学论》[①]

将现实中不可能发生的事情，描写得如同发生了一样的文学作品的总称。幻想小说与童话的极大差别在于，前者具有二次元性世界，后者却是一次元性的。

——［日本］《文学教育基本用语辞典》[②]

所谓幻想小说就是将没有发生过的，也不可能发生的事情描写出来，让人觉得这些事情也许真的发生过。

——［美国］罗伯特·内桑[③]

朱自强教授认为幻想小说有这样三个要素：（1）幻想小说表现的是超自然的、幻想的世界；（2）幻想小说采取的是"小说式的展开"方式，将幻想"描写得如同发生了一样"；（3）幻想小说与童话不同，其幻想世界

[①] 转引自：朱自强. 儿童文学概论 [M]. 北京：高等教育出版社，2009：225.
[②] 转引自：朱自强. 儿童文学概论 [M]. 北京：高等教育出版社，2009：225.
[③] 转引自：朱自强. 儿童文学概论 [M]. 北京：高等教育出版社，2009：225.

具有"二次元性",有着复杂的组织结构。①

了解作品体裁的基本特征,有助于我们更好地理解作品的内容和表现形式。

◎结构　捷克著名作家米兰·昆德拉在《小说的艺术》三部曲中提到:"好小说,必须先从'主题与结构'开始。"② 其实这两者是融合在一起的,只不过我们现在对它们分别进行阐述。当然,我们在谈结构的时候也要思考作者为什么用这样的结构来展现这个主题。

《我的妈妈是精灵》是一部幻想小说,但是我们会发现作者并没有直接写精灵世界,而是通过精灵妈妈的魔法来刻画的,让读者看到精灵世界的一隅,给精灵世界增添了一种神秘感。比如,妈妈带着陈淼淼飞翔,变出陈淼淼喜欢的玩具,还去偷看老师辅导天王学习,等等。作品把那个遥远的国度拉到我们面前,让我们相信幻想世界存在的真实性,造成亦真亦幻的效果。

在描写现实世界发生的故事时,作者主要采用的是单线结构,即按照时间顺序描述情节,从开始到结局一条线讲完。有些作品则采用的是双线或多线结构,也就是故事轴线以交错或者并排的方式安排,如《夏洛的网》《回声》等。有些作品采用的是珠串结构,也就是以一条轴心集合所有的短篇,但各短篇之间彼此仍有关联,如《草房子》《城南旧事》等。有些作品是圆圈结构,也就是故事结尾又回到开头,开头和结尾连接起来形成圆圈,如《时间的折皱》《战马》等。有些作品采用的是故事套故事的结构,就像俄罗斯套娃一样,如《火鞋与风鞋》《下落不明的故事》等。还有一些作品的结构比较特殊,或者叠加了多种结构,显现出复杂的故事形态。

---

① 朱自强.儿童文学概论 [M].北京:高等教育出版社,2009:225.
② 转引自:王淑芬.少年小说怎么读? [M].台北:亲子天下股份有限公司,2019:51.

◎叙述视角　故事是谁在讲述的呢？不同的讲述人会营造不同的故事氛围、节奏，达到不同的叙述效果。对于小说来说，叙述视角会更加丰富多元。美国密歇根大学教授托马斯·福斯特将小说叙述的视角分为七种：第三人称全知叙述、第三人称限制叙述、第三人称客观叙述、意识流、第二人称叙述、主要人物第一人称叙述、次要人物第一人称叙述。[①]儿童文学作品中的叙述视角主要有以下三种：

一是主要人物第一人称叙述。也就是主要人物以自己的口吻在讲述故事，这在成长小说中比较常见。《我的妈妈是精灵》就是以陈淼淼的口吻来讲述故事的，用这个视角讲述故事，小读者们会更有代入感，会设身处地地从"我"的角度来感受、来思考，获得成长的力量。"成长"是儿童文学中的常见主题，所以采用这种叙述视角的儿童文学作品有很多。

二是第三人称限制叙述。和全知叙述一样，叙述者是故事中主要行动的局外人，通常就只是一个声音，通常来自故事中一个角色。比如，《总有一天会长大》的讲述者以一个局外人的身份给读者讲述着约根、玛丽亚、马丁等人物之间发生的故事，讲述者似乎跟约根如影随形，约根到哪里他就到哪里，约根看见什么他就告诉读者什么，他还知道约根心里想的是什么。但是其他人物不跟约根在一起时做了什么、看见了什么，讲述者并没有交代，而且也没有记录其他人物内心的想法。这种叙述提供的是一个相对片面的观察，看上去似乎是一个缺陷，但其实作者是有意而为之。采用这种视角讲述故事，可以细致描摹约根成长过程中的内心世界，凸显主人公约根成长的内在动因。

三是第三人称客观叙述。和全知叙述者一样，这个叙述者在局外观察所有事情，读者从他的讲述中只能看到人物的行动，以及对人物内心活动

---

① 托马斯·福斯特.如何阅读一本小说[M].梁笑,译.海口：南海出版公司，2015：51–52.

的外在暗示，如《铁路边的孩子们》等。

◎语言风格　也就是作者用语言文字营造出什么样的故事氛围，有热闹的、幽默的、抒情的、简洁的、直白的、嘲讽的、啰唆细碎的、讽刺的等等。有些作品从头至尾保持了一贯的语言风格，像《弗朗兹的故事》《长袜子皮皮》等。有些作品中会包含多种语言风格，采用什么样的语言风格还是取决于人物本身，所谓什么人说什么话。比如，在《我的妈妈是精灵》中，李雨辰是一个离异家庭的孩子，她对父母的离异特别敏感，也很后悔自己在父母离异的时候不知道如何挽回他们的婚姻；当得知陈淼淼的父母要离婚时，她想出了很多办法帮助陈淼淼，作者通过李雨辰直白的语言塑造了一个快人快语、特别热心的小女孩形象。陈淼淼的爸爸饱受婚姻的痛苦，因此人物性格特别孤独忧郁，因此爸爸的语言比较少，作者更多的是通过人物的情态来展现人物形象。陈淼淼是作品的主人公，是串连起整个故事的重要角色，作者对她的塑造用墨很多，且方式不一，就语言塑造而言，风格较多样化，有特别碎碎叨叨的，有抒情的，也有任性的，等等。虽然《我的妈妈是精灵》是一部幻想小说，但是因为采用了日常化的叙述模式，重点描写了主人公在现实生活中面临的诸多问题，因此整部作品的语言风格是非常日常化、生活化的。

循着上面提出的三个问题去仔细研读作品，相信读者会发现作品中隐藏的很多秘密，所有这些都将成为读者理解作品的助力。

规划

系统规划一本书的共读活动，这件事情很多老师都不愿意做，或者是从没有想到要去做一做。你属于哪一种呢？平时制订的各种计划太多，能省就省，这是大多数老师的心态。可是这件事情有些不同，它带有课程研发的性质。因此作为一本书的共读活动的研发者，教师需要对整个活动有一个清晰的、明确的规划。从整体着眼，分步实施，活动才会有成效。因此，教师大致需要想一想这么几个问题：

这次共读活动需要持续多久，从什么时候开始，到什么时候结束？

活动分为几个阶段，每个阶段的任务是什么，目标是什么，采用什么样的方式进行，大概需要用多长时间？

每个阶段老师需要做什么，孩子需要做什么？

每个阶段的活动结束后，用什么样的形式呈现孩子们阅读的成果？

关于这些问题的回答，教师可以列成一个表格，作为班级共读活动的地图，一目了然。下面就以《柳林风声》为例来看看如何将规划的共读活动可视化（如表4-1）。在制作表格的时候，需要注意：

◎用时：写明每个阶段所用的时间，而不是课时。

◎学习目标：写明每个阶段学生学习活动应该达到的状态或水平。

◎学习任务：写明每个阶段学生在学习过程中需要完成哪些学习任务。

◎学习成果：写明每个阶段学生有哪些可以呈现的学习成果。

表4-1 《柳林风声》共读活动计划表

阶段	用时	学习目标	学习任务	学习成果
导读	40分钟	通过精彩片段的导读，初步了解童话中主要人物的特点，激发学生阅读整本书的兴趣	重点阅读第一章节《河岸》	
自读	1—2周	了解故事的基本内容	1. 安静地读完整本书 2. 制作一张故事人物名片	故事人物名片

（续表）

阶段	用时	学习目标	学习任务	学习成果
交流	60分钟	1.围绕"友谊"主题，深入探讨人物特点，加深对"友谊"的理解	小组合作研究以下内容： 1."友谊"在故事中的具体体现 2.联系生活实际交流"友谊不风干"的小窍门	友谊保鲜清单
	90分钟	2.围绕"家园"主题，梳理人物行动轨迹，体会故事讲述的复线结构，感受人物对家园的情感	开展班级读书会，合作完成以下任务： 1.共同绘制故事情节图 2.对话交流，感受作品中"家"对人物的召唤 3.联系自己和现实生活，交流"家"的召唤	1.一份阅读学习单 2.一份故事情节图
延伸	1—2周	通过戏剧表演，体验阅读的乐趣	小组合作完成以下任务： 1.选择一个喜欢的片段创作剧本 2.根据剧本自导自演，自己准备相关道具等	戏剧小舞台：《柳林风声》戏剧表演

一条冷漠的深海大鱼也是会流泪的

——《战地厨子和半个小兵》中托托特的人性回归之旅

［荷兰］本尼·林德劳夫 / 著

［荷兰］路德维希·沃尔比达 / 绘

张雨童 / 译

战地厨子托托特长着一颗深海大鱼的心——冷漠,而且奸猾。这些品质使得他即使被拖上了行刑台也始终能保持内心的安宁平静,戏弄军官和士兵于股掌之间而自己却不受任何伤害,凭着出神入化的厨艺永远服役于战争中赢的那一支军队……"对托托特来说,是战争这位慷慨而仁慈的雇主养活了他。"

乔治是新连队中最年轻的士兵,刚刚进入战场就被敌军的大炮炸掉了双腿,成了半个小兵。

一个靠战争养活自己的战地厨子托托特和一个失去双腿的十二岁小男孩乔治在战争中相遇了。《战地厨子和半个小兵》用童话的方式讲述了一个架空的历史背景下的战争故事:因为一个失去双腿的十二岁小男孩乔治的到来,托托特慢慢走出麻木、冷漠、狡诈,回归人性的温暖与善良。

作者给这个故事设置了一个宏阔的背景,又通过丰富、细腻、有层次的描写从多个视角将托托特的人性回归之旅一点一点地展示在读者面前。

回环往复的"药草之歌"

作品中反复出现了一首"药草之歌"。这是一首清新、洁净、神圣的歌谣，与可笑、残酷、冰冷的战争格格不入。

第一次，"药草之歌"像引子一样呈现在读者面前。它就像作品的主旋律，用内心的光亮驱散了战争的阴霾，引导人们走向回归人性善良的道途，为作品奠定了一个温暖的基调。

很快，这首歌再次出现在第三章。刚刚来到战争赢的一方用奸猾和厨艺站稳脚跟的托托特，在梦中想起了小时候母亲摇晃自己时哼起的这首歌谣。这首圣洁之歌经由母亲的声音深深地印刻在孩子的内心深处，尽管经历了无数世事，但这颗善良向上的种子一直深埋在孩子的心底，一经唤醒将赐予内心巨大的力量。在这之后托托特的种种觉醒与改变，与他幼年时听过无数次的这首歌不无关联。

这首歌第三次出现是在最后一章。战争结束了，托托特彻底离开军队，冥冥之中回到了自己的出生之地。当母亲的歌声从屋子里传来，熟悉的旋律再次响起，托托特才真正明白是"药草之歌"疗愈了自己的心灵。故事就此结束，可是歌声依旧萦绕，与开头出现的歌声遥相呼应，形成一个巨大的心灵时空。

这首歌每次出现时，荷兰新锐插画家路德维希·沃尔比达都为其配上了一幅插图：

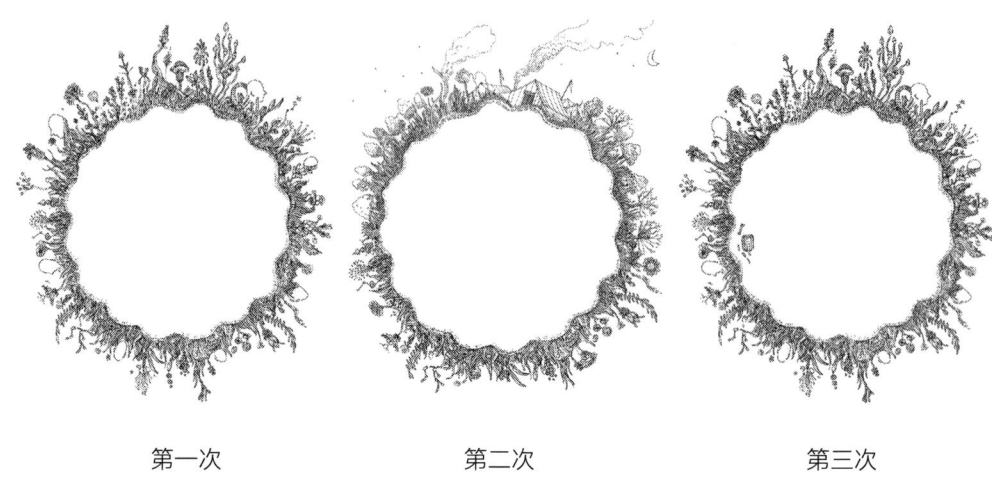

| 第一次 | 第二次 | 第三次 |

  三幅插图主体画面是一致的,插画家用了一个圆形来呈现,似乎是想告诉读者,这个故事就像一面镜子,折射出现实世界的种种美好与不堪,也预示着托托特最终的回归及生命的圆满。圆形轮廓上向上生长的花花草草,既与"药草之歌"彼此呼应,又展现出蓬勃的生命气息。这"药草"是母亲种植的,这歌是母亲吟唱的。是母亲的爱,唤醒了一个个沉睡的心灵,让他们被照拂在圣洁之光中。

  三幅插图也有不同之处:第一幅和第三幅,药草中间或出现的头形轮廓,代表着战争这台绞肉机吞掉的年轻的生命,暗示着战争的冷酷与无情,可是这些年轻的生命最终掩映在大片的药草之中,他们被爱淹没,被爱滋养,被爱救赎,也象征着托托特的人性回归来源于爱的力量。第二幅图中,繁茂的大树和药草、歪歪斜斜的房子、袅袅的炊烟,还有日月星辰都在告诉我们:这才是生活本应该有的样子,这是托托特内心美好的回忆与渴望。第三幅图,在圆形轮廓内多了一只桶,也就是半个乔治待着的那个木桶,说明在托托特的内心深处一直装着一个秘密,一个关于半个小兵乔治的秘密，他没有忘记这半个小兵在冷酷黑暗的战争中给予自己温暖明亮的召唤，乔治在他心底深处永远占据着一席之地。

不断出现的梦境

故事中多次描写托托特梦中的情形，其中有四个章节直接展现了托托特的梦境。

第一个梦境是母亲在药草花园哼唱着摇晃小托托特时的"药草之歌"。此刻的托托特就如同深海里的一只大鱼，冷漠奸猾，母亲的歌声并没有唤醒他心底里深埋的善良，而在残酷战争中如鱼得水的他也不需要这份毫无实际价值的温存，因此托托特不愿提起这个梦。

一天晚上，托托特快要睡去时，乔治不仅请求他讲一个故事，还想挨着他睡觉，但遭到了托托特的拒绝，乔治只能在木桶里瑟瑟发抖。这个晚上，第二个梦境出现了：小时候的托托特被哥哥们戏弄，藏在厨房最大的汤锅里，因为害怕哥哥们编造的关于屠夫安东的故事而不敢爬出来。一个是木桶，一个是汤锅，都是一个人躲藏在其中，没有人帮助。梦境中的过往与现实中的情形何等相似，也许此刻的托托特对乔治会有一种潜意识里的感同身受。

后来，托托特终于在小乔治的讲述中知道了他怎么会变成半个小兵的，以及乔治的哥哥送给他的麂皮靴子。由此托托特想到了自己的哥哥，他的哥哥们也和乔治的哥哥一样走向了战场，有去无回。第三个梦境就是母亲阻止儿子们参军，但是一切都无济于事。战争的残酷实实在在地粉碎着每个完整的家庭。

相同的遭遇，使得托托特面对乔治时被迫做了一些自己原本不愿意做的事情，直到他被逼无奈给乔治讲起故事并同意乔治爬上他的床，于是回忆开启。第四个梦境中，母亲用替儿子应征的举动阻止儿子上战场。此时，托托特原本坚硬的心开始松动并生出了一些爱与怜悯，他也用行动让长时间在木桶内生出坏疽的乔治躲过一劫。

当托托特和乔治在说着战争结束后的事情时，第五个梦境出现了：母亲接到了儿子们的阵亡通知书，但母亲决定用不拆信的方式将儿子的死亡延后。可是战争又爆发了，托托特也想出用一个拖延的办法来彻底拯救乔治。

至此，梦境渐渐走出托托特的生活，直至最后他再也不做梦了。这一切都在说明，过往的梦境已经让他越来越看清战争的真实面目，并给予他足够的力量来面对现实中的一切。一颗坚硬冷酷的心已然融化，托托特清楚地知道：帮助乔治走出战争，重享生活的明媚才是自己要做的事情。

从一开始的冷漠无情到一点点的温存回归，再到最后的坚定决绝，作者本尼·林德劳夫通过梦境和现实两个时空之间的交叉叙事，让读者看到了托托特内心蜕变的过程。在此过程中，母亲执着、温柔的爱和乔治真纯、干净的内心，慢慢滋润着一个在战争中枯竭的灵魂。

关于"鱼是否有眼泪"的交流

托托特一直把自己藏在冰冷黑暗的深海里，甘心做一条冷漠奸猾的大鱼，并且不断地用各种方式提醒自己长着一颗深海大鱼的心。他知道，只有这样才能在战争中保全自己。围绕着"鱼是否有眼泪"这个话题，托托特和乔治之间有几次非常有意思的交流。

一天，托托特所在的帐篷遭遇了一次突击搜查，乔治询问托托特是否害怕、会不会伤心，托托特断然否决并且主动说出了原因："因为我长着一颗鱼的心，你见过鱼流泪吗？"可是托托特没有给乔治回答的机会，因为他心里早就有了明确的答案，他主动说出原因，无非是想将内心的情感封锁在黑暗的深渊之中。

奇怪的是，紧接着这次交流之后，为了医治乔治的坏疽，托托特找来了医生并冒险带乔治到外面呼吸新鲜空气。路上，乔治再次聊起同样的话题，并且很怀疑地询问原因："因为你长着一颗鱼的心？""因为鱼从不会流泪？"托托特的回答非常简洁："没错。""的确。"回答看似坚决，实则苍白无力，只是一种表面上的应付，好像他自己也没有认真思考过这个问题。

最后，乔治因身体溃烂而发烧呓语。有一天，乔治说："鱼会流泪，所以海水是咸的！鱼的眼泪填满了大海，那是鱼的眼泪。"托托特轻轻拍着乔治说："海水是咸的，是鱼的眼泪填满了大海。"托托特说了一遍又一遍，"像哼摇篮曲一样轻轻重复着"。直到这时，托托特才意识到自己不是生活在海底的冷漠奸猾的黄貂鱼，而是一个错把鱼钩当成鱼虫的不折不扣的蠢鱼，这根鱼线从乔治第一天走进他的生活时就已经抛下了。这个发现令托托特震惊，深埋心底的情感如今被一个十二岁的小孩完完全全地激发了出来，连他自己都不敢相信。

所以我们就能理解，当托托特带着战争永远结束的兴奋来到厨房，喋喋不休地给乔治规划着美好的未来，却发现木桶里的乔治已经无声无息地离开了这个世界时，他所有的兴奋和喜悦都化作了无言的悲痛。这里，没有了关于"鱼是否有眼泪"的交流，作品用了一整个单页画了一条流泪的鱼，一颗大大的泪珠慢慢滑落，正如乔治说的"鱼会流泪"。的确，托托特这条深海里的大鱼也有伤心的时候。爱、温暖与善良重新回到托托特的心中，他真正完成了自我的救赎。

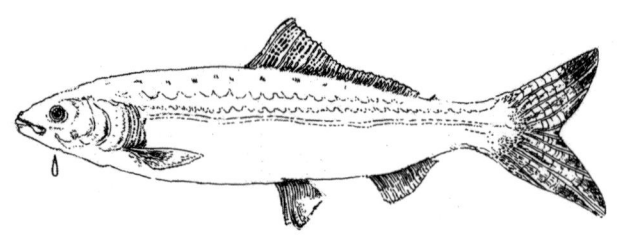

本尼·林德劳夫用冷峻、幽默的语言编织起的荒诞故事《战地厨子和半个小兵》，淋漓尽致地描写出了战争的本质，让我们透过战争中的一个小小角落里发生的一切，感受到黑暗的战争世界中一点点的光亮如何慢慢照亮人的心扉，启发我们思考如何驱散战争的阴霾，实现人性的回归。

第五讲

打开一本书　打开一个世界
——导读课的要领

5

你看到的每一本书，都是有灵魂的。这个灵魂，不但是作者的灵魂，也是曾经读过这本书，与它一起生活、一起做梦的人留下来的灵魂。一本书，每经过一次换手接受新的目光凝视它的每一页，它的灵魂就成长一次，茁壮一次。

——[西班牙]卡洛斯·鲁伊斯·萨丰

我们这些已有阅读经验、声称要传播读书之爱的人，却总是偏爱于充当作品的品鉴家、阐释家、分析家、批评家、传记作家、评注家，用各种毕恭毕敬的证词表明作品的伟大，作品本身反而哑口无言。我们的语言抢占先机，抢占话语权。与其说是通过我们的嘴让文本说出智慧之言，毋宁说是我们自己在谈论文本，而文本的智慧被物归原主。

——[法国]达尼埃尔·佩纳克

你知道吗？西方有句谚语"打开一本书，打开一个世界"，而我们要做的就是让孩子饶有兴趣地打开一本书。所以说，当整本书阅读进入教学领域的时候，首先要考虑的是"导读"问题。导读，顾名思义，就是指导孩子进行阅读。这里特指在孩子阅读一本书以前，通过指导建立孩子与整本书之间的联系，让孩子更愿意去阅读。很明显，导读的目的就是激发孩子阅读整本书的欲望。先要让孩子愿意读，才能进一步谈如何读。

"导读"这件事也是可以取舍的

做一件事情之前，我们很容易直接冲着解决方案一头扎进事情中去。这个时候需要提醒自己慢一点，思考一下是不是要这么做。整本书的导读亦是如此。

我们可以想一想：将一本班级共读的童书带到孩子面前，必须导读吗？有人说，没有必要，既然是一本班级共读的书，那是一定要读的，有没有导读无所谓。有人说，很有必要，班上的孩子阅读习惯不好，阅读能力也比较弱，不导读学生就不愿意读，或者马马虎虎地读。有人说，要不要导读，不能一概而论，要看具体情况。大家都有自己的想法，看来可以就这个问题做一个分析。

上一讲中，我们曾经提到王荣生教授的观点："阅读取决于两个方面，一是阅读主体（读者），二是阅读对象（语篇）。"[①] 只有在阅读主体和阅读

[①] 王荣生. 阅读教学设计的要诀 [M]. 2 版. 北京：中国轻工业出版社，2021：2.

对象之间展开适宜的阅读活动，才能促进阅读主体阅读能力的提升。导读就是一种阅读活动，这种阅读活动是否适宜，首先取决于阅读主体和阅读对象。

就阅读主体（学生）而言，从两个方面进行考虑：一是学生是否具有阅读这本书需要具备的一些阅读经验和生活经验？如果没有，学生独立面对一本书，可能会因为一开始的无法进入而选择放弃，也可能因为进行中的无法理解而中断阅读。二是学生是否有一定的阅读兴趣和阅读习惯？如果没有，翻开一本书的这个动作对他们来说都是非常困难与痛苦的。

就阅读对象（整本书）而言，作品所呈现的故事背景对孩子来说是不是熟悉，所展现的主题是不是高于孩子的认知水平，叙事结构对孩子来说是不是复杂且独立理解可能有一些难度，作品的表达是不是较多地采用了文学化语言而且运用了不少隐喻、象征、讽刺等手法……这些因素都将会影响孩子能否独立地将一本书读下来。

以上因素决定了是否要组织导读活动，这需要教师根据文本的难易度和班级学生的阅读水平做出判断。导读就是建立读者与一本书之间的情感连接，真正有意义的学习都是起始于积极的情感体验。经由导读，学生大致了解故事概貌和人物的一些遭遇，由此引发对故事走向和人物命运的关注。导读可以运用故事本身的力量吸引孩子们走进故事。

导读方式可以有很多种

让孩子愿意阅读一本书，从这个目标出发，导读的方式可以有以下几种：

一是简单讲述故事。用讲述的方式呈现故事的大致内容，让学生在头脑中形成一个故事雏形，最好能呈现一两个矛盾冲突，引导学生投入到故事中。比如，《下落不明的故事》这本书就可以这么来导读：

（教师在黑板上写下"下落不明的故事"这几个字，以吸引学生的注意力）

你听说过"下落不明的故事"吗？（让学生交流一下）可是就有这么一本书，叫作《下落不明的故事》。故事说，这是一个叫邦贝的作家给自己写的书起的名字。

> 从书名入手，造成内心矛盾冲突，激发学生的阅读期待。

邦贝是一个伟大的作家，可是长得非常矮小，走路完全依赖拐杖。他几乎不出门，父母去世以后，他用父母留下的钱把房子做了彻底改造。楼下，他允许布伦克先生开了家杂货店；楼上直到阁楼，就是他的小天地。

邦贝喜欢看书，小小的图书馆里藏书不止一千本，他透过这些作家的眼睛来认识这个世界。

邦贝也喜欢爬到阁楼上，坐在那里，享受着外面的辽阔无边；夜晚，和月亮谈谈心，而月亮就像一面明镜，让邦贝观察着这个世界。到了白天，邦贝就将从明镜中飞出的故事，记在一本笔记本上，这个笔记本叫作"愿望之书"。

> 通过对人物形象的简单描述，大致了解故事发生的背景和人物设定，建立与故事、人物的基本连接。

可是有一天这本"愿望之书"只够再写一个故事了。邦贝希望这最后一个故事一定要是个特别的故事，一定要有意义，一定要真正发生，而不只是写在纸上。什么叫让故事真正发生呢？邦贝让布伦克买来涂改笔，自己用笔涂掉了故事发生的地点；他还让布伦克买来了绸质气球和蜡烛；接着，邦贝还在每个故事的后面附了一封信，告诉拿到这封信

> 这是故事发展中的一个关键事件，它让故事往前推进。抓住关键事件，就可以从整体上了解故事的发展脉络。

第五讲 打开一本书 打开一个世界——导读课的要领　　091

的人，他放飞自己写的故事，就是为了让这些故事自己决定故事发生的地点和主人公；见到这封信的人可以将故事寄还给他，告诉他这些故事最终到了哪里，他会把这些收回的故事放到"愿望之书"里，并且把书送给寄信人。

于是在一个寒风刺骨的冬日的凌晨，邦贝放飞了自己写的故事。直到第二年二月来临的时候，他将最后只够写一个故事的那几张白纸连同一封信也放飞了。

这些故事真能如邦贝所想的那样，找到自己要去的地方，自己决定故事的主人公吗？当然你肯定也在想，这些故事还能回到邦贝这个小小的阁楼上吗？

这一切的谜底都在这本《下落不明的故事》中。

> 由关键事件引发学生内心的矛盾冲突。
>
> 这部分内容也可以由学生自己来发问，他们的想法一定会很丰富。想法越丰富，越会促使他们"打开一本书"。

二是朗读第一章。采用这种方式一定是作品在第一章中已经有了一个较为激烈的矛盾冲突。考虑到儿童的接受能力，很多儿童文学作品的开始部分，都会慢慢地将故事铺展开来，引导孩子循序渐进地走进故事。比如，从故事发生的地点开始，展开环境描写；从故事发生的背景开始，让读者缓慢地进入一个陌生的世界；等等。有些作品一开始就呈现出较为激烈的矛盾冲突，这类作品一般所展现的故事世界与学生的生活世界大致相似，这样就会减少学生刚进入作品时因为陌生而带来的理解难度，而把叙述的重点放在故事的推进上。

比如，《去往圣克鲁斯的遥远之路》的开始部分，展现的就是主人公赫尔曼一早上被爸爸妈妈不断催促、不断提醒、不断埋怨的场景，这样的场景对于孩子来说再熟悉不过了，所以用朗读呈现这一场景就足以引起孩子们的共鸣。

再比如，《我的妈妈是精灵》的第一章《我家发生了惊天动地的大事》，展现的是一家人在一起吃晚饭的场景，这个场景孩子们每天都会经历。而就在这个平平常常的日子里，突如其来地发生了惊天动地的大事——妈妈因为误喝了黄酒而现出了精灵的模样，顿时整个家里乱作一团：爸爸忙着把妈妈抱进卧室，陈淼淼恐惧到尖叫，然后是爸爸不断地安抚陈淼淼并解释眼前的一切。这部小说一开始就将读者拉入到一个不寻常的故事中，一个家庭表面的平静瞬间被打破了，于是一连串问题就会接踵而至：陈淼淼会接受一个精灵妈妈吗？妈妈醒来得知陈淼淼已经知道自己是精灵的事实后会怎么做呢？她们母女之间还会回到以前的样子吗？这个秘密一旦曝光，他们的家还会像以前那样安稳、温暖吗？……朗读第一章，很快建立起学生和作品的这种联系，可以促使学生打开这本书。

无论是简单讲述故事还是朗读第一章，这两种导读方式也可以由学生来完成，前提是学生具备这样的能力，同时教师也需要对学生进行相应的指导。

三是组织教学活动。这里说的教学活动是以课堂教学的方式展开的，可以称为"导读课"。我们一方面要考虑一堂课的节奏，明确如何开启、如何推进，在哪里设置高潮，如何收束一节课；另一方面要想到这节课使用的材料是一本书而不是单篇课文，如何凸显一本书的特质也是需要筹划的。怎么组织一节导读课达成导读的目标呢？下面将详细说一说。

导读课的开启路径

回忆一下，第三讲中曾经提到朱迪思·朗格关于"文学想象"的五个立场：

　　立场 1：文本之外与进入想象

　　立场 2：文本之内与经历想象

　　立场 3：摆脱文本与反思认知

　　立场 4：想象的抽离与经验的客观化

　　立场 5：想象的转移与超越[①]

　　在"立场 1"中，因为我们处于想象之外，帮助我们形成理解的信息很少，所以我们需要利用一切可得的线索来生成意义。那么我们可以从哪些线索入手形成对人物、情节、背景、情境之间联系的初步认识和猜想呢？这就牵涉到一个问题：导读课从哪里开启？

　　一是从封面开启。拿起一本书首先看到的就是封面，封面上的信息可能是零星的，还不够完整，善于捕捉它会促使学生对文本内容产生想象和探索的欲望。比如，《隧道的森林》这本书的封面插图就是主人公伊子背着奶奶亲手做的人偶娃娃，一手拎着仅剩下的一只木屐，赤着脚，一个人孤零零地站在"隧道的森林"入口处，望向我们这些读者。充分观察画面并关注细节，引导学生对画面中的场景和人物造型进行提问，可以帮助学生建立起对文本的初步印象。

　　在运用书的封面时，不少老师喜欢提问："通过阅读封面，你知道了哪些信息？"由此引导学生更多地关注作者、译者是谁，是哪个出版社出版的，以及封面中所展示的作者身份或者作品获奖信息等，这些内容都无法与故事本身建立联系，因此在关注封面的时候，我们应该把注意力从一些副文本上转移到与文本相关的信息上。如果封面设计比较简单，无法为进入文本寻找到更多的信息，那就没有必要在封面上做文章，可以用其他

---

① 朱迪思·朗格. 文学想象：文学理解与教学 [M]. 樊亚琪，译. 王晓英，审校. 上海：上海教育出版社，2015：19–22.

方式来开启导读课。

在导读课中，封面是不是一定要在讲故事之前呈现在学生面前？这倒未必。如果在讲故事之后再呈现封面的话，学生基于已有的故事阅读对封面的理解可能会更加完整、深入且能引发进一步的思考，这样的操作也不失为一个好路径。例如，在《随风而来的玛丽阿姨》导读课上，做完简单的游戏后，我就和孩子们一起阅读《月亮圆了》这一章，待这章的阅读与讨论结束后，我才出示这本书的封面插图，让学生说说玛丽阿姨与一般的保姆有什么不一样的地方，围绕这个话题让学生再次进入文本加以验证。在这个过程中，学生经历了"立场2"——"立场1"——"立场2"，我们看到以这种方式进入"立场1"，学生对人物、故事之间的联系的建立更为清晰与牢固，而且带着这样的认识再次进入文本，学生又会在新的层面上深化对文本的认知。

二是从作者开启。每个作者在创作时都会带着自己的认知、思考、经验和价值观，这让他们成为有故事的人，同时他们也是讲故事的人。讲述作者的故事或者作者的创作故事，也有可能会寻找到与作品之间的关联性。比如，《夏洛的网》这本书的诞生，就与怀特的经历密切相关，讲述它们之间的联系可以让学生对作品形成阅读期待。在运用这个路径的时候需要注意：不要把"故事"变成"作家生平介绍"，更不要煞有介事地将这些内容用课件呈现在孩子们面前，这些干涩的没有温度的文字只是一堆知识而已，无法建立孩子们与文本之间的情感联系；同时，在这类故事上不要耗费过多的时间，导读课的目的是引导孩子们进入文本，而不是让他们游离于作品所讲述的故事之外。

三是从作品中的故事开启。我在上《罐头里的小孩》导读课时，一开始就直接进入康拉德来到巴尔托洛蒂太太家后的故事片段，带着孩子们一起见证一个罐头里的小孩如何一点一点地变成正常小孩的模样，这神奇到不可思议的情节让孩子们兴味盎然。这个例子可以很好地回应朱迪思·朗格的观点：关于"文学想象"的五个立场不是以线性顺序出现的①，阅读中最常采取的就是"立场2"。同时，这也可以说明孩子是故事的热爱者，从故事开启深得童心。但是教师容易犯的一个错误是，忽视故事的作用而以一种不受欢迎的方式给出了大量超负荷的信息，甚至有些教师用这些信息填满了一节导读课，等到一节课结束的时候，孩子们还没有开始读故事。

　　四是从作品获奖信息和业内外评价开启。从导读课的教学目标出发，运用这个路径的确能够让孩子愿意去阅读，因为这些来自权威的信息从某一方面说明了作品的优秀。但是，正如《宛如一部小说》中所说："我们这些已有阅读经验、声称要传播读书之爱的人，却总是偏爱于充当作品的品鉴家、阐释家、分析家、批评家、传记作家、评注家，用各种毕恭毕敬的证词表明作品的伟大，作品本身反而哑口无言。我们的语言抢占先机，抢占话语权。与其说是通过我们的嘴让文本说出智慧之言，毋宁说是我们自己在谈论文本，而文本的智慧被物归原主。"② 现在有很多导读课，教师超量运用这些信息，看似做足了功夫，其实却没有让文本自身来说话，这是值得我们警惕的一个问题。

　　五是用熟悉的关联作品开启。世界著名的奇幻文学作品《绿野仙踪》讲述了小女孩多萝西和她的小狗托托因为一场龙卷风来到了奥兹国，在北方女巫的指点下准备到奥兹城请求奥兹帮助自己回到家乡堪萨斯州，一路上她遇到了稻草人、铁皮人和胆小的狮子，他们都各有自己的梦想，于是就与多萝西一起踏上了追寻梦想的冒险旅途。这个故事和孩子们熟悉的

---

① 朱迪思·朗格.文学想象：文学理解与教学[M].樊亚琪，译.王晓英，审校.上海：上海教育出版社，2015：22.
② 达尼埃尔·佩纳克.宛如一部小说[M].赵爽爽，译.上海：上海文艺出版社，2014：99.

《西游记》有相似之处，用《西游记》的故事来开启《绿野仙踪》，孩子们自然而然会产生想象：一路上，多萝西一行人会遇到什么困难，他们会怎么解决呢？这个团队中的每个人各有什么长处，会发挥什么作用？他们最后实现了自己的梦想吗？……所有这些都会催促着他们走进《绿野仙踪》。运用这个路径最重要的一点：旧作品和新作品之间一定要有关联，这样才能充分利用旧有经验，而这恰恰就是学习的起点。

六是从孩子们的生活和喜欢的游戏开启。这个路径从儿童出发，能让孩子们在不知不觉中进入故事世界。《戴小桥全传》的开篇《大香蕉大土豆》就是从几个小男孩相互起外号讲起的，那么导读课就可以从孩子们的外号谈到戴小桥的外号，一切自然而然。在上《随风而来的玛丽阿姨》导读课时，我选择《月亮圆了》这一章来重点阅读。这一章中出现了很多颠倒的情节，可以说这一章就是讲述了一个颠倒的故事。导读课的开启，我就和孩子们玩起了颠倒的游戏，读起了颠倒的儿歌，随后我问"接下来该干什么"，那当然是来听一个颠倒的故事啦。你看，一切水到渠成。

以上分享的是导读课开启的几个路径，无论采用什么样的路径，都要充分考虑学生这个阅读主体的需求。激发起他们的阅读欲望，这才是导读课应该走的正道。

故事永远是第一位的

对于故事和方法，你认为孩子们感兴趣的是什么？老师的回答都是：故事。可令人奇怪的是，很多导读课真正阅读故事的时间比较少，却用了不少时间来讲方法，甚至还将这些所谓的"方法"用非常精练的语言总结出来，一板一眼地写在黑板上。即便有些老师带着学生阅读了故事片段，但根本目的还是引出或验证方法。

方法真的这么重要吗？我们为什么如此看重方法？那是因为我们心中隐藏着一连串的假设：只要我讲了方法，孩子们就会理解，就会运用，就会按照这样的方法去阅读更多的书，就会提高阅读能力，养成阅读习惯。因此我们才会把一些方法奉为圭臬，认为拥有它就能解决一切问题。殊不知，这都是我们心中美好的愿望，阅读这件事情不是老师讲几个方法就能达到效果的。对于一节导读课而言，故事永远是第一位的。

故事真的很重要

人类天生就爱听故事。人类也天生需要讲故事。以色列历史学家尤瓦尔·赫拉利在《人类简史：从动物到上帝》这本书中指出："智人之所以能征服世界，是因为有独特的语言。"[1] 他认为，"人类语言真正最独特的功能，并不在于能够传达关于人或狮子的信息，而是能够传达关于一些根本不存在的事物的信息。据我们所知，只有智人能够表达关于从来没有看过、碰过、耳闻过的事物，而且讲得煞有其事"[2]。正是这些虚构的故事，慢慢地让早期人类实现彼此间的合作，慢慢地形成共同的信仰，逐步建立部落、城邦、国家。著名历史学家斯塔夫里阿诺斯在《全球通史：从史前史到21世纪》中提到，在澳大利亚生活的土著居民一直保留着史前人类的一些生活习惯："他拿起一块碎玻璃，熟练地把它制成一枚箭头或矛尖，装在投矛器或已上弦的弓上，然后动身去射杀猎物。回来后，按照适当的仪式准备晚饭。晚饭后开始讲故事，把白天的奇遇告诉很少离家外出的人，在故事

---

[1] 尤瓦尔·赫拉利.人类简史：从动物到上帝 [M].林俊宏，译.北京：中信出版社，2016：19.
[2] 尤瓦尔·赫拉利.人类简史：从动物到上帝 [M].林俊宏，译.北京：中信出版社，2016：25.

声中结束一天。"① 人类就是在这样的讲故事听故事中，开始认识自己所处的世界。所以说，故事是经验的累积，是想象的拓展，故事中有世界，有情感，有思想。世界上所拥有的伟大的一切，都在故事里面。于是故事征服了我们所有的人。

人类是故事的热爱者，儿童更是。在儿童的眼里，这个世界就是由一个个故事组成的。儿童需要在故事中认识世界，建构外部世界；认识自我，建构自己的内在世界。故事是儿童认识世界、认识自我的一种方式。

《像 TED 一样演讲：打造世界顶级演讲的 9 个秘诀》这本书中提出了打造顶级演讲的 9 个秘诀，其中第二个秘诀就是"讲故事"，因为人人都爱听故事，故事能建立情感联系。对于一部作品而言，作者想说的内容都通过故事展现了出来，我们所要做的就是将故事带到孩子们面前，促进人与书之间的联结，而不是在故事之外转圈圈。研究者还发现，我们的大脑在听故事时会变得更加活跃，故事能刺激整个大脑，让语言、感觉、视觉和运动区域都活跃起来。② 所以说，用故事开启一本书的旅程，这是最正确的选择。

寻找合适的阅读策略

请注意，这里用"策略"替代了"方法"。第一讲中提到，整本书阅读更适合运用阅读策略，而不是阅读方法。既然故事是第一位的，那么对于导读课来说，是不是不用让学生学习一些阅读策略呢？也不尽然。阅读策略的合理运用，可以帮助学生更好地理解故事，从而加深与作品的连接，达成导读课的教学目标。

---

① 斯塔夫里阿诺斯.全球通史：从史前史到 21 世纪　第 7 版修订版　上册 [M].2 版.吴象婴，梁赤民，董书慧，等译.吴象婴，审校.北京：北京大学出版社，2006：15.
② 卡迈恩·加洛.像 TED 一样演讲：打造世界顶级演讲的 9 个秘诀 [M].宋瑞琴，刘迎，译.北京：中信出版社，2017：39-40.

阅读理解策略大致有预测、联结、提问、推断、图像化、确定重点、释疑、综合这几种。导读课上常用也非常重要的策略就是预测、提问。

预测，包括阅读开始时基于标题、图片和关键词等来预测将要阅读的内容；故事文本阅读中对人物、事件、故事结局等进行预测。[①] 在片段导读的过程中，可以在悬念处打住，预测故事发展的方向或结果；也可以在矛盾冲突处停留，预测人物内心的想法。这两种预测，一个指向事件本身，一个指向人物内心。

提问，就是向文本发问。在阅读前、阅读中、阅读后都可以引导学生进行发问。就导读课而言，我们可以在片段阅读前发问，像前面所列举的《隧道的森林》，就是根据封面的插图进行提问。片段阅读之后，孩子们已经建立了与文本之间初步的连接，这时候出示这本书的目录将是最佳的时机，孩子们会问出很多问题，这些问题将引导他们走进故事。

恰当地运用这两个策略将会有效地达成导读课的教学目标。另外，每本书中的故事都是不一样的，都有自己独特的地方，在教学的时候还应该根据文本特点指导学生学习相应的阅读策略。比如，翻开《一年级大个子二年级小个子》这本书就会看到一幅故事地图，主人公正也和秋代生活、学习和玩耍的环境尽收眼底。而急于走进故事的孩子们往往忽视了这幅图的存在，直接跳过它进入故事，这就需要教师适当提醒学生在阅读的过程中运用联结策略，将故事内容与这幅图的阅读联系起来，可以获得对故事更直观、更具体的理解。导读课上，教师就可以利用片段阅读加以示范，读读书，看看图，再读读书。

所有阅读策略的学习，都是以故事为基础，从故事生发出来又回到故事本身，所以说故事永远是第一位的。

[①] 王荣生. 阅读教学设计的要诀[M]. 2版. 北京：中国轻工业出版社，2021：44.

选择故事片段的几个注意点

选择什么样的故事片段作为导读课的阅读内容呢?这个问题难住了一些老师。不知道你在设计导读课的时候是否也遭遇过这样的困境?如果有的话,那下面的一些建议也许能帮助到你。

片段在整本书中的位置有讲究

选择导读片段的时候,切不可孤立地看待这个片段,必须要把这个片段放在整本书的视野内去思考:所选片段处于书中什么位置,最能激发孩子们阅读整本书的兴趣?

加拿大资深读写教师阿德丽安·吉尔将故事的两种结构分别描述成"平路故事"和"爬坡故事"[①]:

平路故事就是围绕着一个主题或题目沿着一条线发展,前后内容没有多少因果关联,每个故事都是相对独立的(如图5-1)。比如,《我和小姐姐克拉拉》《弗朗兹的故事》等儿童故事就属

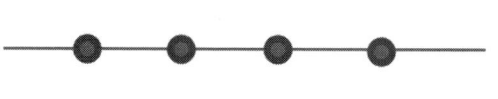

图5-1 平路故事

于平路故事,围绕作品主人公用多个故事不断强化人物形象。再比如,我们熟悉的童话《长袜子皮皮》,每个故事之间的关联性也不大,作为故事主人公的长袜子皮皮基本上就是一个扁平人物。还有一些作品集,如《安徒生童话》等就是以安徒生创作的作品集合起来的一本(套)书,各个故事之间没有联系,都有独立的人物和故事情节等。从整本书的角度而言,像这样的作品集基本上就是一个平路故事。选择这些平路故事的导读片段就

---

① 阿德丽安·吉尔.写作力:创意思考的写作策略[M].陈中美,钱飚,译.南宁:接力出版社,2017:38.

比较简单，只需要考虑一个因素，即儿童是否喜欢并感兴趣。

爬坡故事就是故事一直在不断发展，有着清楚的开头、中间和结尾，整个故事就像经历了一个上坡和下坡的过程（如图5-2）。比如，怀特的著名童话《夏洛的网》，故事一开始威尔伯面临被宰杀的命

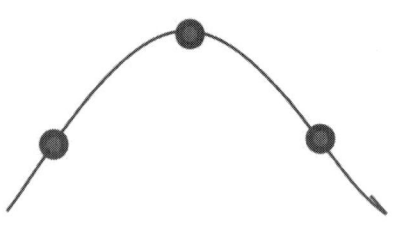

图 5-2　爬坡故事

运，是弗恩拯救了它；来到朱克曼谷仓，以为能过上安稳的好日子，却听说要被做成熏肉火腿，威尔伯极度伤心，就在这个时候，蜘蛛夏洛对威尔伯说"我救你"；接下来夏洛用自己的网上绝技织出了"王牌猪""了不起""光彩照人""谦卑"等奇迹般的文字，让威尔伯成为一颗耀眼的明星，终于让它在集市的大赛中赢得了特别奖项和一个安享天年的未来；可这时，夏洛的生命走到了尽头……整个故事跌宕起伏，有着明显的开头、发展、高潮、结局，读者的心被威尔伯的命运和夏洛的拯救举动牵动着。

儿童文学整本书中这样的爬坡故事非常多，选择导读片段就比较难决断，因为每个事件之间紧密相连，该在哪里选择一个片段呢？

第一，所选的片段在整本书中的位置不要到达故事的高潮部分。高潮部分一定是整部作品最具冲突性的地方，这个最精彩之处留给学生自己去阅读，方能凸显导读课的教学目标。而这个高潮之处，一般来说就是作品讲述到一半左右的地方。比如，《夏洛的网》一共22章，高潮部分大概就是在第十一章。第十一章《奇迹》讲述了夏洛在网上织出了第一组文字"王牌猪"，这件事轰动了朱克曼谷仓，其影响力还波及很远的地方，大家都驱车来看这只王牌猪，所有的人都相信这就是一只王牌猪。在读这一章之前，读者一定在想：蜘蛛夏洛真的能救威尔伯？它会用什么办法？会成

功吗？……而读到这一章的时候，读者一定是兴奋而惊喜的。作者怀特谙熟讲故事的门道，将读者的阅读心理和故事讲述节奏天衣无缝地结合在一起，创造了一个大大的"奇迹"，至此故事达到一个高潮。作品的高潮是吸引读者继续往下阅读的动力，导读课上不能透露太多，在高潮到来之前就打住是最明智的选择。

第二，故事的三分之一处往往有一个小高潮，这个小高潮既有故事本身的吸引力，又能预测故事发展的走向，用它来激发学生阅读的欲望是很不错的选择。一个会讲故事的高手作家一定会在作品的三分之一左右处掀起一个小高潮，否则"刁钻"的读者就会因为没有足够的吸引力而放弃阅读。再拿《夏洛的网》来举例，整本书的三分之一处的确有一个小高潮，那就是《坏消息》这一章。这一章是故事发展中的重要节点，威尔伯将再次面临被宰杀的命运，它的命运牵动着读者的心；夏洛对威尔伯说"我救你"，说得那么轻松，不禁让读者产生诸多疑问。从这一章开始，威尔伯和夏洛的命运就紧紧地捆绑在一起了。《夏洛的网》这部作品的主题在这里开始慢慢显现。选择这一章进行导读，对于教学目标的达成能起到事半功倍的效果。

从选择合适的故事片段就可以看出，整本书阅读教学要凸显一个"整"字，要基于整个作品来思考问题，我们教学的视阈要足够宽。

选择的片段应是故事中的关键事件

什么是关键事件？回答这个问题要基于整部作品来谈。关键事件就是围绕作品主题，展现人物形象、推动故事发展的重要事件。如何找到关键事件呢？我们以《绿野仙踪》为例来谈一谈。

《绿野仙踪》讲述的是多萝西和稻草人、铁皮伐木工、胆小的狮子相互协作一起实现梦想的冒险故事。这个故事中的关键事件是什么呢？翻开这本书的目录（如图5-3），一起来找一找。

	寻找（一）	寻找（二）
出发	第七章 去见大魔法师奥兹的路上	第十八章 去往南方
第一章 龙卷风来了	第八章 有毒的罂粟田	第十九章 遭遇打人树
	第九章 田鼠女王	第二十章 精致的白瓷国
组队	第十章 看门人	第二十一章 狮子成了百兽之王
第二章 见到芒奇金人	第十一章 奇妙的奥兹城	第二十二章 考德林之国
第三章 多萝西救了稻草人	第十二章 寻找邪恶的女巫	第二十三章 善良女巫格林达满足了
第四章 穿过树林的小路	第十三章 援救	多萝西的愿望
第五章 救了铁皮伐木工	第十四章 带翅膀的猴子	
第六章 胆小的狮子	第十五章 发现奥兹的秘密	**返回**
	第十六章 大骗子的魔法	第二十四章 终于回家了
	第十七章 气球是怎样上天的	

图5-3 《绿野仙踪》目录

我们可以对照着目录把故事做一个重组。这个故事的基本叙事模式就是"在家—离家—回家"。如何离家？因为一场龙卷风。如何回家？把脚上银鞋子的后跟在一起碰三下。而从第二章到第二十三章，作品重点讲述的是多萝西在奥兹国的故事。

作品前半部分的关键事件之一就是多萝西从堪萨斯州来到了奥兹国，这个场景的转换是一个关键事件，没有这个转换，故事就无法继续下去。如何找到关键事件？可以关注场景的转换，尤其是现实世界与幻想世界之间的转换，它往往是奇幻小说、科幻小说中的关键事件。比如，奇幻小说《永远讲不完的故事》中，巴斯蒂安从学校的阁楼来到幻想帝国；科幻小说《时间的折皱》中，梅格一行三人从地球来到乌利尔星，等等。这些作品中都有非常明显的场景转换，紧扣这些就能找到作品中的关键事件。

来到了奥兹国的多萝西发现，这里是跟家乡堪萨斯州完全不一样的世界。她还遇到了善良的北方女巫，在与北方女巫的交流中，多萝西明确了自己接下来该干什么。《绿野仙踪》的第二章非常重要，借由北方女巫之口，奥兹国的"地图"清晰地呈现于读者面前：奥兹国被一片沙漠包围，与外界隔绝；东西南北四个方向各有一个女巫，北方和南方的是好女巫，东方和西方的是恶女巫；居中的奥兹城里住着伟大的男巫——奥兹；要想见到奥兹，沿着一条黄砖路就可以到达奥兹城。可见，这章内容能让读者全面了解故事发生的背景与环境，从而建立对故事的整体感知，说它是关键事件一点也不为过。

《绿野仙踪》被称为美国版的《西游记》，讲了一个团队勇敢面对路途中的一个个困难并最终实现愿望的故事，"团队协作"这一主题在作品中体现得相当明显。第二章到第二十三章大致描写了三个部分的内容：一是团队集合，二是合作冒险，三是达成愿望。那么接下来应该选择的故事片段是什么呢？联系作品主题，这个问题就迎刃而解了。这个团队第一次相互协作战胜困难是在哪一章？第七章，即团队成员各自施展本领合力跨越一条大沟并抵御了怪兽卡利达的袭击。之后的故事基本上开启了"面对困难—合作解决"的模式。因此这个"第一次"就尤为重要，把握这个叙事模式，既对作品主题有所回应，也可以对后续内容有一定的预期，形成阅读期待。

从上面的分析中不难看出，关键事件是基于整本书的关键事件，导读片段的选择还是要落实在一个"整"字上，充分利用目录整体了解作品的架构，可以帮助我们准确找到关键事件。

选择的片段要相对完整，有一定容量

为什么要提出这个注意点呢？那是因为不少导读课上，教师遴选出来的片段少则一两百字，多则三四百字，一个长篇故事居然被切割成了一个个微小的碎片，甚至比不上一个单篇文章来得完整。这不禁让人思考：这还是整本书阅读吗？

现在，整本书阅读之所以如此受到重视，是因为多年以来我们的语文课程只重视单篇文章的阅读，更广泛的阅读是被边缘化的；大家开始意识到培养学生的阅读能力，既要重视单篇文章的精读，也要重视整本书的略读、泛读等。因此，我们切不可用习惯了的单篇文章的教学思维来看待整本书阅读教学，前面两个注意点都强调了要凸显整本书的"完整"与"整体"，我们就可以看出整本书阅读教学与单篇文章的不同之处。

如何体现故事片段的完整性呢？一是所选片段要能体现一个事件的发生、发展和结局，能从整个故事中抽离出来独立存在，比如说《绿野仙踪》的第七章就是一个独立的事件，导读课就可以把这个片段完整地呈现出来。二是所选片段能展现人物在事件中发挥的作用、人物的想法与行动以及人物之间较为完整的互动，如《绿野仙踪》第二章奥兹国的"地图"就是在多萝西和北方女巫的对话中慢慢显露出来的，因此这一章中关于这部分内容的人物之间的对话需要完整呈现出来，其余内容则可用讲述的方式进行概述。

总之，找到了关键事件，尽可能较为全面地加以呈现，一定能帮助读者形成对故事较为完整的初步印象，引导学生走进故事深处。

所选片段能基本展现作品风貌

导读课要帮助学生形成一个较为完整的故事框架，从整体上对故事有一个初步的认识，这有助于学生打开这本书：学生自然而然会借由对关键事件的阅读，产生填补故事框架空白之处的欲望。

故事框架的形成如果依赖于单个故事片段，很多时候是无法实现的。一般来说，一节导读课需要呈现2—3个故事片段，这就牵涉到片段之间的关联性问题。

所选片段一定是故事发展主线上的重要节点，彼此之间有着明显的因果或推进关系。比如，《夏洛的网》，故事开始于弗恩从爸爸的斧头下救出威尔伯；为了让威尔伯能有一个更适宜的生活环境，弗恩把它送到了朱克曼谷仓，这才有威尔伯与夏洛相见的可能；安安稳稳的日子过了没有多久，威尔伯听说自己将被做成熏肉火腿而伤心欲绝，夏洛挺身而出要拯救威尔伯……这一条故事发展的线索非常清晰，顺着这个思路选取2—3个片段，就能让孩子对故事有一个较为全面的认知。

所选片段的呈现一定要有轻重取舍，不可平均使用力量，这样才会凸显故事中的矛盾冲突，让学生对这本书欲罢不能。在刚才所讲的《夏洛的网》这部分内容中，你觉得哪个片段应该重点呈现呢？很显然就是第七章《坏消息》。一看这个标题，读者心里难免就咯噔一下，再读内容才知道故事出现了曲折，人物命运有了起伏。恰恰是这一章体现出夏洛的与众不同，以及夏洛与威尔伯之间的情谊。阅读这一章，既可以帮助学生在突发状况中走近故事的主人公，也可以让学生对故事的发展产生期待，所以这一章一定是重点片段，可以带着学生完整地进行阅读与讨论。其余的片段，诸如弗恩阻止爸爸、夏洛的出场等就可以弱处理，具体呈现方式下面会提到。

选择儿童感兴趣的片段

这一点非常重要。如果教师对儿童的阅读心理和阅读需求没有足够的认识与理解的话，即使做足了功夫也无济于事。一般而言，儿童感兴趣的可能是哪些片段呢？

一是故事推进感较强的片段。每个故事的讲述都有缓有急，这也是作者充分考虑读者的阅读心理而特意安排的。故事中大段大段的环境描写和人物内心独白等，一般会放慢故事讲述的节奏，急于知道故事发展的孩子们会没有耐心阅读；而人物之间的对话和人物所采取的行动等内容能让故事有明显的推进感。

二是故事矛盾冲突比较明显的片段。故事类文本靠什么牵动读者的心？那就是故事中出现的矛盾冲突。比如，《夏洛的网》第七章就有非常明显的矛盾冲突：威尔伯再次面临被宰杀的命运。围绕着这个矛盾冲突，孩子们会产生很多联想，可以说这个片段赚足了孩子们的好奇心。

三是与现实生活有所呼应的片段。《戴小桥全传》中有一个情节：戴小桥下课时光顾着玩忘记了上厕所，上课铃响后来不及去小便，只好硬着头皮走进教室；一节课，戴小桥真的是提心吊胆，就担心小便尿到自己身上……这个场景孩子们并不陌生，可能不少人也尝过这种滋味，读到这样的片段自然而然就会感同身受，产生一种共鸣。当然，有的时候与生活经验完全不符的片段内容也会激发他们的好奇心，比如，《随风而来的玛丽阿姨》中《月亮圆了》这一章中出现的颠倒的事情，《罐头里的小孩》中主人公从罐头里出来瞬间长大的情节，等等。

呈现故事片段的方式

选择出一个合适的片段，还需要用恰当的方式呈现出来，才能达到最优的效果。一般来说主要有三种呈现方式：大声朗读、讲述、默读。其中最重要的就是大声朗读。

大声朗读的意义与作用

大声朗读就是大声读给孩子听。1990—1991年，国际教育成果评估协会曾对32个国家，21万名9—14岁的儿童进行了一项广泛的阅读研究，发现全世界阅读能力强的孩子有几点共同之处，其中有一点就是：老师对学生朗读的频率。[①]老师经常给孩子朗读，孩子的阅读能力就强；老师很少或不给孩子朗读，孩子的阅读能力就弱。大声朗读居然有如此神奇的功效，其意义非凡。

大声朗读能轻松建立起共同的阅读场境

在上一讲聊到"班级共读"的时候，我们提到了一个"场"的概念。如何快速而又轻松地建立一个阅读场境，消弭学生与作品初见时的陌生感，以及阅读过程中因为理解困难而带来的畏惧感与疏离感？大声朗读就是一个非常好的方式。

2004年我第一次读到繁体字版的《朗读手册》，就立刻尝试运用这种方式。我发现无论低年级的孩子还是高年级的孩子都喜欢听老师读故事；不管是自己班级的学生，还是其他班级的学生，教师读书的声音一旦响起，孩子们就会立刻安静下来，无论他们之前在干着什么，也无论跟你这位老师是否熟悉。因为孩子是故事的热爱者，用朗读的方式会迅速建立学生与故事之间的连接。进入小学以前，孩子们主要通过大人读书给自己听的方式进入故事世界，到了小学如果老师们乐意接下这个接力棒的话，那孩子们的阅读能力将会有长足发展。

在由大声朗读营造的班级阅读场境中，孩子们共同经历、共享内容，极易形成彼此之间的良性互动，获得积极的情感体验，促进有意义的学习。同时，大声朗读容易促进良好师生关系的建立，这些美好的体验才是学习的开始。

[①] 吉姆·崔利斯.朗读手册[M].沙永玲，麦奇美，麦倩宜，译.海口：南海出版公司，2009：24.

大声朗读可以让听者借由声音抵达意义

声音是语言真正的生命力。可是现代社会偏重文字与语义的关系，而忽略了语言真正的生命力。教育领域也深受影响，越来越追求功利化，在以纸笔考试为主导的评价体系中，只考查文字的"形"与"义"而忽视了"音"。受评价指挥棒的影响，我们的母语教育是不注重声音及其意义的，也正因此大声朗读在校园里普遍罕见。

世界颇具影响力的认知神经科学家之一斯坦尼斯拉斯·迪昂在《脑与阅读》这本书中指出，现在的研究基本达成共识，即人类的脑中存在着专门用于阅读的两条通路：一是语音通路，一是词汇通路。"当文字刺激进入视觉系统时，都被传送到左半球的'文字盒子区'，不论它们的具体形状如何、大小如何，位置在哪，它们都将在那里得到识别。接下来，这个视觉信息的集合将通过两条主要通路进行传输：一条将这信息转换成语音，另一条转换成语义。两条通路同时、并行地运作，根据单词是否规则，其中的一条通路会占上风。"[①] 也就是说，从看到文字开始，到抵达意义结束，整个过程主要通过两条阅读通路来实现（如图5-4）：第一条，人们看到文字就能明白其意义，这是运用的词汇通路；第二条，人们看到文字后并不明白其中的意义，需要借助声音才能抵达意义，这是运用的语音通路。我们遇到熟悉的文字时一般使用的是词汇通路，遇到不熟悉的甚至是从未见过的文字时一般使用的是语音通路，阅读时这两条通路总是处于合作之中。"对成人来说，两条通路都存在，而且它们是同时运作的。"[②] 儿童的这两条通路的合作并不协调，由于识字量的限制，他们会更多地依赖语音通

---

① 斯坦尼斯拉斯·迪昂.脑与阅读[M].周加仙，等译.杭州：浙江教育出版社，2018：134.
② 斯坦尼斯拉斯·迪昂.脑与阅读[M].周加仙，等译.杭州：浙江教育出版社，2018：31.

路。我们经常会看到一些处于初级阅读者的孩子，因为不认识汉字，阅读不流畅，进而影响阅读理解。因此，教师的朗读就能帮助孩子在文字与意义之间架设起桥梁，让孩子享受阅读的乐趣。

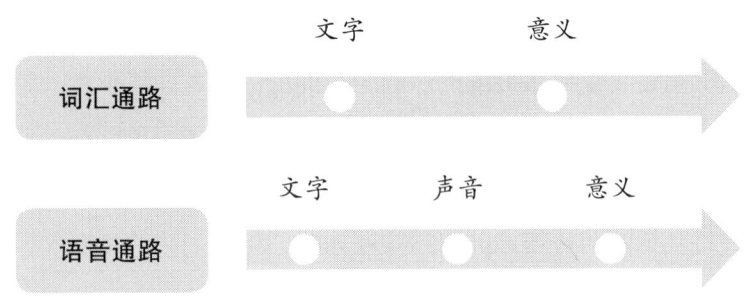

图 5-4　阅读通路运作的基本路径

声音还可以将文字没有表达出来的信息呈现出来。为什么这么说呢？认知神经科学家马克·塞登伯格指出，文字有一个内在属性，即无法系统地体现出口头语言可以传递的内容，"所有的文字系统都略去了很多相关信息。例如音调……又如时间因素，即说话的速度、语句的长度、何时停顿的长度和位置以及响度等。所有这些口头语言特有的属性都会向人们传递重要的信息，但是文字所能传达的却十分有限，有些内容甚至无法用文字呈现出来"[①]。对于一个成熟的阅读者来说，这些文字之外的信息可以在阅读时自动补全，但对于一个阅读能力正在发展中的儿童来说，因为生活经验和阅读经验的缺失，这些信息有可能就会遗失，而不能达成对文本的全面理解。借由教师的声音走进文本，很有可能帮助学生补充这些信息，因为教师朗读时的"重音、语速，以及音调变化的时间和位置都不同……这

---

① 马克·塞登伯格.如何阅读[M].吴娜，李哲，周海鹏，译.杭州：浙江教育出版社，2022：25-26.

些旋律是带有信息的，有助于人们区分说话者的态度，理解阅读中单调且不那么有趣的部分，以及各个单词的语法作用"①。也就是说，声音本身是有意义的，大声朗读可以帮助学生抵达文字的意义层面。

　　大声朗读还可以少占用学生的工作记忆，把更多的时间留给思考，加深阅读理解。"工作记忆是一个'工作空间'，思维在这个工作空间里产生，可惜的是这个空间是有限的。同一时间段内，人只能思考一定数量的事情。"② 拿一个正在学习阅读的孩子来说，阅读一本书的时候，他既需要识别字形、读出字音、辨识词素（最小的意义单位）、解码文字，还需要调用自己的背景知识……考虑的事情实在太多，工作记忆的负担太重，留给阅读思考的时间就非常有限甚至没有，这样就无法形成对文本的深入理解。而教师的朗读恰恰能够释放孩子的工作记忆，让他们能有更多的时间进行思考。我目前所教的三年级，班上就有这么一个孩子，其读写能力都比较弱：他总是读错字，书写的汉字不是"缺胳膊少腿"，就是颠倒位置，时常还会写成同音异形字或形近字；他一个人读书很吃力，结结巴巴、断断续续。这些都导致他阅读不流畅，理解能力发展滞后，因此他很少发言。每次我给班上同学读故事的时候，我发现他都异常投入，一边听一边用手指着汉字，随着我的朗读移动自己的食指。朗读结束后，有一次我问了一个有点小难度的问题，结果他第一个举起了手而且给出了正确的回答。为什么这个孩子能有令人惊喜的表现？那是因为教师的朗读让他不需要再去一点一点慢慢地考虑字音、字形，如何断词断句等，于是工作记忆的空间就更多地留给了思考。所以说大声朗读可以帮助孩子较为迅速地抵达文本的

---

① 丹尼尔·T.威林厄姆.心智与阅读[M].梁海燕，译.杭州：浙江教育出版社，2020：72.
② 丹尼尔·T.威林厄姆.心智与阅读[M].梁海燕，译.杭州：浙江教育出版社，2020：70.

意义。

大声朗读可以让朗读者在与听者的互动中生发全新的理解

阿尔维托·曼古埃尔在《阅读史》这本书中讲述了他与拉美文坛巨匠博尔赫斯之间的一个故事：曼古埃尔16岁的时候在布宜诺斯艾利斯的皮格马利翁书店找到了一份课后工作。一天下午，他接待了在88岁母亲陪同下走进书店的博尔赫斯，那时博尔赫斯几乎全盲。博尔赫斯离去时提出一个请求，希望曼古埃尔利用晚上的时间为他朗读。接下来的两年时间，曼古埃尔非常有幸朗读给博尔赫斯听，他觉得"大声向他朗读自己读过的作品，这会修正先前那些孤单的阅读所得，增添并加深我的记忆，使我感受到当时还没感受到、而现在却似乎因受他的反应所激发而回想起来的东西"[①]。

从这段描述中，我们可以总结出朗读者在大声朗读过程中的所得：朗读者可以在与听者的互动中修正原先自己单独阅读时的一些观念，并且可以将原先零散的理解进行整合，还可以激发出原先没有的一些新的感受、观念，从而加深对作品的理解。这个朗读的经历，使阿尔维托·曼古埃尔认识到"阅读是累积式的，以几何式的进展来增加：每种新阅读都是建立在先前所读的基础之上"[②]。

大声朗读的好处还有很多，它还可以培养学生的专注度和注意力，可以促进学生达到阅读流利水平（这是阅读理解的前提），可以帮助阅读有困难的学生，可以提高学生对声音和语流的敏感度。

[①] 阿尔维托·曼古埃尔.阅读史[M].吴昌杰，译.北京：商务印书馆，2002：21.
[②] 阿尔维托·曼古埃尔.阅读史[M].吴昌杰，译.北京：商务印书馆，2002：21.

大声朗读应该注意的几个问题

我们将大声朗读引进导读课的课堂，有几个问题是老师们特别需要关注的：

一是谁来朗读？一般来说是教师朗读。因为教师朗读会消弭学生初见文本的陌生感，特别是面对一些有所挑战的文本，更能帮助学生建立一种亲近感，增加学生阅读的投入度。是否可以让学生参与呢？可以的。如果导读课上有2—3个片段需要呈现的话，可以安排学生朗读其中的片段。学生若参与，一定是个别学生的单独朗读，而不是班级齐读。朗读的学生可以是教师推荐，也可以是学生推荐或本人自荐，无论哪一种形式，都要注意：这个学生朗读流利且阅读能力较强，能够让大家听到连贯的较为生动的朗读，这有助于建立起学生对文本完整的、美好的初始印象。

二是需要做哪些准备？最重要的准备就是教师要提前熟悉朗读的内容，确保朗读流利，阅读时能够自如地将视线从书本移开，多多关注孩子们倾听的状态。为了确保能将文字之外的信息通过自己的声音准确传达出来，教师还需要仔细揣摩文字，弄清楚言外之意，并通过音调、重音与朗读节奏的变化传达文本的意义。

三是需要提前录音吗？时常有老师会问：我怕上课的时候一紧张读不好，能不能提前录制音频？我的普通话不标准，我能请其他老师帮助录音吗？回答是否定的。前一讲中曾经提到，这种非人体语言的输入少了针对特定视点的专注力，因为声源不是针对某一个孩子的。你想一想，当你在课堂上播放一个音频时，孩子们的专注力是不知道投注在哪里的。而如果你和学生面对面地进行朗读，孩子的目光与你的目光之间是有交流的，很多信息通过目光以及教师朗读时的表情、体态等，就能全然被孩子吸收。即便教师的普通话不够标准，偶尔有一些地方读得不流利，这也不影响孩子们的倾听。

四是朗读有技巧吗？单篇文章的教学也时常会运用到朗读，整本书阅读中的朗读与之有什么不同吗？单篇文章多为散文，散文以抒情为主，情感比较饱满，非常适合朗读；整本书阅读的作品多为故事类文本，重在叙事，情感表达比较生活化，因此整本书阅读中的朗读更趋向于讲述。这提醒教师在大声朗读的时候，语调要自然朴素。

朗读时，为了增强现场效果，引发学生的阅读兴趣，教师可适当运用体态语，有时还需改变自己的声调来扮演对话者的声音。另外，朗读的速度不宜过快，有时可根据故事情节来调整节奏，在悬念处压低声音，可以使孩子全神贯注。有些老师为了取得更好的朗读效果还会配上一些音乐，我的建议是尽量单纯运用自己的声音面对孩子，不借助额外的辅助手段，用文字本身的魅力打动孩子，这才是一位语文老师应该有的教学姿态。

另外，朗读氛围的创设也是很重要的。比如：课桌椅的摆放应最好让孩子们能彼此看到对方的目光，这样做使交流更为直接、顺畅；可以让孩子们自由选择适宜的姿势，让他们的身体得到完全放松；教师无论是站还是坐，一定要让自己的头高于孩子，这样就可以关照到每一个孩子，根据孩子的面部表情接受反馈信息，及时调整自己的朗读状态。

五是学生手里要有书吗？一般来说，学生的手中需要有书或者是印有故事片段的阅读材料。为什么不是单纯听老师朗读呢？前面我们曾经提到斯坦尼斯拉斯·迪昂说人的大脑中有专门用于阅读的语音通路和词汇通路，且这两个通路是处于合作中的。学生一边听一边看书，可以促进这两个通路的协调运作，也可以帮助学生运用两个通路更好地学习阅读。另外，在《阅读与脑》这本书中，斯坦尼斯拉斯·迪昂还提出了一个"文字盒子区"的概念，这个"文字盒子区"位于左半球枕-颞区，这个区域对视觉符号进行识别后，将这些视觉信息传输到左半球各处的许多区域，它们分别对文字的意义、语音模式和发音进行编码。斯坦尼斯拉斯·迪昂认为,"阅读的学习过程就是在视觉区与语言区间建立有效连接的过程。所有的连接都是双向的"[①]。他还指出,每个人的脑中都有一个"文字盒子区",且大体上都位于同一个位置,不管是什么文字系统的阅读者,也不管阅读方向是从左到右还是从右到左。而且"文字盒子区"只能被书面文字激活,这个区域经常被激活就会更活跃,阅读者的阅读能力就越强。[②]孩子们一边听一边看书能激活"文字盒子区",对其阅读能力的发展大有裨益。

有时候为了帮助学生建立对作品的阅读期待,我会将第一个带有引导性质的片段不用文字呈现给孩子们,而在导读课呈现最核心故事片段时,才让学生一边看书一边听我朗读,这样的效果也很不错。

讲述与大声朗读的配合

除了大声朗读,讲述也是导读课上经常运用的片段呈现方式。讲述就是讲故事。但所讲的故事内容,已经经过了讲述者的剪裁,而不是原原本本地再现故事情节;而且讲述者在讲述的时候也会将自己的些许感受融进故事之中,带有个人的情感。讲述和大声朗读的配合,有助于将故事概貌呈现在孩子们面前。怎么将讲述和大声朗读配合起来呢?

一是在朗读过程中穿插讲述。朗读时,可能出现因学生对作品前情不够了解而不理解片段内容的现象,这时教师需要通过讲述补充叙述,如人物之间的关系、人物前面做的事情等;可能会因为环境描写和人物心理描写不能推进故事讲述而造成学生没有耐心倾听,可是如果完全舍弃这些描写,一定程度上又会造成故事讲述的不连贯,这时教师可以利用讲述来概

---

① 斯坦尼斯拉斯·迪昂.脑与阅读[M].周加仙,等译.杭州:浙江教育出版社,2018: 74.
② 斯坦尼斯拉斯·迪昂.脑与阅读[M].周加仙,等译.杭州:浙江教育出版社,2018: 80–82.

述相关内容，尽快带领学生进入故事的新发展，确保故事的连贯性。

二是在朗读片段之间用讲述连缀。导读课上一般会呈现2—3个故事片段，这些片段基本上是独立的，如果单独呈现片段，势必会影响孩子们对作品的全面了解，对故事发展方向难以做出合理预测。此时运用讲述可以巧妙地将片段连缀起来，形成前后贯通的故事链。

默读的运用

默读是大声朗读的最佳拍档，导读课上亦如是。通过大声朗读，学生对阅读的片段内容有所理解，但是这种理解还是属于浅表层次的，真正的深入理解还有赖于默读，需要孩子们一边阅读一边思考。如果需要针对朗读片段展开有效的讨论，还是要让孩子们在文本中多走几个来回，此时默读就该上场啦。

关于故事片段的讨论

第一讲中曾经提到，小学阶段涉及三种阅读者类型：初级阅读者、解码级阅读者、流畅级阅读者。儿童要成为一名流畅级阅读者，需要教师的指导，也就是说教师需要教授儿童如何去阅读。前面谈了很多关于"大声朗读"的话题，但给儿童朗读并不等于教授儿童阅读。在朗读的基础上进行相应的讨论，有利于提升儿童的阅读理解水平，同时也会让儿童从中获得阅读的一些策略。

讨论时机的安排

究竟在什么时候安排讨论？是在故事片段阅读之前，阅读之时，还是阅读之后呢？这里面很有讲究。回到朱迪思·朗格教授关于"文学想象"的五个立场，我们就能找到较为明确的答案。

阅读之前，处于"立场1：文本之外与进入想象"。对于从来没有接触过的陌生文本，孩子们能获得的信息是非常有限的，一切可以生成意义的线索都可以用来进行猜想。但是此时能够找到的生成意义的线索通常较为肤浅，只有宽度没有深度，这就告诉我们教学中可以利用这些线索，但是不能过于用力，讨论要简单一些，要能激发起足够的阅读期待，让孩子尽快进入文本的阅读。

阅读之时，处于"立场2：文本之内与经历想象"。此时孩子们沉浸在故事世界中，在这一立场中，孩子们"动用自身关于文本、自我、他者、生活和世界的知识来形成理解，找寻关联，推进理解发展，不断修正对文本的认知"[1]。这个过程非常重要，作者所想说的、所能说的都在作品里说了，孩子们需要非常细心地去阅读、去思考，才能获得对文本意义较为深入的理解。因此这个过程尽可能不要被打扰，让故事完整地呈现在孩子们面前，也让孩子们走进故事之中。如果确需一些互动的话，可以在悬念处打住，进行简单的预测，或者教师提出一两个促进孩子们推断故事发展且无须回答的小问题，这样做的目的只有一个，就是引发他们的思考，让他们进一步走进文本。

阅读之后，主要处于"立场4：想象的抽离与经验的客观化"。完成了故事片段的阅读，孩子们从文本想象中抽离出来，以一定的距离重新审视文本。在这一立场中，孩子们"将自己的理解、阅读体验和作品本身客观化"[2]，即孩子们需要思考文本讲了什么，作者要告诉我们的是什么，自己阅读的感受是什么，等等。适当的时候，孩子们还可以"反思、分析、评

---

[1] 朱迪思·朗格.文学想象：文学理解与教学[M].樊亚琪，译.王晓英，审校.上海：上海教育出版社，2015：20.

[2] 朱迪思·朗格.文学想象：文学理解与教学[M].樊亚琪，译.王晓英，审校.上海：上海教育出版社，2015：21.

价并使它们与其他作品和经验相关联"[1]，即孩子们可以对人物的言行、事件的发展进行分析与反思，也可以做出自己的评价。这样做可以更加深入地理解片段内容。

比如，读完《夏洛的网》第七章《坏消息》，可以和孩子们做这样的交流：

> 1. 这个"坏消息"是什么呢？威尔伯是怎么知道这个"坏消息"的？
> 2. 面对"坏消息"，威尔伯是怎样的反应？画出描写威尔伯的句子，说说威尔伯当时的心情。
> 3. 夏洛的反应怎样？你从哪里看出来的？
> 4. 指名分角色朗读夏洛和威尔伯的对话部分，说说此刻自己最想知道的是什么。

读完一个片段，首先要让孩子们知道这个片段讲了什么，形成对文本的初步印象，这就是将阅读理解、阅读体验和作品本身客观化的过程，以上案例中的问题1"坏消息"是什么和怎么知道的，回应的就是这一点。接下来的问题2和问题3，基本上是通过文字体察人物的内心，做出分析，并找到相应的理由。

从以上案例中，我们还应该看到一点，"立场1"、"立场2"和"立场4"并不是按照先后顺序展开的。当阅读之后围绕文本展开讨论的时候，孩子们需要不断地回到文本当中去，也就是需要从"立场4"回到"立场1"和"立场2"，而每一次重新进入文本展开想象，都是为了更好地达成"立场4"的目的。

---

[1] 朱迪思·朗格. 文学想象：文学理解与教学 [M]. 樊亚琪, 译. 王晓英, 审校. 上海：上海教育出版社，2015：21.

根据上面的分析，我们可以得出结论：阅读前简单讨论尽快进入文本，阅读时基本不讨论，阅读后需要充分讨论。

读后讨论中的"两不"

导读课上展开的片段讨论，要做到"两不"：

一是聚焦片段内容，不要泛泛而谈。很多导读课的片段讨论，好像是有套路的，大家清一色会问：读了这个片段，你知道了什么？你有什么感受？这些问题虽然也回应了"立场4"，但是你会发现这样的问题放在哪一本书的读后讨论都是可以的，这种看似"放之四海而皆准"的问题，实际上往往忽视了作品的独特性，忘记了每一部作品都是有灵魂的。因此，读后讨论一定要聚焦片段内容本身，找到文本的灵魂之所在，而不是用几个空洞的问题泛泛而谈。

二是交流阅读初体验，不要越位思考。导读课上关于阅读片段的讨论，是孩子刚刚进入文本不久后进行的。如果把阅读的过程比作一段长长的旅程的话，孩子们才刚上路。才上路的新鲜感还没有消退，就把一些宏大、深远的问题堆砌在孩子们面前，那是多么危险的事情，它会让孩子们因感觉困难而产生畏惧，因不明就里而晕头转向。因此，我们千万不能将本应该属于读完一本书后交流的话题提前至导读课上。

导读课的教学流程与教学注意点

综上所述，导读课的教学流程一般分以下四个步骤：

第一步，导入激趣。用一种轻松、愉悦而且简单的方式，给孩子们轻轻推开书籍那扇厚重的门。不同的故事有不同的导入方式，你可以充分利用封面图片，用游戏的方式进入；你还可以运用目录、他人对作品的评价，与孩子们的现实生活相勾连等方式导入。这个环节只是为了激发兴趣，千万不能耽搁时间，因为好玩的故事在等着孩子们呢。

第二步，阅读片段。推开了这扇门，孩子们看到的将是一片故事丛林。在孩子眼里，"故事永远是第一位的"，你一定要精心挑选2—3个故事片段，通过片段基本呈现作品的大致面貌，你可以从故事中的第一个小高潮进入，可以在故事讲到一半左右的时候就此打住，而不要剧透过多，适当地约束和控制自己。你所呈现的片段要相对完整，而且要是孩子们感兴趣的。如何呈现故事片段呢？最好的方式就是朗读，还可以用讲述将几个片段串联起来，朗读和讲述相结合，既能呈现故事的整体面貌，也能深入故事的细节之处。在朗读和讲述的过程中，你还可以适当地运用预测、提问的阅读策略，引导孩子推断故事结果，了解人物的内心冲突，使孩子们进一步产生阅读期待。当然，这样的预测与提问也不宜太多，否则会割裂故事的完整性。

第三步，分享思考。在朗读片段之后进行分享，效果是最好的。围绕片段的讨论，只需要交流阅读的初体验，能聚焦片段本身，一切的讨论都要不断回到故事中去，这才是学习阅读。

第四步，目录激趣。到了这一步，孩子们经由故事片段已经和故事本身建立了联系。此刻，当你将故事地图——目录呈现在孩子们面前时，无数个问号就会在他们脑中诞生，好奇心将指引着他们打开一本书，走进一个世界。但也有一种情况，目录已经呈现了故事的结局，此时需要不需要出示目录，就值得考量了。

导读课的这四个基本步骤，无论是哪一步，都要紧扣导读的目的：激发孩子们阅读整本书的欲望。只要牢牢把握这个方向，你就不会错。

导读课教学过程中还要注意三个问题：

一是媒体的过度使用。目前有不少儿童文学作品被拍成了电影或者动画片，导读课上要慎用这些影视媒体。为什么这么说呢？首先，原本就是想用整本书阅读对抗数字时代带来的诸多问题，结果却以阅读的名义助长了数字时代对孩子的侵蚀；其次，所有的影视媒体都是基于创作者对作品的理解摄制而成的，不可能完全还原作品本来的真实面貌，阅读就是要让孩子直面文本，应该让孩子听到作品最真实的声音，而不是去听作品的"回声"；另外，过多地使用媒体会堵塞孩子的想象，孩子以为自己看到的影视剧中的人物形象就是文本所展现的人物形象，从而将想象定型，不利于培养孩子的文学想象能力。

二是语文化倾向。语文教育与文学教育有相通之处，但不是完全相同的，切不可用语文教学的思维来看待文学阅读，把文学教育变成对孩子进行字词句篇的训练，用各种形式的填空题、问答题、选择题来束缚、规限孩子文学思维的发展。

三是任务化倾向。先说两个案例，它们都发生在导读课要结束的时候。第一个案例，老师要求孩子们一个月读完这本书并列出阅读计划，这时老师出示目录让孩子们说说每天看多少才能完成任务。第二个案例，老师提出三个阅读要求：每天坚持看一点，每天坚持记一点，每天坚持和同学交流一点点。这两个案例反映出来的问题是，老师喜欢处于领导者的位置安排一切，且对学生的阅读是不放心的。他们不知道，可能因为自己下意识的这个举动，孩子会将阅读与"作业""任务"自然地画上等号，刚刚被点燃的阅读热情瞬间烟消云散。所以还是要牢记导读课的教学目标。

有一本书叫《风之影》，讲述的故事发生在二战后的巴塞罗那。达涅尔十一岁生日那天，父亲带他前往"遗忘书之墓"，这是一座专门收罗为世人所遗忘的书籍的图书馆。父亲告诉他："你看到的每一本书，都是有灵魂的。这个灵魂，不但是作者的灵魂，也是曾经读过这本书，与它一起生活、一起做梦的人留下来的灵魂。一本书，每经过一次换手接受新的目光凝视它的每一页，它的灵魂就成长一次，茁壮一次。"这些话告诉我们，每本书都是有灵魂的，既有作者的灵魂，也有书中人物的灵魂，还有读过这本书的读者的灵魂。当我们打开一本书，就是与书的灵魂在对话，尊重每一个灵魂的最好方式，就是用独特的方式打开它。

 **案例分享**

《罐头里的小孩》导读课教学设计

[奥地利] 克里斯蒂娜·涅斯特林格 / 著

[德国] 安妮特·斯沃博达 / 绘

任溶溶 / 译

作品内容概述：

一天，巴尔托洛蒂太太收到一个巨大的罐头包裹，从里面爬出一个小男孩，还叫巴尔托洛蒂太太"妈妈"。小男孩名叫康拉德，他不会说假话，不肯做坏事，做事很讲规则，某种程度上满足了父母心目中"优秀小孩"的所有幻想。不仅如此，康拉德学习成绩优秀，在学校里被同学嘲笑、排挤时也不反抗。这是怎么回事呢？原来，康拉德是一个神秘工厂生产出来的人造小孩。然而，就在康拉德和家人建立起深厚的感情时，神秘工厂来信说要收回被送错地址的康拉德，怎么办呢？巴尔托洛蒂太太想出了一个绝妙的主意！

教学目标：

1. 通过大声朗读和默读等方式阅读相关故事片段，基本了解作品概貌。

2. 通过小组讨论，初步了解康拉德的特点，引发学生的心理矛盾冲突，激发学生阅读整本书的欲望。

教学对象：

四年级或五年级学生。

教学准备：

课件、实物展台、《罐头里的小孩》故事片段材料。

教学过程：

一、导入激趣

1. 诵读谢尔·希尔弗斯坦创作的儿童诗《狗窝》（课件出示）。读后说说：你觉得狗窝的主人是一个怎样的孩子呀？

狗 窝

[美国] 谢尔·希尔弗斯坦

这是谁的狗窝，真不像话！
内裤居然在台灯上挂。
堆满了东西还搭着雨衣，
发了霉的是那把安乐椅。
作业本夹在了床缝里，
丢在地上的是他的毛衣。
裤子挂在门把手上，
电视机下塞着冰鞋和围巾。

壁橱里满是书本，
马甲被留在大厅里。
他的臭袜子粘在墙上，
一只叫艾德的蜥蜴睡在他的被窝里。
这是谁的屋子，真让人生气！
唐纳、罗伯、威利还是——
什么，你说是我的？哦，老天，
怪不得它看上去那么熟悉！

2.教师讲述：我们今天也要来认识一个孩子，这个孩子和狗窝的主人完完全全不一样哦。首先他的来历就很不一般。你肯定要问了，怎么个不一般呢？

【设计意图】康拉德是一个循规蹈矩的孩子，而儿童诗《狗窝》中的主人却恰恰相反，诵读这首儿童诗的目的，一是为了在学生的心中形成关于人物形象的强烈反差，激发学生聆听的兴趣；二是通过儿童诗营造的快乐幽默的氛围让学生轻松进入聆听的状态。

二、阅读片段

（一）话题1：这个孩子是从哪里来的？

1.教师讲述

要说清这个问题，我们还是要从这个胖胖的打扮得很时髦的女士说起。这位女士的名字叫作巴尔托洛蒂太太（板书：巴尔托洛蒂），她是一个喜欢把自己打扮得花枝招展的女士，可是她有一个坏习惯。什么坏习惯呢？那就是网购，而且是不加节制地网购，也不管自己买的东西需要不需要。这不，一天快递员给她送来了一个大大的包裹——

2.大声朗读故事片段

> 巴尔托洛蒂太太从厨房找来一把剪刀，把捆包裹的绳子剪断。接着她扯开白包装纸，再打开一个大纸板盒的盖子，要看看里面装的到底是什么。盒盖下面是天蓝色的刨花，上面放着一个蓝色信封，上面写着：
>
> 贝蒂·巴尔托洛蒂太太收

巴尔托洛蒂太太打开信封，拿出一张折起来的纸，打开念道（请学生朗读）：

> 亲爱的巴尔托洛蒂太太：
>
> 　　送上您预订的货物，请查收。很抱歉送晚了，这是由于我厂生产部门不断改进设计的缘故，事非得已，尚请见谅。
>
> 　　万一您不再需要我厂这一产品（但愿不会如此），可以退还给我们，请通知我们来取，邮资由我们付。但我们必须指出，由于卫生关系，我们只能收没有打开的罐子。

下面是签名，它看着又像是亨伯特，又像是洪伯特，又像是蒙伯特。签名下面写着：

本品经过数次检验，生产时合格。

巴尔托洛蒂太太把信和信封放在桌子上，向纸盒弯下腰去，开始在天蓝色的刨花里翻找。她摸到一个又光滑、又坚硬、又冰凉的东西。她把刨花全部从纸盒里掏出来扔掉，于是看见一个闪闪发亮的银色大铁罐。它有一把男式雨伞高、三十年树龄的树木粗。铁罐上没有标签，只有一个银币大小的圆斑。罐子的一头写着"上"，另一头写着"下"，罐子的中部有一圈字，看出来写的是：说明书在罐里。

巴尔托洛蒂太太让铁罐从纸盒里滚出来，把它竖起来放着，写着"上"的一头在上，写着"下"的一头在下。她敲敲铁罐，声音是空洞的。

"那么可能是什锦水果。"她喃喃地说。

"也可能是爆米花。"她加上一句。

巴尔托洛蒂太太非常爱吃爆米花。可是她把铁罐细细一看，就明白也不可能是爆米花。这个铁罐不能装液体或者颗粒状的东西，因为它中部有一圈金属拉环，一拉就可以把罐子对半打开。因此铁罐里装的只能是一个固体！

……于是，她开始拉那个拉环。

…………

……罐子里发出滑稽的嘶嘶声。等到巴尔托洛蒂太太把金属环完全拉掉，罐子的上半部和下半部只连着一点儿时，嘶嘶声停止了，一股防腐剂和医院里的那种气味发散出来。

……巴尔托洛蒂太太……掀起铁罐的上半部。

幸亏巴尔托洛蒂太太后面就是一张凳子，因为她吓了一大跳，从头发梢一直哆嗦到涂着亮绿指甲油的脚指甲。她感到头昏眼花，摇摇晃晃，一屁股就瘫坐在后面这张凳子上。

蹲在铁罐里的东西说起话来："你好，妈妈。"他亲热地向她点了点头。

巴尔托洛蒂太太被吓得太厉害了，她不仅仅是哆嗦和感到头昏眼花，还在眼前一片紫色的迷雾上看到跳动着的小金星。

巴尔托洛蒂太太就这样给吓得一动不动，看见小金星蹦蹦跳跳，看见一片紫色迷雾。透过迷雾，还看见下半个铁罐里有一个从上到下全皱巴巴的侏儒。她看见一个皱巴巴的头、一张皱巴巴的脸、两条皱巴巴的手臂，还有皱巴巴的喉咙和胸部。接着她还看见一个皱巴巴的肚子，因为这侏儒本来是在罐里坐着，这时候他站起来了。他说："营养粉剂在盖子背面，妈妈。"

巴尔托洛蒂太太狠狠地摇摇头，眼皮很快地眨动着，尽力要驱走小金星和紫色迷雾。不错，小金星没有了，透过紫色的迷雾，她看见一个天蓝色的小袋贴在铁罐盖的背面，上面写着：营养粉剂。在这几个字底下是一行小字：

用四升温水把粉剂溶化，罐一打开就马上浇在罐中物品身上。

小袋的一角写着"由此撕开"，还有一个箭头指着撕开的地方。巴尔托洛蒂太太把箭头指的一角撕开了。

"请你快一点，"侏儒说，"因为没有营养粉剂，我就不能忍受空气。"

巴尔托洛蒂太太摇摇晃晃地从凳子上站起来，从洗物盆底下拿出粉红色的塑料桶，放在水龙头底下，再把热水器的开关转到"热"（这个热水器太旧了，开"热"仅是"温"）。她拿来一个能装半升水的瓶子，接了八瓶温水倒进桶里，然后加上营养粉剂。营养粉剂是深褐色的。巴尔托洛蒂太太用一把木勺子搅拌，水变成了淡褐色。

接着，巴尔托洛蒂太太小心地把淡褐色的水慢慢地浇在皱巴巴的小人头上。她本以为水会像淋浴一样从他身上流下来，落到罐子里，洒到地板上，但她想错了。皱巴巴的小人吸收了所有的淡褐色的水，身上的褶皱越来越少，很快就不再像一个侏儒，而是一个完全正常的孩子了。

等巴尔托洛蒂太太把四升溶液全浇到他身上后，她就看到一个小男孩站在罐子里。这男孩看起来大约七岁。他有漂亮而健康的棕色皮肤，又滑又软；脸颊红润，眼珠亮蓝，牙齿奶白色，头发鬈曲很好看。

他没穿衣服，身上光溜溜的。

【设计意图】本书第二章，康拉德的出场和我们通常的认知大相径庭，带有一定的神秘感和戏剧性，用这一章中的相关内容带领孩子进入故事情境，是最理想的选择。在呈现这个故事情节时，有很少的地方做了删减与微调，目的是减少支线情节的干扰，让孩子们能够将注意力投注到康拉德的出场。

这个环节以教师朗读为主，孩子们身边没有阅读材料，完全靠听读完成，这也是为了配合内容的神秘性而特意安排的，慢慢得知真相的过程能赚足孩子们的好奇心。教师在朗读时也需要通过语气的变换营造故事氛围，并且适当地加入一些动作，帮助孩子更好地理解故事内容。其中写给巴尔托洛蒂太太的那封信可以安排由孩子来朗读，让孩子有一种参与感，也能增进他们对故事的喜爱。

3.阅读交流

（1）现在，你知道这个孩子是从哪里来的吗？

（2）出示书名：罐头里的小孩。读了这个书名，你有什么想知道的呢？

【设计意图】这个片段的阅读只是为了激发孩子们的好奇心，所以这里安排了一个简单的交流，只需了解大致内容。

这里还出现了关于"书名"的交流。导读课中书名的出现一般会在课始，有的也会安排在课尾，而这里安排在课中。这其实告诉我们，没有固定的模式，一切应当为教学目标服务，那就是激发孩子们阅读整本书的欲望。

（二）话题2：这个小孩是叫什么名字，为什么要造一个小孩出来呢？

1.出示"出生证明"（见书第15页）请学生朗读。

2.出示"一封信"（见书第16页），请学生朗读。

3.根据这封信说说自己对这个孩子的来历的了解：你现在知道了吗？为什么要造出这个小孩？

【设计意图】围绕书名，学生会提出不少问题，这个环节就是为了解决一些问题而设计的。整个环节的安排，以学生的朗读与交流为主，给他们主动走进故事、分享交流的空间。

（三）话题3：这是一个什么样的孩子呢？和正常的小孩一样吗？

1.教师讲述：康拉德突然来到自己的家，巴尔托洛蒂太太什么准备也没有呀，于是她决定赶紧上街给康拉德买一些衣服和生活日用品。很快，巴尔托洛蒂太太买好东西回来了。

2.教师朗读第四章《七岁的孩子可以做什么》中"每次巴尔托洛蒂太太从袋子里拿出一样东西问康拉德喜不喜欢时……"到"也许正因为如此，她的地毯总是织得那么漂亮"，学生一边听老师朗读，一边看阅读材料（现场发放阅读材料）。

【设计意图】这个故事片段的阅读是这节导读课的核心内容。如果前面的片段只是让学生了解了关于康拉德的一些外部信息的话，那么这个片段让学生开始真正走近这个人物。学生会在康拉德一个个的观点和巴托洛蒂太太的一阵阵惊愕中，了解这个神秘工厂生产出来的小孩究竟有什么特点。正是由于这个片段的重要，所以学生人手一份阅读材料，加上老师的朗读，可以帮助学生更好地走进文本。

3.阅读交流

（1）在康拉德看来，一个七岁男孩应该做什么？请学生按照以下三个步骤完成阅读任务（课件出示）：

第一步：个人默读思考，根据问题在阅读材料中画出相关语句。

第二步：小组讨论，用简洁的语言概括出来，写在阅读单上。

第三步：小组汇报，相互补充。

阅读单
1.
2.
3.
4.
5.
6.
7.
8.
9.
10.

（2）你也这样认为吗？请在总结出的内容后面给自己认可的观点画"√"，然后全班进行交流，并说说自己的理由。

【设计意图】在这个过程中，学生处于"文学想象"中的立场2和立场4，可以帮助他们更好地理解作品的意义。同时，小组合作中大家彼此交换观点形成共识，有利于阅读共同体的建设，还能活跃课堂气氛。第二个问题很能培养孩子的思辨能力，既与文本相连接，又观照了学生的现实生活，从而成为这节导读课的一个亮点。

三、预测结果，激发兴趣

1. 康德拉七岁了，这正是该上学的年纪。你觉得这样的小孩，老师会喜欢吗？同学们会喜欢吗？说说自己的理由。

2. 那么是不是如你们所想的那样呢？去读一读这本书吧。（课件出示封面）

【设计意图】是呀，这样的孩子进入校园会受到欢迎吗？这个问题很具有现实性，能让我们看到学生对教育、对自己、对同伴的态度，让我们对儿童心理有更为深刻的洞察。可是事实是怎样的呢？好奇心一定会驱使学生翻开这本书。这里没有出示这本书的目录，是因为目录泄露了故事的结局，还是让学生带着悬念走进这本书吧。

第六讲

日常的力量

——日常化推进的方法

6

阅读脑神经回路的形成是人类思想史上独特的表观遗传成就。在这个回路中，深度阅读改变了我们的知觉、感觉过程，拓展了我们的知识库，也因此改变了阅读脑神经回路本身的构造，获得的见地和智慧让阅读脑神经回路更通达，思维更敏捷。

——[美国]玛丽安娜·沃尔夫

慢慢地赶快。

——[意大利]伊塔洛·卡尔维诺

还记得第一讲中提及的整本书班级共读实施的三个阶段吗？上一讲，围绕着实施阶段的"导读"这一环节，我们进行了较为深入的交流。接下来孩子们将进入一本书当中，展开阅读旅程。这个过程，是孩子们沉浸于文本世界，建构文学想象和作品意义的过程。大家普遍认为这个过程应该让孩子们直面文本，教师应该从中抽离出来。然而我们似乎把这个过程看得过于简单了：这个过程，小读者们需要学习运用阅读策略以帮助自己理解作品，当遭遇阅读困难时需要得到及时、有效的指导。如果这个过程中仅仅满足于情节带给自己的感官愉悦的话，那他们就无法进入深度阅读。

整本书阅读的日常化推进

"推进"一词在整本书阅读教学的语境下，你一定并不陌生。但是，很多老师很迷惑：怎么推进？是不是要上成一节推进课？怎么上推进课？……说到"推进"，老师们自然而然地就会想到上成一节课，我倒是觉得"日常化推进"更为重要。在孩子们独立面对文本的时候，给予适时、适度的引领和指导，对于提高学生的阅读能力，作用更大。

什么是"日常化推进"

"日常化推进"是指在整本书阅读过程中，通过师生之间的同步阅读，以各种方式帮助和指导学生建构作品章节意义、发展学生阅读能力的一项持续性的阅读交流活动。

这里有必要对一些关键概念进行阐述：

一是"师生间的同步阅读"。一般而言，在一本童书被确定为班级共读图书之前，教师都是阅读过的；进入学生自主阅读这个环节时，就交由学生独立阅读了，此时教师阅读这本书的行为已经停止。而"日常化推进"强调的是，即便到了"自读"这个环节，教师还应该跟学生进行同步阅读。这样做，一是可以读者的身份再次走进作品，基于整本书的视角发现与感受作品的意义；二是通过学生的反应，了解他们的阅读状况，予以适时的干预，同时从学生视角出发获得作品的新意义；三是这种同步阅读，无论是在师生之间还是生生之间都会形成良好的阅读氛围，带动整个班级的阅读进程。

二是"以各种方式帮助和指导学生建构作品章节意义"。儿童文学整本书基本上是由若干个彼此相关联的章节组成的，因此也称为"章节书"。一般来说，每个章节都讲述着相对独立的事件，而这些事件推动着故事的发展。理解每个章节的意义，既可以引领学生进入深度阅读，又能更全面深入地建构整本书的意义。

两千多年前，古希腊著名的哲学家苏格拉底提出了反对书面语言传播的三个理由，其中一个理由就是会造成"语言的失控"，他说："一旦某件事付诸文字、写成文章，不论以何种形式传播，它不仅会流入理解的人的手中，也会流入无知者手中。文字并不会选择对象，也分不清对错。因此当它遭到误解或者滥用时，便再也无人替它阐释或辩驳了。"[①] 苏格拉底深度恐惧的并不是阅读本身，而是一种不求甚解的阅读态度。没有教师指导的阅读有可能在无形中导致难以矫正的知识失控，因此教师不能缺席阅读的过程性指导。

[①] 转引自：玛丽安娜·沃尔夫. 普鲁斯特与乌贼：阅读如何改变我们的思维[M]. 王惟芬，杨仕音，译. 北京：中国人民大学出版社，2012：74-75.

以什么样的方式帮助和指导学生建构作品章节意义呢？美国著名心理学家和教育学家丹尼尔·T.威林厄姆的观点也许会给我们一些启发："更好的策略是给读者一个目标，而这个目标只有在理解了上下文的联系，并在必要时做出了推理后才能达到。目标可以是在阅读时提出问题并回答，找出文本大意，创建图形结构，等等。大量研究显示，这些策略是有效的，特别是对于那些缺乏阅读技巧的读者而言。"①

三是"持续性"。人们常说，做一件事不难，难在坚持做。如果说"日常化推进"有难度的话，那么一个重要的难点就在于"持续性"。我们面对的孩子是初级阅读者和解码级阅读者，他们正在从解码级向流畅级过渡，这个阶段的儿童在阅读技巧和阅读理解方面还需要不断地学习，而教师能深入他们的阅读过程中给予持续性的指导，无疑会提升他们的阅读能力。这是一个日积月累的过程，是一个需要不断投注精力和时间的过程。你愿意这么去做吗？

为什么要提出"日常化推进"

先来看中国知网上关于"整本书阅读"的一组数据（时间截至2024年3月初，如图6-1）。

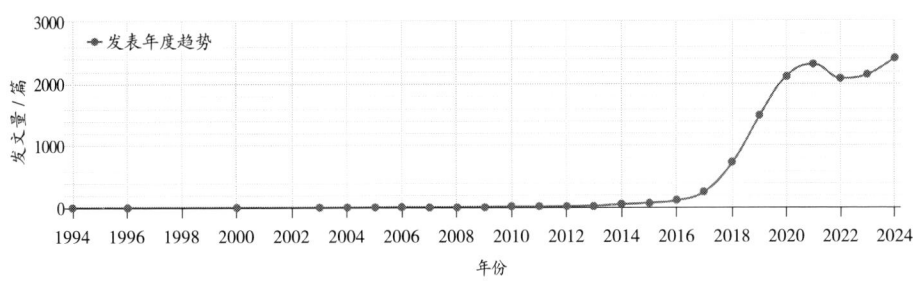

图6-1 中国知网"整本书阅读"发文量趋势图

---

① 丹尼尔·T.威林厄姆.心智与阅读[M].梁海燕，译.杭州：浙江教育出版社，2020：131.

不难看出,"整本书阅读"越来越成为语文教师研究的热点问题。而这个热的背后究竟是什么呢?首先,热的背后是缺失,多年来广大一线语文教师抱着一本语文教科书,把它当成语文课程的全部,因此有人说目前提倡"整本书阅读"是一种进步,我倒是觉得这恰恰是一种回归,一种教育学意义上的回归,人类精神存在方式的回归。其次,热的背后是压力,统编教材设立了"快乐读书吧",教师不得不面对"整本书阅读",但这种课程形态对老师们来说是陌生的、难以把控的,这些都无形中成了一种压力。最后,热的背后是乱象,各种各样的书单满天飞,各种各样的作品以最快的速度越来越多地出现在小读者面前,在教学领域教师也会把"整本书阅读"的压力转化为不正确的指导,让"整本书阅读"变形、变异,甚至变味。正如达尼埃尔·佩纳克所说,"不管是哪里,不管在什么时期,学校只扮演了传授技术、做文学评论、通过剥夺阅读乐趣直接将学生拒书于千里之外的角色"[①]。

当一件事情形成一种热度的时候,恰是我们最需要冷静的时候。之所以提出"日常化推进",主要出于三个方面的考量:

一是从目前整本书阅读交流课的现状来看。2001版课标颁布后,"整本书阅读"并没有在一定范围内引起一线教师的广泛关注,而是在统编版小学语文教材正式使用和2022版课标出台后才开始进入教师视野。面对"整本书阅读",没有经过有效培训就仓促上马的一线教师大部分是运用单篇课文的教学观念和自己对整本书阅读的一些认识来指导学生进行阅读,有的甚至都谈不上指导,只是让学生读起来。

目前整本书阅读交流课,止于简单信息的提取多,走向文本深处的思辨少。一本书所讲述的故事有一定的长度,而且作品所展现的主题更加丰富深刻。但是对于教惯了单篇文章的老师来说,在一本书面前他们常常感

---

① 达尼埃尔·佩纳克.宛如一部小说[M].赵爽爽,译.上海:上海文艺出版社,2014: 81.

到束手无策，不知道从哪里入手。作品给予读者和教者足够的思考空间，却让教师无处着力。于是抓住一些自己能看得见、能摸得着的东西，就成了教师教学中的"救命稻草"。为什么交流课上老师经常会问一些诸如"是什么""怎么样"的问题，而很少会问"为什么"的问题？因为这些问题都指向信息的提取，简单、易把握，还容易应付考试。可是文本所抵达的意义是深远的、模糊的，是需要慢慢拨开文字的面纱深入内里才能抵达的。限于教师自身的阅读水平和指导能力，加上教师工作的繁忙，他们无心也无力深读一本书，所以教学中我们很难看到走向文本深处的思辨性阅读。可思辨性阅读恰恰最能提高孩子们的阅读能力和思维水平。

目前整本书阅读交流课，止于可视化工具的兴奋多，走向文学探讨的深阅读少。在文学阅读中，可视化工具（如图形、图表、图像等）确实能起到一定的作用，但是也应该看到很多老师仅仅满足于这些可视化工具的呈现，比如，交流课上呈现出来的思维导图一个比一个精美，老师点评的是图形的美观，而不是指导内容梳理是否符合逻辑、内容表达是否正确，完全将手段当成了目的。更何况这些可视化工具的呈现只是工作的第一步，围绕呈现的内容进行有针对性、有目的的探讨，才是文学阅读最需要做的事情。舍本逐末的事情做不得！

为什么会出现"两多两少"的情况？老师们为什么不能触碰到文本深处，带领学生进行深度阅读？究其原因，从根本上来说这是整本书阅读过程性指导的缺位造成的。教师没有介入学生阅读整本书的过程，造成教师不知道学生阅读的状况；即便教师介入也不知道如何实施干预；更多的是因为这件事情耗时耗力，教师不愿意介入，所有这些就造成了教师无法准确确立一节交流课的教学起点，再加上教师自身阅读文本的深度有限，一节交流课可能就无法给学生以一定的"阅读营养"了。

二是从教师对整本书阅读"推进"的认识来看。经常有老师会问我怎么上推进课，也曾经有不少老师拿着一份推进课教学设计来请我指导，有些是因为学校教研活动需要展示一节推进课，有些是因为当地举行推进课教学比赛。当我问他们为什么要上这节推进课的时候，他们却怎么也说不清楚；再看看老师们的教学设计，平面化，不深入，有的甚至毫无"推进"的作用。这种为上课而上课、为推进而推进，显然已经不是个别现象。

为什么会出现这种现象呢？教研部门和一线教师的潜意识里有这样一个认识：只有上成一节课，才是真正做了这件事情，做好了这件事情。我们会自然地认为，整本书阅读的"推进"也应该以课堂教学的方式呈现出来，所以教师大张旗鼓地上"推进课"，大张旗鼓地举行"推进课"研讨活动。真的需要如此大张旗鼓吗？

我们更应该认识到：做一些事情，不在于轰轰烈烈，而在于日常的平平淡淡。更多的时候，教师应该跟着孩子一起阅读一起交流，教师的身影应该时刻出现在孩子阅读的过程之中，在共读中慢慢地积蓄孩子和教师自身成长的加速度。

如果确实需要上一节课才能推进孩子们的整本书阅读，那就上成一节课。比如，《柳林风声》这本书中的第七章《黎明前的笛声》，讲述了河鼠和鼹鼠在一个夜晚寻找水獭的儿子小胖胖的故事，其中既描写了静谧的月夜风光，也让我们听到了不时飘来的慈祥的半神的歌声，还让我们看到这歌声带给河鼠和鼹鼠内心的震颤。这一章内容看上去只是一个普通的关于"寻找"的故事，但却充满了神秘气息，隐隐关涉到人与自然之间紧紧相连的深层次关系，没有一定的阅读经验和背景知识的小读者恐难安心读下去。预见到了这种阅读难度，上成一节推进课也未尝不可。但我还是建议不要用课堂教学的一些固定化模式去要求整本书阅读的"推进课"，时间上应可长可短，师生互动上应更加灵活机动。

三是从对学生阅读过程指导的必要性来看。很多时候，我们会想当然地认为：只要让学生阅读就能理解，就能达到我们所期望的阅读目标。这就好比把让某人去做某事和教导某人如何做某事等同了起来。学生阅读了就真的能够理解吗？其实我们是不知道的，因为我们没有真正走进孩子的阅读过程当中。

比如，《弗朗兹的故事》中有一章是《弗朗兹是怎么给妈妈一个惊喜的》，讲的是弗朗兹想趁着母亲节送一个特别的礼物给妈妈，他选来选去最终决定送一顶美妙绝伦的帽子。接下来的整整三天时间，弗朗兹把自己关在房间里制作帽子，就是为了给妈妈一个惊喜。母亲节的大清早，当弗朗兹把帽子送给妈妈时，妈妈戴着帽子看着镜子里的自己，一句话也没有说，爸爸和哥哥则一个在床上笑得打滚，一个在门口笑得跳脚。弗朗兹受到了深深的伤害，他跑回自己的房间，放声大哭。在妈妈的安慰下，弗朗兹的心情得以平复，快快乐乐地吃完了午饭。就在一家人准备出门散步的时候——

弗朗兹从他的房间跑出来，他的手里拿着那顶母亲节帽子。"妈妈，别忘了你的帽子。"他提醒妈妈说。

"我觉得外面风太大了，会把帽子吹坏的。"妈妈说。

"没问题，什么风也吹不坏我的帽子。"弗朗兹坚持说。

"可是，这是夏天戴的帽子啊。"妈妈又说。

"外面有太阳，今天就跟夏天一样一样的。"弗朗兹说。

"可这顶帽子更适合过节的时候戴。"妈妈还在找理由。

"母亲节就是节日。"弗朗兹一点儿都不动摇。

妈妈只好把帽子戴到了头上。

"别！"爸爸叫了起来。

"别！"约瑟夫也叫了起来。

"就这样！"妈妈说。

爸爸脱下了皮夹克。"我肚子疼,"他说,"我还是待在家里吧!"

约瑟夫也脱下了短上衣。"我头疼,"他说,"我还是待在家里吧!"

于是,妈妈和弗朗兹一起出去散步。街上所有人都盯着妈妈的帽子看。有些人甚至差点儿绊倒在地上,因为他们只顾扭头去看妈妈,惊讶得忘了把脚抬高。

"他们都在赞美你的帽子。"弗朗兹对妈妈说。

妈妈的脸因为快乐,因为得到如此多的赞赏而变红了。

可惜,他们散步的时间不长。妈妈突然觉得右脚很疼。"弗朗兹,"她对儿子说,"我的鞋子太小了,有点儿挤脚后跟,我肯定已经磨出了疱,一个好大的疱!"

弗朗兹和妈妈就回家了。妈妈走得很快,弗朗兹觉得很奇怪:怎么一个人脚上磨起了疱,还能走这么快?

读到这一章的时候,我问了二年级的学生一个问题:母亲节,弗朗兹做了一顶漂亮的帽子给妈妈。你认为妈妈喜欢这顶帽子吗?你是从哪里看出来的?原本以为这个问题应该不成问题,可是结果有为数不少的学生认为妈妈喜欢这顶帽子。当时我就觉得很诧异,但是细细一想:孩子会把成人善意的谎言当成他们真实的想法,弗朗兹之所以认为妈妈喜欢,那是站在孩子的角度来看待问题,而我们的孩子跟弗朗兹的站位是一样的。从阅读理解的角度来看,问题的答案分为"直接型"和"间接推敲型","间接推敲型"问题的回答需要借助于自己的生活经验、背景知识加上文中提供的信息做出综合判断。而这个问题是需要学生根据生活经验体察人物的言外之意,很明显这方面的阅读能力孩子们还需要培养。

跳出这个例子,我们应该看到:对于学生阅读一本书中遭遇的问题或困难,教师是不知道的,原因就在于教师没有介入儿童阅读整本书的过程之中，有的时候即便是介入，可能也不知道如何去进行指导。我们还应该认识到："阅读"是一项专业，协助者需要具备专业能力，绝大部分协助者在能力上有所缺失，而繁重的教育教学工作让一线老师不愿意做协助者，有的时候为了应付工作，成为一位徒有虚名的"协助者"。很多时候，我们可能正以推进"整本书阅读"的名义，实际上让孩子们越来越不爱读书。

所以，整本书阅读教学不是一时的心血来潮，不是一时的轰轰烈烈，教师应该保有对整本书阅读教学的"长情"。只有将整本书阅读推进日常化，才能将整本书阅读教学深化为我们教学的常态，才能让我们在日常的教学中成为我们自己，我想这是新一轮课程改革设立"整本书阅读"学习任务群的初衷之一。

日常化推进可以这么做

日常化推进是一项持续性的工作，在师生同步阅读中，构建作品章节意义，引领学生进入深度阅读，以此提高他们的阅读能力。怎么才能做到日常化推进呢？

大声朗读的日常化

上一讲中曾提到"大声朗读"，主要用于导读课。其实，实施"大声朗读"最好的方式就是每天坚持，让孩子们持续地一边听一边看书，才会真正帮助他们提高阅读能力。

大声朗读的时间从哪里来？你肯定会说，现在学校里的工作挤占了很多时间，好像没有时间可以拿出来进行大声朗读。如果你决定在班级推行大声朗读的话，那么最好每天安排一次；实在不行的话，一周至少也要有三次而且要形成一定的节奏。朗读的时间可以相对固定，如中午孩子们午休之后，让孩子们的灵魂在故事中得以苏醒；语文课上的 10 至 15 分钟时间，用故事让孩子从课间的喧闹中安静下来。在校内找不到时间，也可以在线上班级群中进行（如图 6-2）。只要决定了进行"大声朗读"，相信你一定会挤出时间来的。

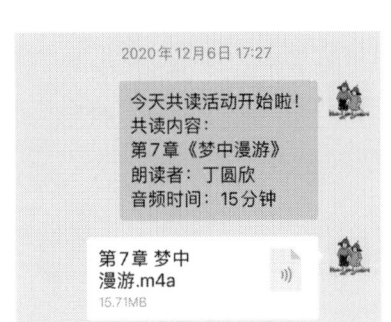
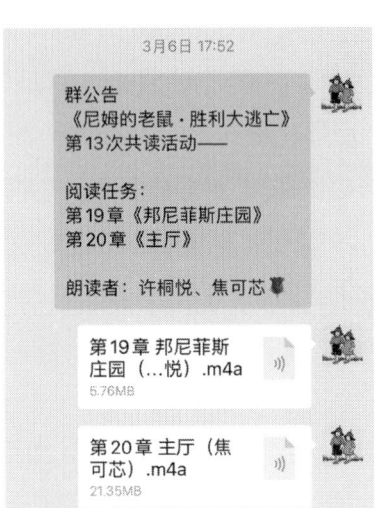

图 6-2　学生以"朗读者"的身份参与班级共读活动

每次大声朗读的时间大概需要多久？大声朗读的时间不宜过长，建议控制在 20 分钟以内，10 至 15 分钟最佳，也就是差不多阅读一章的时间。太长，孩子们会缺乏耐心，精神容易涣散；太短，则刚刚进入故事又要抽离出来，这种阅读体验令人不爽。所以时间的把控也很重要。

大声朗读的工作可以交给学生吗？对于低年级学生来说，因为识字量有限，学生在阅读中会花更多的时间解码文字，这样会造成学生对故事完整性和整体性认识的缺失，所以教师应当仁不让地进行大声朗读。从三年级开始，在学生阅读能力有一定基础的情况下可以逐步安排由学生来朗读，这对学生来说是培养阅读能力的一个很好契机。阅读的目的就是达成理解，阅读流利则是达成理解的前提条件。试想一个孩子如果连阅读流利都达不到的话，怎么能够理解文本的意义呢？"阅读流利能力分为两种：

朗读流利性和默读流利性"①,"随着学生升入更高年级,默读应扮演着更重要的角色",但"朗读也应继续扮演着重要的角色,因为它有助于更好地默读","从学着去朗读到理解文章,阅读流利的程度是阅读能力过渡的标志"②。但是,阅读流利的能力取决于文章的难度,以及读者对所读文章内容和背景知识的熟悉程度。所以遇到一些难度较大的文本,教师还是应该承担"朗读者"的工作。比如,《三国演义》的原著半文半白的语言、众多的人物、错综复杂的事件等,都会对学生的阅读流利能力提出挑战。我曾经用一个学期的时间大声朗读了前六十章,渐渐消弭了学生与中国古典小说的隔阂后,才放手让学生默读后六十章。在前六十章阅读中形成的语感会自然而然地迁移到后六十章的阅读中,慢慢形成他们阅读此类小说的能力。

为了激发学生朗读的热情,教师可以给孩子们的朗读做一些点评,让他们知道故事类文本的朗读应该更接近于讲述,让他们明白在朗读中如何去营造故事的氛围、展现人物的特点等。作为参与共读活动的其他学生,他们需要一边听朗读一边看书,这是一条提高阅读理解能力的捷径。

总之,大声朗读的日常化是教师与学生同步阅读的最佳方式。这种事情没有什么神秘的地方,只是在于"坚持",它考验着一个老师对"整本书阅读"这件事情是否有足够的喜爱、足够的耐心与毅力。

阅读交流的日常化

坚持大声朗读相关章节,还可以引导学生展开一些阅读互动,帮助他们深度思考一些问题,读透一本书。其中大概有三种形式可以参考:

---

① 卡伦·坦珂斯莉.教会学生阅读:策略篇[M].王琼常,古永辉,译.胡庆芳,审.北京:教育科学出版社,2008:29.
② 转引自:卡伦·坦珂斯莉.教会学生阅读:策略篇[M].王琼常,古永辉,译.胡庆芳,审.北京:教育科学出版社,2008:30.

一是教师提出交流问题，学生作答。

这是最常见的阅读互动的形式，学生围绕教师提出的问题进行回答。我们就以三年级学生共读的《长袜子皮皮》为例，来谈谈如何设计章节交流的问题，如何引导学生有条理地作答，全面提升学生的阅读能力和表达能力。

长袜子皮皮是一个不同寻常的小姑娘，她长相特别，力气大得惊人，她还有一袋金币，想买什么就可以买什么。她来到维拉·维洛古拉的家后，就与杜米和阿妮卡兄妹俩成了好朋友，他们一起做了各种各样好玩又有趣的游戏。

例1：第六章　皮皮组织一次野游

> 在野游中，皮皮干了哪几件事情？
> 请你用最简洁的语言表达出来，表达的时候用上1、2、3……

→ 这个问题培养的是提取信息的能力。学生需要在阅读过程中及时检索信息，并用简洁的语言说出来，因此培养了学生语言概括的能力。但毕竟是三年级的小学生，如何简明扼要又有条理地来表达自己的观点呢？提供回答问题的支架就显得很有必要。长此以往，学生思维的逻辑性也会增强。

例2：第十七章　皮皮赴咖啡宴

> 皮皮赴咖啡宴时，和几位女士谈论女用人，皮皮也讲述了奶奶的女用人玛琳的一些故事。你觉得皮皮讲玛琳的故事的目的是什么？

→ 这个问题培养的是直接推论的能力，而且是推断作品中人物的情绪和态度。这对于三年级学生来说有一定难度，因为这个问题不属于"直接型"问题，而是属于"间接推敲型"问题，需要学生有一定的生活经验，并能联系皮皮讲述女用人玛琳的故事，在此基础上加以整合。

例3：第七章　皮皮看马戏

| 马戏班的班主，对皮皮不够友好，这是为什么呢？请你把班主心里的想法说出来。

友情提醒：回答这个问题时，要把自己当作班主，站在班主的角度说出心里的想法。 | ➡ | 这个问题和例2中的问题一样，需要推断作品中人物的情绪和态度。但不同的是，例2是让学生以旁观者的身份进行分析，而这个问题是希望学生能将自己变成马戏班班主，以班主的身份来表达，表达的角度完全不一样了。虽然培养的都是同一种能力，但是用不同的表达角度来完成自己的推断，这在某种程度上培养了学生的表达能力。 |

例4：第十六章　皮皮组织问答比赛

| 小朋友们更愿意参加卢森布鲁姆小姐组织的问答比赛，还是皮皮组织的问答比赛？请你对两个问答比赛进行比较，看看它们有什么不同的地方。 | ➡ | 这个问题同样培养的是直接推论的能力，需要学生从一连串信息中推断出主要观点。首先，学生需要找到卢森布鲁姆小姐和皮皮组织问答比赛的内容，然后提取出关键信息再进行比较，这是一个挺复杂的思维过程。 |

例5：第十二章　皮皮接受一次难忘的访问

| 阿妮卡认为，皮皮说谎话不光彩；杜米认为，皮皮不是真说谎话。你认为皮皮是在说谎话吗？请先说说自己的观点，再举例说明理由。 | ➡ | 这个问题培养的是评价鉴赏的能力，需要学生发表自己的看法并提出相应理由。整本书中皮皮说了很多这样的"谎话"，按照我们的价值判断，这是一种不好的行为，可是杜米和阿妮卡兄妹俩对此的态度完全不一样，怎么来理解说"谎话"这件事情呢？这个问题带有一定的思辨性。 |

例6：第五章　皮皮坐在大门上和爬树

　　故事的最后这样写道："他们从梯子爬上去，皮皮在前，阿妮卡在中间，最后是杜米。然后他们从树上爬下来，皮皮在前，阿妮卡在中间，杜米在最后。"
　　首先，请你读出这两句话中相同的内容。然后，想一想：这样写，是不是有点重复、啰唆了？发表你的观点。

→

　　和前面几个例子不同的是，这个问题开始深入语言的细部，培养的虽同样是评价鉴赏的能力，但重点是在评价文本的表达。在阅读过程中，不仅要关注作者写了什么，还要关注作者是怎么写的，这对于提高学生的读写能力大有裨益。

例7：第二十四章　皮皮离开霍屯督岛

　　读到这里，请你联系整本书的内容说一说：杜米和阿妮卡自从认识了皮皮以后，有哪些变化？请你一一说出来，看谁说得多、说得简洁。

→

　　这个问题培养的是整体解释的能力，需要学生整合文本解释关键信息，也就是说需要基于整本书中人物的言行来看待他们的变化。阅读《长袜子皮皮》这本书时，孩子们关注的重点都在皮皮身上，但皮皮恰恰是一个扁平人物，只有杜米和阿妮卡发生了改变。这样的改变，反而会让学生对皮皮这一人物形象有更深的理解。

从上面的例子可以看出，不同的问题培养的是孩子不同的阅读能力，因此在设计阅读交流问题的时候，应该尽可能多地从不同的维度引导孩子进行思考，让孩子的阅读思维得以多维度发展。另外在微信群进行的回答，我一般都会让学生用微信语音来交流，这样更有现场感和交流感，也能锻炼孩子们在公众面前表达的胆量和能力；同时要求学生每次语音回答的时间不超过 60 秒，这就考验了学生组织语言的能力，怎么用较短的时间把自己的观点有条理地阐述清楚，怎么做到语言尽可能简洁明了。这是与人交流时非常重要的一点，而这些都需要在长期的练习中不断提升。

二是学生提出问题，教师点评并完善问题，学生作答。

这种形式比较适合高年级，让学生学习提出一个有思考价值的问题，教师通过帮助学生完善提问的方向、细节与表述，让学生切身感受到一个好的问题应该是什么样子的。下面我就以六年级学生共读的《少年小树之歌》为例来谈谈如何操作。

小树是一个小男孩，爸爸妈妈相继去世后，他和自己的爷爷奶奶一道生活。爷爷奶奶都是印第安人，他们常年生活在山林里。来到山林后的小树，学会了酿酒、捕鱼、种庄稼、收割粮食，懂得了树的灵魂、风的语言和鸟的歌唱……更重要的是学会了独立生活，学会了与人、与自然生灵和谐相处。

例1：第一章　小树儿

学生提出的问题

这一章告诉我们小树五岁时就相继失去了父母，但字里行间充满真爱，洒满温情。你能从哪些文字感受到真爱？请试着举例说明。

修改完善后的问题

小树五岁时就相继失去了父母，于是爷爷奶奶带着他一起生活。爷爷奶奶非常怜爱小树，你是从哪些细节看出来的？请你一一概括出来，注意一些隐藏的细节哦。

学生提出的问题，能紧扣本章的主要内容，充分联系了小树目前身处的环境。但是这样的问题属于"直接型"问题，而且按照题目要求，需要用原文来回答，这样就无法培养高年级学生的概括能力。

修改完善后的问题，不仅引导学生关注一些直接信息，还引导学生关注隐藏的信息，且提醒学生用简洁的语言概括出来，更有利于培养学生的阅读能力和表达能力。

例2：第二章　大自然的规则

学生提出的问题

> 在小树的理解中，大自然的规律是什么？为什么印第安人能发现这个规律，其他人却发现不了？他们与其他人又有什么不同呢？

修改完善后的问题

> 1. 小树从爷爷那儿学会的"大自然的规则"是什么？请你根据这一章的内容概括出来。
> 2. 爷爷和小树明明逮住了6只火鸡，最后却放了3只，这是为什么？

　　学生提出的问题是从题目出发的，他知道题目揭示了本章的核心内容，说明这个学生具有一定的阅读经验。这个问题中有三小问，其中第二、三问脱离了文本本身。

　　修改完善后的问题一共有两个。第一问在表述上对学生的第一问做了完善，第二问引导学生对人物的行为做出推论，往深层次说还是为了体会印第安人谙熟"大自然的规则"，这样就很好地回应了第一问，同时还把学生思考的视角拉回作品当中，因为作者所想说的和所能说的都在作品里面说清楚了。读者唯一要做的事情就是：不断地回到作品当中。

例3：第四章　狐狸和猎犬

学生提出的问题

> 小树和他的爷爷到了山里，为什么不把狐狸或獾抓回去，加一道荤菜？

修改完善后的问题

> 这是一场狐狸和猎犬的追逐战。从这一场追逐战中，你认识了一个什么样的爷爷？请试着用例子来说明。

　　这一章讲述了一个冬日的夜晚，爷爷带小树到山林深处观看了一场狐狸和猎犬之间的追逐战。爷爷的目的不是猎狐，仅仅是倾听猎犬追捕狐狸的声响。所以你会发现，这场追逐战就像是爷爷导演的一样，他对狐狸的伎俩、猎犬的反应、追逐的路线等都了如指掌，充分展现了印第安人与大自然之间的深厚联结。

　　很显然，学生提出的问题偏离了这一章的主要内容，因此教师在点评时就需要及时指出来，帮助提问的学生梳理章节重点，提出更有思考价值的问题。而学生借助于修改完善后的问题，可以对爷爷这个人物形象有更丰富的认知，也更深切地体会到爷爷与脚下这片土地的情感。

例4：第十二章　有惊无险

学生提出的问题	修改完善后的问题
从爷爷伸出手来保护小树，可以看出爷爷是什么心理？奶奶是用什么法子使爷爷有惊无险的？	为了保护小树，爷爷被响尾蛇攻击而受伤，结果被奶奶治愈。在此事发生之前，这一章还讲述了什么内容？能不能直接讲述"有惊无险"的故事，而把这些内容删去呢？请表达自己的观点，并说明理由。

　　这一章的题目是《有惊无险》，主要是讲奶奶救治了为保护小树而受伤的爷爷，但是这部分内容只占本章内容的三分之一，另外还写了在奶奶的指导下，小树辨识了很多野生植物的医用功效；在爷爷的指导下，小树学会了辨别不同鸟的叫声以及如何捕鱼。
　　学生的问题只关注了本章的部分内容，且问题的思考张力不足，答案显而易见，不利于阅读能力的培养。修改完善后的问题，既是基于整个章节内容发问，又关注了内容之间的关联性，引导学生思考文本的结构安排，这对于提高学生的读写能力大有裨益。

　　让学生提出供大家一起思考的问题，这真是一个很有难度的任务，它既可以看出一个孩子的阅读理解能力，也能看出一个孩子思维的层次，还可以看出一个孩子的表达能力。因此有孩子感慨道："看岳老师平时给我们问问题好像一点都不难，轮到自己的时候才知道提问真的很难。"其实在哪里提问、从什么角度提问、怎么提问是有策略的。上面四个例子就告诉我们,可以指导学生从篇章的题目、核心内容、人物形象、文本结构等角度发问。教师点评学生提出的问题,实际上就是将老师的思考过程呈现了出来,这对孩子来说就是最好的指导。《少年小树之歌》一共有21章,共读中针对孩子们提出的21个问题,我都做了点评指导,这大大提升了孩子提问的水平,以至于后来孩子们提出的一些问题,我只是在表达上做了一些微调,问题的指向基本上尊重了原问题,这对孩子来说是一种鼓励。看到自己的问题被大家热烈地交流着、讨论着,甚至还会出现不同的意见,这对于提出问题的人来说,就是一种莫大的肯定,从而激发了他们积极参与思考、共读的热情。

三是小组围绕共读任务进行共读,合作讨论。

这种形式也比较适合高年级学生。和前两种形式不同的是,这种共读讨论是在小组成员之间展开的。小组成员围绕着共读讨论的主题定期展开交流活动,相互交换意见,形成小组共同的结论,教师在其中适当地进行引导,帮助小组按时完成共学任务。

先来看看共读的这本书《下落不明的故事》,在上一讲中曾经提到这本书。这本书的叙事结构很特别:邦贝是一个侏儒症患者,同时也是一个了不起的作家。为了让故事真正发生,他放飞了自己写的10个故事,同时放飞的还有只够写一个故事的几张白纸,故事就这样发生了。接下来,邦贝陆续收到了自己放飞的故事,于是整本书就是围绕着这11个故事展开叙述,形成了11章。

下面我就以六年级学生共读《下落不明的故事》为例,来谈谈教学实施的几个步骤:

第一步,全班同学共读其中的一章,根据阅读学习单完成相应的共读任务。这个步骤主要是确定小组共读的任务是什么,并通过第一次章节的共同研讨,让每个小组成员看到自己需要呈现怎样的共读结果。说白了,就是为下面的小组共读研讨提供一个范例。阅读学习单的内容具体如下:

表6-1 《下落不明的故事》阅读学习单（一）

热气球带着一个个故事飞出了邦贝家的阁楼，最终它们又回到了邦贝手中。读一读每个故事，这些故事的主人公是谁？每个故事主要讲述的是什么？你觉得这些故事想表达的主题可能是什么，你能不能用一两个关键词概括出来？

序号	故事名	主人公	主要内容	表达的主题
1	海面上的眼睛	小男孩	一百年前，男孩的祖辈救了鲸鱼；一百年后，鲸鱼来感谢男孩	救赎与杀戮
2				
3				
4				
5				
6				
7				
8				
9				
10				
11				

通过全班同学的集体讨论，大家合力完成了第一个故事也就是第一章的共读任务，得出了表6-1中的共读结果。

第二步，根据共读周期小组制订共读计划和共读要求。每本书的共读时间是一定的，据此小组需要明确用几个周期完成，每个周期需要完成什么共读任务，以及本次共读活动对每个小组成员应该提出什么样的要求。《下落不明的故事》这本书，我们制定的共读时间为一个月，每周安排小组成员进行一次共读讨论，这样共读就分为四个周期。每个周期内的共读任务和共读要求是什么，由小组成员自己商量着确定。其间，组长要发挥重要的作用，需要他来牵头设计、讨论、协调、提醒等。

第三步，每个周期内小组成员根据共读任务完成阅读学习单。这个过程必不可少，要在小组讨论中听到每个成员的声音，就必须留出时间让每个成员认真阅读。在这个过程中，小组长要及时提醒小组成员利用自己的课余时间认真阅读相关章节并积极思考问题，填写好阅读学习单。

第四步，每个周期安排一次小组共同讨论的时间。这个时间大概需要20—30分钟，每个小组成员汇报自己的阅读所得，在共同讨论的基础上不断厘清并最终形成相对一致的观点。讨论中，每个小组可在产生分歧与困惑之时，寻求老师的帮助，但是每个小组最多只有两次寻求帮助的机会。教师在指导时也只能提供思考的路径，最终的结论还是由小组成员确定。

日本著名的教育家佐藤学"借助社会建构主义对'学习'进行界定，提出'学习'是以语言为媒介构建意义的语言性实践；'学习'是问题解决过程中的'反思性思维即探究'；'学习'是在具体活动中的'社会交往'；'学习'是持续地构建自我与社会（同一性与共同体）的实践"[1]。可以说，

---

[1] 转引自：陈静静.学习共同体：走向深度学习[M].上海：华东师范大学出版社，2020：8.

这种形式的共读活动充分体现了佐藤学先生对于"学习"的界定。学生形成了以小组为单位的学习共同体，并在这个团队中通过解决面临的共同问题而展开学习，大家一起探究、多维互动，并通过自我反思不断建构作品意义，确立自己在组织中的存在感与价值感。

无论是哪一种形式，都需要用一段时间持续进行师生间的同步阅读，通过一次次的交流讨论实现对文本的深度理解。在这个过程中，作为阅读主体的学生直面文本，在与文本的互动中，自身经验不断与文本内容产生连接从而获得新的认识与理解。作为阅读主体的学生不断学习新的阅读策略，进行推论与想象以填补文本空白，逐步形成新的认知图式。作为阅读主体的学生，不断采用"文学想象"的五个立场，并在不同立场之间来回穿梭，建构文本深层意义。这一切的发生自然而然、真真实实，在通往成熟阅读者的路途中，学生进行的所有阅读实践都会不断集聚能量。在此过程中，教师要做好一个"协助者"，多多给予肯定与鼓励，在学生出现方向偏颇的时候及时给予纠正，在学生思维混乱、辨别不清的时候给予引领，在该放手让学生自主学习的时候要学会控制自己。

日常化推进可以收获什么

2017年秋季，我在江苏省兴化市一所学校上了一节整本书阅读交流课，上课之前我采用"日常化推进"的第一种形式，和学生同步阅读了《长袜子皮皮》这本书。在共读微信群中，家长们写下了共读期间孩子们的变化：

> 阅读活动刚开始的几天是我每天提醒时间，提醒他把想回答的问题用笔先记录再回答。越到后面越感觉到了他的自觉性，到了时间他就主动拿书拿笔，认真倾听朗读录音，在笔记本上写好问题的答案，

然后很积极地回答问题。得到岳老师的表扬他会高兴很久，如果回答不太精确，我也会跟他再一起认真听听别的小朋友的回答。以前阅读是一过式的，现在用这种带着问题来读书的方式阅读，收获很多。

——连一川家长

一是读书的问题意识得到强化。带着问题去阅读，根据问题去思考，变浮光掠影式的浅阅读为有思有悟的深阅读。二是口头的表达能力得到提高。限时回答，一个不落。平常课堂上还有可能偷懒，这次可不行。他会逼着自己去思考，去表达，去比较，去学习。

——戴之言家长

每天早早认真完成作业，天天争取在7:30前就进入共读状态。为了能把问题回答得更完美，他中午就自己认真阅读，晚上再仔细听，看清岳老师提出的问题后，列好提纲再回答问题。十二天，是责任感的培养，是阅读习惯的改变，是进步的开始。

——施恺文家长

每天吃晚饭时，孩子总会和我们讨论"今晚岳老师会问什么问题？""今天我的回答会不会被岳老师表扬？"7:30到了，他便会主动拿起手机，安静地坐在书桌前，边收听语音边喃喃自语，偶尔还会发出欢快的笑声。回答完后，他总是依次听一遍其他同学的回答，有时也会和我们家长一起讨论问题，评价其他同学答案的优劣，最后再重新梳理好答案，誊写到摘录本上。他一直坚持这么做。

——徐浩轩家长

从家长的这一番表达中，我们可以看出"日常化推进"给予孩子们的滋养非常丰富：

一是让每个孩子都能被看见。被看见、被肯定，然后被点燃、被唤醒，再然后让优秀成为一种习惯，这体现了一个孩子成长的正向路径。你是否注意到，平时的课堂上不少孩子是很容易被老师、同学忽视、看不见的，他们通常表现为不愿、不敢、不会。但是，在微信群中进行的整本书共读，他们不得不去面对、不得不去表达，这对他们来说或许是一种压力，也或许是一种机遇，促使他们从课堂的小角落里走出来，而不在大家面前当面表达又让他们多了一份安全感，他们自己也会在参与中感受到"原来我能行"。

二是提高了阅读流利的水平。"日常化推进"中有一个关键环节就是大声朗读的常态化。作为一名朗读者，孩子们非常珍惜这个机会，他们会在认真练习后才录音，练习的过程就是提高朗读流利水平的过程，而且有可能会影响之后一段时间的阅读质态。当朗读者的朗读音频发至群内后，其他学生需要一边听一边看书，听的过程也可以帮助学生提高阅读流利的程度，而这是达成阅读理解的先决条件。

三是促进孩子深度阅读。阅读流利可以释放更多的工作记忆，让孩子专注于阅读思考从而达成理解。每次带着问题去阅读，阅读目标更加聚焦、明确，有利于孩子进入深度思考的状态。教师点评时也会点明思考的路径、步骤与策略，培养孩子深度阅读的能力。这样日积月累，可以拓展孩子思维的深度与宽度。

四是孩子的口头表达能力也会随之提升。口头表达注重的是现场感和交际性，怎么在 60 秒的时间内清晰、准确、全面、简练地传达自己的观点，并让他人能够听明白，这对于小学生来说有一定挑战，需要慢慢地一步步来。"日常化推进"为孩子口头表达能力的提升提供了契机与空间，表达时是先亮观点还是先说理由？是照读原文还是用几个简洁的词语概括？怎么概括才更加清晰、准确？……他们在不断试错和相互学习中积累经验、不断进步。

对于教师而言，和孩子们同步阅读，倾听孩子们的观点，做出恰如其分的点评，也是一个成长的过程。首先，可以在倾听中发现文本新的意义，在阅读整本书这件事情上，我们成年人并不一定强于孩子，有些时候你会惊叹于孩子们独到的见解和细微的发现，从而赋予文本新的意义。其次，设计阅读交流问题也是一个硬功夫。如何设计一个有思考价值且体现文本意义，同时还能促进孩子阅读能力提升的问题，不是一件容易的事情。孩子的回答会很快检验出问题设计的好与坏、深与浅、清晰与模糊等，所有这一切都会提高我们作为一个"协作者"的指导能力。最后，通过"日常化推进"可以动态掌握孩子的阅读状态。如果不参与孩子阅读的过程，你不会知道孩子阅读的真实状态，也不会知道孩子阅读中遭遇的困境，更不会知道如何施以援手。只有参与其中，你才能给予孩子阅读能力与阅读水平最真实的评价。

总之，日常化推进最终实现的是整本书阅读教学的常态化，而不是目前仅有的课堂教学这一种实施方式。它将阅读化于每日或者每周的持续不断地学习之中，小步走路慢慢赶路，慢慢走出孩子阅读成长和教师自身成长的加速度。正如卡尔维诺所描述的，"没有其他目的，只是让感情和思想安定下来的时间节奏，沉稳内敛，摆脱所有的急躁或短暂的偶然"[①]。他使用拉丁语 festina lente 来表述，意思就是"慢慢地赶快"。

设计一份阅读学习单

现在说到"阅读学习单"，很多老师并不陌生，在整本书阅读教学过程中，不少老师善于设计和运用阅读学习单，起到了很好的效果。可是

---

① 转引自：玛丽安娜·沃尔夫.升维阅读[M].陈丽芳,译.北京：中信出版社，2021：194.

2000年初,当"整本书阅读"还没有被老师们知道与接受的时候,"阅读学习单"也还没诞生呢。

2004年春天,我们很有幸邀请到著名儿童文学作家秦文君老师来扬州与孩子们见面,于是我就上了《男生贾里全传》《女生贾梅全传》整本书阅读交流课(如图6-3)。为了帮助孩子们更好地走进这本书,我让他们按照我设计的七个阅读交流话题完成读书笔记。最终,我们将这些问题交流的成果集成一本小册子赠送给了秦文君老师,上面不仅有孩子们阅读交流的感受,还有孩子们精心绘制的美丽图案,其中的一部分成果后来还被收录进了《班级读书会ABC》这本书。这可以说是"日常化推进"和"阅读学习单"的雏形。

图6-3 岳乃红老师执教《男生贾里全传》
《女生贾梅全传》整本书阅读交流课

2007年,我和几位老师一起着手语文课程改革,将大量儿童文学资源引入小学语文课程。每月我们都会带着孩子共读一本书,每本书都是采用每日大声朗读的方式带到孩子们面前,另外每周还有一节专门的阅读课用于交流一周来的阅读所得。用什么方式来进行交流呢?我们就运用了阅读学习单。怎么会想到用这样的方式呢？当时，很多老师让孩子们在读书的过程中摘抄好词好句，写一些口是心非的阅读感受，做一些无用功的事情。而在我看来，每一本书都有自己独特的生命，我们不能用千篇一律的方式去打开一本书，如此下去只会败坏孩子们的阅读胃口。就这样，"阅读学习单"（如图6-4）诞生了！

后来，随着整本书阅读教学实践的不断深入，每次交流课前，我都会设计一份阅读学习单让孩子们完成，了解孩子们的阅读状况，准确把握教学起点。

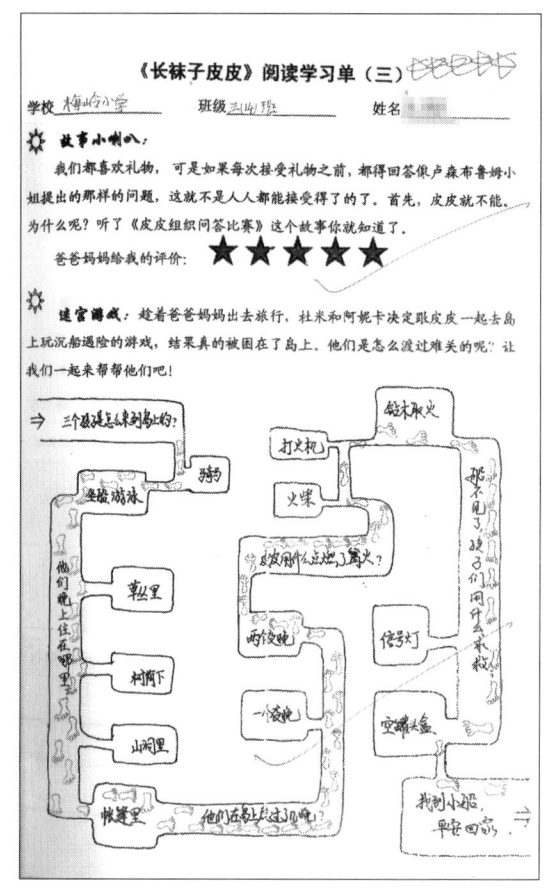

图 6-4　学生阅读学习单示例

那么如何设计一份阅读学习单呢？总结下来有两个设计思路：

按照整本书的讲述顺序进行设计

这种思路就是将一本书故事讲述的进程分为几个阶段，根据每个阶段的讲述内容设计相应的阅读学习单，目的是让孩子们更好地走进故事深处，获得更为丰富的阅读体验与阅读思考。

内容设计可以从这几个方面来考虑：

第一，讲述故事。从一本书每个阶段的阅读当中选择一个孩子们感兴趣的片段，请孩子们讲述给爸爸妈妈听。请爸爸妈妈对孩子的讲述做出评价，评价的方式要简单直观一些，类似于图 6-4 中给"☆"涂上红色就行。这样做的好处很明显：一是给予每个孩子更多的参与机会，把课堂上可能的"看不见"转变为主动地"让别人看见"，培养孩子的自信心和敢于在他人面前展现自己的勇气；二是锻炼孩子的口头表达能力和讲故事的能力，将阅读和说话巧妙地联系起来；三是提供亲子阅读的平台和机会，增进亲子交流；四是将爸爸妈妈自然而然地带入阅读，形成家校阅读的合力。现在有不少爸爸妈妈还喜欢用视频或者音频的方式将这个过程记录下来，作为孩子成长的影像资料进行保存。

第二，阅读交流。这个部分侧重于孩子与文本的对话，引导孩子不断地回到文本，不断在"文学想象"的"立场2"和"立场4"之间穿梭，甚至同时处于这两个立场，将浮光掠影、不加思考的浅阅读逐步转变为深究细思、注重联结的深阅读，并为孩子这方面的转变努力搭建学习支架，让他们乐于表达自己的阅读感受。对于低年级孩子而言，因为识字较少，用绘画来表达自己的阅读体会更能激发孩子的阅读兴趣。

第三，阅读延展。这个部分侧重于孩子与生活对话，建立文本和世界的联系，并在这样的联系中找到自己，这类似于"文学想象"中的"立场3"。可以通过设计读写活动、互动游戏等方式，让孩子们在阅读中体会生活的乐趣。

按照整本书的不同主题进行设计

这是读完一本书后，围绕着整本书所呈现的不同主题展开深度思考，对文本意义及其创作进行全局性理解，为后续的整本书阅读交流打好基础。

内容设计可遵循如下思路进行：

第一,指导学生梳理故事情节。立足整本书,围绕相关主题,思考故事讲述的线索,找寻推动故事发展的关键事件,发现一本书叙事的基本结构与思路。

第二,将主题分解成可探讨的问题,引导学生进行分析。通过2—3个问题将主题的探讨真正落地,从而了解学生对这一主题的认知情况,并将此作为重要的教学资源引入交流课的教学,真正践行儿童本位的课程理念。

第三,关注学生阅读中的困惑,让学生有表达疑问的机会。关于这个主题,学生的困惑点在哪里,困惑点即思考点、生长点,教师要善于发现、善于利用,将之转换为重要的教学资源。

上述两种不同的思路:一种是纵线,注重阅读过程中的体味与推进;另一种是横线,注重不同主题探讨的深入与延展。一纵一横,呈现了立体的阅读路径。无论纵横,教师都要精心设计相关问题,让孩子们愿意交流并能提高阅读的深度。

《草房子》日常交流问题

第一章 秃鹤:

1. 请你为这一章六个小节的内容分别加上小标题,写在每一小节序号的后面,要求:正确、简洁。

2. 本章一共有六个小节,却用整整一个小节的内容写了桑桑,这部分的描写可以删去吗?先表达观点,再说明理由。

3. 读一读第四部分最后的内容,即从"当表演大约进行了三分之二"

开始一直到这个小节结束。在这部分内容当中，作者两次对秃鹤的头进行了较为具体的描写。从这两次描写中，你能读出秃鹤内心的想法吗？

4."纯净的月光照着大河，照着油麻地小学的师生们，也照着世界上一个最英俊的少年……"请你联系整章的内容想一想：为什么说秃鹤是"世界上一个最英俊的少年"？

第二章　纸月：

1.如果说《秃鹤》让我们看到了一个顽皮、异想天开、爱出风头的桑桑的话，那么这一章又让你看到了一个怎样的桑桑？先表达观点，再说理由。

2.和《秃鹤》不同，这一章用了很多笔墨去写桑桑。明明这一章的题目叫作《纸月》，可是作者为什么用这么多的笔墨来写桑桑呢？先表达观点，再说理由。

3.这一章中用了不少笔墨描写了桑桑和鸽群之间的互动，其中有四次描写比较细致，找一找分别是哪四次。这四次对于鸽群的描写，分别表现了桑桑怎样的心情？

第三章　白雀（一）：

1.这一章主要讲述了桑桑所目睹的蒋一轮老师和白雀之间发生的故事。从这一章中，我们又可以看到一个怎样的桑桑呢？先表达观点，再说理由。

2.第5小节主要写了桑桑偷看白雀写给蒋一轮的信。仔细读一读这部分内容，完成以下两个任务：

（1）梳理桑桑心情变化的线路图，也就是用一些关键词梳理出桑桑的心情变化，回答时只需要按顺序说出这些词语即可。

（2）你认为哪一个心情的描写特别细致传神？请你从以上关键词中挑选出一个，说说作者的描写好在哪里，可以结合一些关键词句的运用来谈一谈。

第四章 艾地：

1. 秦大奶奶与油麻地小学之间的关系有了什么变化？促使变化发生的原因有哪些？

2. 这一章为什么以《艾地》作为题目？发表你的观点。

第五章 红门（一）：

1. 本章开始，杜小康出场了。

（1）读了这一章，你看到了一个怎样的杜小康？简单概括即可。

（2）作者在描写杜小康时主要采用了一种方式，是什么方式呢？

（3）作者为什么要采用这种方式？

2. 杜小康与桑桑之间的争斗也开始了。

（1）这一章主要描写了他们之间的哪几次争斗？请你用最简洁的语言概括出来。

（2）在这几次争斗中，你看到了一个怎样的桑桑？举例说明。

第六章 细马：

1. 读一读本章的开始部分，说说是哪些原因造成了细马与整个油麻地的对立？

2. 本章的后半部分，细马的内心慢慢接受了油麻地这个地方。这种内心的"接受"，其实早就可以找到一些蛛丝马迹，请你找出故事中的一些伏笔，一一列出来。

3. 反复读一读本章的最后一个自然段，你觉得这段描写背后的含义是什么？请你抓住这段话中的关键词语，结合本章内容试着分析一下。

第七章 白雀（二）：

蒋一轮和白雀虽然相爱，但是最终并没有走到一起，而且中间还发生了一些令人惋惜的事情。桑桑的母亲认为这事儿都怪桑桑，桑桑觉得特别委屈。你是如何看待桑桑传递信件这件事情的？请说说你的看法。

第八章 红门（二）：

1. 沉船事件发生后，杜小康家的生活一落千丈，最终他选择在校门口卖小商品为生。在这一章中，我们看到了杜小康内心变化的过程，请你把这个过程用几个关键词梳理出来，并且说说你最佩服杜小康的是哪一点。

2. 在自己人生最低谷的时候，杜小康才发现他最要好的朋友其实是桑桑。为什么杜小康会认为桑桑是他最要好的朋友呢？请说明理由。

3. 本章的题目为《红门》，你觉得"红门"象征着什么？

第九章 药寮：

1. 本章几次提到了桑乔的猎枪？从这几个细节当中，你发现桑乔有什么变化吗？请你梳理一下。

2. "桑桑虽然没有死，但桑桑觉得已死过一回。"请你扣住这句话中的重点词语再结合本章内容，说说对这句话背后含义的理解。

3. 说说这一章的题目《药寮》的深层意义。

《柳林风声》阅读学习单

前三张学习单是按照故事讲述的顺序进行设计的，后两张学习单分别围绕"友谊""家"这两个主题进行设计的。

《柳林风声》阅读学习单（一）

班级_____　　　　姓名_____

☼ **阅读碰碰车**

春天的一个上午，鼹鼠从家中出发，开始了属于他自己的历险。他到了不少地方，遇到了不少动物朋友，当然还看到或者了解到不少的新鲜事。请你阅读第一章至第四章，为鼹鼠的这次外出画一张线路图。

☼ **交流小平台**

阅读完第一章至第四章，鼹鼠、河鼠、老獾、蟾蜍这四个故事的主人公都已经出场了。请你根据故事中的相关内容，分别以他们的名义写一段简单的自我介绍。可别忘了，要能表现出他们的特点哟！

《柳林风声》阅读学习单（二）

班级＿＿＿＿＿＿＿　　　姓名＿＿＿＿＿＿＿

☼ 阅读碰碰车

◆仔细阅读《黎明前的笛声》，鼹鼠和河鼠聆听着悠扬婉转的笛声，面对着慈祥的半神，是一种怎样的心情和表现？请你找到有关段落画出来，大声读一读。

◆慈祥的半神的歌声不时飘来，读一读下面的歌词。

为了不使敬畏长留心头	为了不使肢体红肿撕裂	我是治疗者
不使欢笑变为忧愁	我松开设下的陷阱	我鼓舞潮湿山林里的小小游子
只要在急需时求助于我的威力	陷阱松开时你们就能把我瞥见	我找到山林里迷路的小动物
过后就要把它忘记	因为你们定会忘记	为它包扎伤口
忘记吧，忘记	我是救援者	嘱咐它们把一切忘怀

◇鼹鼠和河鼠不明白歌词的意思，你能告诉他们吗？

◇半神为什么要送给见过他的人一个"遗忘"的礼物呢？

◆读完这一章，你有什么不明白的地方吗？

疑惑1：＿＿＿＿＿＿＿＿＿＿＿＿＿＿＿＿＿＿＿＿＿＿＿＿＿

疑惑2：＿＿＿＿＿＿＿＿＿＿＿＿＿＿＿＿＿＿＿＿＿＿＿＿＿

☼ 交流小平台

根据本章的内容和半神所唱的歌词，想象一下：半神是如何救助水獭的孩子小胖胖的？请把半神救助的经过描绘出来。

《柳林风声》阅读学习单（三）

班级＿＿＿＿＿＿　　　姓名＿＿＿＿＿＿

☼ 阅读碰碰车

　　蟾蜍的坐骑一换再换，先是各式各样的船，后来又玩起了车子，换了一辆又一辆，而且一辆比一辆昂贵、豪华。伴随着驾驶汽车，他的命运也是几经起伏。请你选择一种最恰当的图形，描画出蟾蜍经历的种种危险。有点难度哟，你也来挑战一下自己吧！

　　

☼ 交流小平台

　　每次碰到新鲜的东西，或者是老毛病作怪的时候，蟾蜍的表现简直是——简直是让人觉得既可爱又可气，还可笑。找到这样的描写，写下这时你最想对蟾蜍说的话。

《柳林风声》阅读学习单(四)

班级_____ 姓名_____

☆ 阅读碰碰车

1. 阅读了《柳林风声》,我们一同见证了鼹鼠、河鼠、老獾、蟾蜍之间深厚的友谊。你能用书中的例子来证明他们之间的友谊吗?

例证1:_____
例证2:_____
例证3:_____

2. 你发现没有?鼹鼠、河鼠、老獾、蟾蜍之间的友谊之所以这么牢固,这与他们身上所具有的性格特点是分不开的。联系整本书的内容想一想,这四个动物身上各自拥有的什么特点让他们的友谊如此的坚不可摧?

特点1:_____
特点2:_____

特点1:_____
特点2:_____

特点1:_____
特点2:_____

特点1:_____
特点2:_____

☆ 交流小平台

生活中,相信你也会有不少要好的朋友吧!读完这本书,你觉得友谊的建立和保持需要的是什么呢?请你教大家几招让友谊不风干的小窍门吧!

"友谊"小窍门收纳箱1

"友谊"小窍门收纳箱2

《柳林风声》阅读学习单（五）

班级_____　　　姓名_____

☼ **阅读碰碰车**

◆鼹鼠、河鼠、老獾、蟾蜍都有温暖的家。走进他们的家，你会发现家与人好像存在着某种关联。那么，你最喜欢到谁的家去做客？你都看到了什么？请用你的画笔把这个家描绘出来。从这个家里的布置中，你看到了一个怎样的主人？

	这个屋子主人的特点：

◆鼹鼠、河鼠、老獾、蟾蜍对"家"都有不同的理解。在他们的心目中，"家"是什么呢？在很多时候，他们都能感受到"家"的召唤，找到这样的段落大声读一读。

动物名字	对"家"的理解（"家"是什么）	感受到"家"的召唤
鼹鼠		
河鼠		
老獾		
蟾蜍		

☼ **交流小平台**

你曾经感受过"家"的召唤吗？是在什么情况下感受到的？当时你的内心是一种怎样的感受？跟我们分享你的体验吧！

第七讲

来一场苏格拉底式对话
——阅读交流课的设计与组织

7

  在娱乐的海洋而非知识的海洋遨游，很多学生已经被剥夺了唤醒内心怀疑和重新审视人生的权利。对于他们而言，教育就是学习知识，只要以一种事不关己的态度观望即可。教育大可不必针对"我们该如何活"展开苏格拉底式的谈话，也不必开展启发式的探究。

——[美国]马克·埃德蒙森

  阅读绝不仅仅是读写能力。阅读还涉及解释和想象，它是一种可以用来获得意义的文化素养。通过阅读文本的"言外之意"，读者可以运用自身的想象和知识来理解他们面前的文本并从中获取意义。

——[英国]弗兰克·富里迪

上一讲中曾经提到古希腊著名的哲学家苏格拉底反对书面语言的传播，在他看来口头语言是一种"活的语言"。相比较而言，写下来的文字不会回应它的阅读者，文字的沉默破坏了苏格拉底视为教育核心的互动式对话。苏格拉底教学法就是"通过讨论而探索"，通过讨论问答，逐步引导学生自己得到正确答案。他认为真正的知识来自内心，而不是靠别人传授。唯有从自己内心产生出来的知识才是真正属于自己的知识和智慧。

"如果想在我们的公民社会中推动阅读过程，使其完全成熟并达到专家级的阶段，应教导儿童挖掘出隐匿在文字中的无形世界，因此需要明确的指导，以及教师与学生之间的对话。"[1] 从这个意义上来说，整本书阅读需要来一场苏格拉底式的对话，让孩子们沉睡的内心得以苏醒，并在对话中产生知识和智慧。

交流课难上，但值得做

你是不是和很多老师一样，对整本书阅读教学有点儿犯怵？犯怵的大致原因是怕烦畏难，而这个"难"一般就是难在"整本书阅读交流"这件事情上。交流课确实对教师提出了挑战，但这件事情值得去做。

---

[1] 玛丽安娜·沃尔夫. 普鲁斯特与乌贼：阅读如何改变我们的思维 [M]. 王惟芬，杨仕音，译. 北京：中国人民大学出版社，2012：215.

"文学的乐趣"是可以教的

谈到"乐趣",很多人会想到轻松、好玩,没有负担,不用思考。其实,"乐趣并非思考的对立面——思考本身就是一种乐趣,乐趣实际上是可以被思考的"①。著名儿童文学研究者佩里·诺德曼和梅维丝·雷默认为,乐趣应该得到思考,一是因为对于文学阅读来说乐趣很重要,乐趣就产生于阅读思考的过程当中,儿童读者很享受这个过程;二是因为思考文本的乐趣,可以让儿童读者走进文本的意蕴之中并受益。这些均是通过对话完成的,"文学的乐趣就是对话的乐趣——不仅有读者和文本之间的对话,还有读者之间的对话"②。所以,佩里·诺德曼和梅维丝·雷默在《儿童文学的乐趣》中提出了一个观点:乐趣是可以教的。十多年前当我正遭遇整本书阅读教学瓶颈时,这个观点让我大为震惊,以至于一直铭记在心,而后来的教学实践也充分证明了这个观点的可靠性。那如何教呢?通过读者之间的对话来教,通过开展读后交流来教。

越来越多的研究和经验证据显示,儿童回应文学的能力需要培养。"如果成人用自己讨论文学的语言跟孩子谈话,不仅能帮助孩子发展理解和欣赏文学的策略,也有助于他们感知和谈论所读文本的错综复杂性,从而让他们更喜欢文学。"③ 这句话可以给我们很多启示:一是儿童的文学阅读需要成年人的指导,文学阅读的能力需要在长期的阅读实践过程中慢慢培养。第一讲中曾提到玛丽安娜·沃尔夫所提出的"阅读者的五种类型",其中从解码级

---

① 佩里·诺德曼,梅维丝·雷默.儿童文学的乐趣[M].陈中美,译.上海:少年儿童出版社,2008:33.
② 佩里·诺德曼,梅维丝·雷默.儿童文学的乐趣[M].陈中美,译.上海:少年儿童出版社,2008:39.
③ 佩里·诺德曼,梅维丝·雷默.儿童文学的乐趣[M].陈中美,译.上海:少年儿童出版社,2008:49.

阅读者到流畅级阅读者的跨越中，也谈到教师的明确指导起到了重要作用。二是作为成年人，应该以一个读者的平等姿态与儿童展开对话，真正把儿童看成具有独立思考能力的个体，用成年人之间的交流语言与孩子对话，相信孩子的无限潜能。三是通过对话交流指导孩子习得理解和赏析文本的一些策略，为孩子的文学阅读搭建支架，帮助他们成为一名真正的读者。四是好的对话与讨论可以帮助孩子读懂文字背后的含义，更好地理解文本。以上这些都能让孩子们更喜欢文学，也充分证明"乐趣是可以教的"。

交流可以实现"知识转化"

"有的科学文献引用了社会文化的观点，强调了社会环境对阅读的影响：人们阅读的类型和频率、对阅读材料的解读以及对阅读的看法，都和身边的人以及人际关系息息相关。"[1] 在整本书阅读交流场境中，无论是对文本意义的理解，还是对阅读策略的学习，抑或是对世界和自我的认识等，都与这个场境本身及其中的人密切相关。

在《创造知识的企业：领先企业持续创新的动力》这本书中，日本著名管理学家野中郁次郎和日本一桥大学教授竹内弘高提出了"知识转化"的概念，即"人类知识是通过隐性知识和显性知识之间的社会化相互作用得以创造和扩展的"[2]。在他们看来，显性知识是指可以用形式的、系统的语言进行表达、传播的知识；隐性知识包含认知要素和技术要素，认知要素主要集中于"心智模式"，也就是说图式、方式、观点、信仰和看法等可以帮助个体

---

[1] 丹尼尔·T. 威林厄姆. 心智与阅读 [M]. 梁海燕，译. 杭州：浙江教育出版社，2020：11.
[2] 野中郁次郎，竹内弘高. 创造知识的企业：领先企业持续创新的动力 [M]. 吴庆海，译. 北京：人民邮电出版社，2019：75.

感知和定义他们的世界，技术要素包括具体的诀窍、工艺和技能。①

基于知识是通过隐性知识和显性知识之间的相互作用而创造出来的这一假设，野中郁次郎和竹内弘高提出了知识转化的四种模式②（如图7-1），这四种模式也适用于整本书阅读交流。

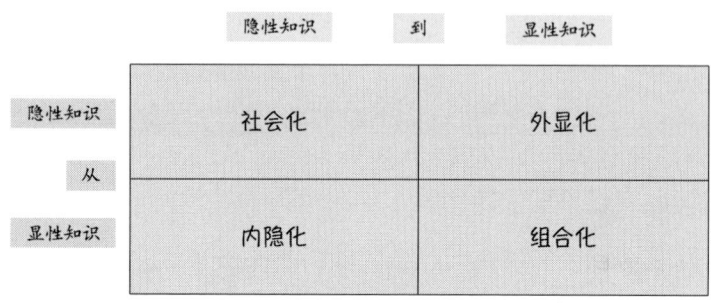

图7-1　知识转化的四种模式

社会化：从隐性知识到隐性知识

"经验是获取隐性知识的关键。如果没有某种形式的共享经验，一个人很难将他投射到另一个人的思考过程当中。"③因此，"社会化是共享经验从而创造隐性知识的过程"④。整本书阅读交流为共享经验提供了场域，"一则故事对一个读书团体的意义，是通过谈话中你一言我一语地被逐步界定的"⑤。在

---

① 野中郁次郎，竹内弘高.创造知识的企业：领先企业持续创新的动力[M].吴庆海，译.北京：人民邮电出版社，2019：73-74.
② 野中郁次郎，竹内弘高.创造知识的企业：领先企业持续创新的动力[M].吴庆海，译.北京：人民邮电出版社，2019：77.
③ 野中郁次郎，竹内弘高.创造知识的企业：领先企业持续创新的动力[M].吴庆海，译.北京：人民邮电出版社，2019：77.
④ 野中郁次郎，竹内弘高.创造知识的企业：领先企业持续创新的动力[M].吴庆海，译.北京：人民邮电出版社，2019：77.
⑤ 艾登·钱伯斯.说来听听：儿童、阅读与讨论[M].蔡宜容，译.北京：五洲传播出版社，2011：12.

共享隐性知识和产生新观点的过程中,可以将每一个参与者的心智模式重新引到同一个方向上。在这个场域中,一个孩子不用语言也能从其他人分享的经验中直接获取隐性知识。只要孩子在交流中处于倾听的状态,那么他就能毫不费力地获取别人的观点与看法,反思自己的阅读经验,形成隐性知识。

外显化：从隐性知识到显性知识

"外显化是将隐性知识表述为显性概念的过程。"[①] 这主要是通过语言来实现的。这种知识转化的模式,一般是由对话或反思引发的。在整本书阅读交流场域中,孩子们各自表达阅读见解的同时相互激荡脑力,诱使更多的同伴加入经验分享,在分享中不断将自己的认识概念化。"在倾听别人的读书经验,并与他人分享自己读书心得的过程中,我们发现,通过某种形式的读后心得发表,参与者可以交换信息、分享热情；同时,探索不同阅读领域的意愿也会提高。"[②]

组合化：从显性知识到显性知识

"组合化是将各种概念系统化为知识体系的过程。"[③]"通过对显性知识进行整理、增添、组合和分类（就像在计算机数据库中做的一样）,重新配置既有的信息,由此催生新的知识。"[④] 在整本书阅读交流过程中,教师通常会通过小组合作、成员共创等方式,让学生形成对一本书相对统一的认识,再引

[①] 野中郁次郎,竹内弘高.创造知识的企业：领先企业持续创新的动力[M].吴庆海,译.北京：人民邮电出版社,2019：79.
[②] 艾登·钱伯斯.说来听听：儿童、阅读与讨论[M].蔡宜容,译.北京：五洲传播出版社,2011：9.
[③] 野中郁次郎,竹内弘高.创造知识的企业：领先企业持续创新的动力[M].吴庆海,译.北京：人民邮电出版社,2019：83.
[④] 野中郁次郎,竹内弘高.创造知识的企业：领先企业持续创新的动力[M].吴庆海,译.北京：人民邮电出版社,2019：83.

导学生以图表、绘画、文字等方式展示，配之团队成员的解说，将知识较为系统化地呈现出来。

内隐化：从显性知识到隐性知识

"内隐化是将显性知识体现到隐性知识里的过程。""当通过社会化、外显化和组合化获得的经验，以共享心智模式或技术诀窍的形式被内化到个体的隐性知识库中时，它们就变成了有价值的资产。"① 根据第三讲中提到的"图式理论"，这些"有价值的资产"内隐于孩子的脑海和内心深处，成为他们已有经验的一部分并左右着他们的思考，为下一个新知识的学习做好准备。这个过程对于儿童学习尤为重要，如果孩子能将这些知识用语言表达或用图形描绘出来，对于显性知识向隐性知识的转换大有裨益。

从知识转化的四种模式中可以看出，这一切起始于为孩子们搭建一个交流互动的"场"，然后通过成员间的对话、互动与反思，促进知识的生成与转化，最终为每个成员积累文学阅读的经验，并使之成为他们心智模式中的一部分。

让深度阅读真实发生

第二讲中我们谈到，孩子们身处数字时代，深度阅读越来越被边缘化。而要发展深度阅读的能力，需要将"已知的知识和阅读的内容关联起来，把所读的内容和情感关联起来，把情感和思考关联起来，思考在当下互联的数字世界中人们应该过怎样的生活"②。如何实现这样的关联呢？孩子们能主动进行这样的关联吗？对于还未成为流畅级阅读者的儿童读者来说，不是人人

---

① 野中郁次郎，竹内弘高. 创造知识的企业：领先企业持续创新的动力 [M]. 吴庆海，译. 北京：人民邮电出版社，2019：85.
② 玛丽安娜·沃尔夫. 升维阅读 [M]. 陈丽芳，译. 北京：中信出版社，2021：163.

都能做到主动关联的，即便关联也有可能因为自身经验的缺乏而造成认知偏差。实现关联的最好路径就是组织读书交流活动，既有教师的指导，又有同伴的协同互助，这些都会帮助每一个孩子持续走在深度阅读的路途中。

从朱迪思·朗格关于"想象构建的五个立场"来看，在整本书阅读交流的场境中，孩子们基本上是处于"立场3：摆脱文本与反思认知"和"立场4：想象的抽离与经验的客观化"，这两个立场让他们与文本之间保持一段距离，从而更全面、丰富地看待文本的意义。"立场3"可以让孩子们与现实生活联结，使他们明白虚构世界和现实世界的相互作用，"想象阐释（影响）生活，生活亦阐明（影响）想象"[①]，指导孩子们更好地生活。"立场4"使得孩子们成了批评家，在艾登·钱伯斯看来，有着丰富阅读经验和对世界有着丰富认识的孩子具有天赋般的评论能力，善用这种能力能够发展他们深入理解文本的能力。

从想象构建的角度来看，整本书阅读交流活动的目的就是帮助每一个参与者深化理解，帮助他们多角度看待问题："一是帮助学生思考己所不能的问题；二是比较自己与他人观点的异同，增加自己观点的深刻性；三是有助于发展以某种观点为基础的阐释；四是提升回应他人观点时的敏感度。"[②] 如此，深度阅读就在教室里真实发生。

在阅读共同体中获得成长

> 我们还交流了自己最喜欢的书中的人物，从哪些人物身上可以看到自己的影子，以及想对书中人物说的一些话。这样就把书中的人物

[①] 朱迪思·朗格.文学想象：文学理解与教学[M].樊亚琪，译.王晓英，审校.上海：上海教育出版社，2015：21.
[②] 朱迪思·朗格.文学想象：文学理解与教学[M].樊亚琪，译.王晓英，审校.上海：上海教育出版社，2015：72.

变得非常贴近生活，就好像真的在我们眼前一样，让我们更深刻地理解了这些书……这样别开生面的读书交流会，也让我更加深刻地领略到作者笔下那些如精灵一般的文字的魅力，以及它带给我们的感动，让书中的精神深深地刻印在了我的心中，以至于后来我无意中翻阅到这本书，它还是能拨动我的心弦。

这是一个上了高中的孩子对小学时代整本书阅读交流活动的回忆。读书交流活动真的有这样的魔力？是的！

整本书共读的过程就是一个阅读共同体不断形成、发展、提升的过程。在这个团队中，大家彼此相互学习、切磋，共同面对、创造。交流活动形成的一个"场"的能量，是他们在独自阅读时无法企及的。在这个"场"中，他们重新审视先前对文本的阐释，提出自己的问题，探索各种可能性，这成了他们深入理解文学的重要场所和重要时机，由此带来的脑力激荡是前所未有的。在表达自己的阅读感受和倾听同伴讲述阅读感受的过程中，孩子们会体会到自己的存在，并发掘自己的潜力，重新认识并完善自己。同时，如何与他人协作，如何面对分歧与冲突，如何接受他人的观点并让别人接受自己的观点，如何克服自身弱点促进团队形成共识，等等，孩子们都需要在不断的试错中积累经验，发展自己的社会交往能力。在"自我"与"共同体"的张力不断重构的过程中，孩子的学习是多面向的且对其社会化进程有所助益。

设计一节阅读交流课

设计一节整本书阅读交流课，是不是令你头疼不已？想想也很正常，一个好的教学设计不是那么容易诞生的，即便面对的是单篇文章也是如此，更何况是一本书的交流设计呢。也正是因为其中的难度，才让我们看到交流课设计存在的问题：一是交流由一个个学生的自主活动组成，现场热热闹闹、欢天喜地，教师在一旁没事偷着乐，可纵然活动有趣，学生却没有认知和理解上的提升，这种只关注活动却没有目标的设计目前比较普遍。二是教学有目标，但是没有组织有效的活动，师生间缺乏"营养"的一问一答，加上教师迫不及待地"告诉"，让整个交流变得相当沉闷。三是交流看似有目标也有活动，但是活动之间毫无逻辑可言，东一榔头西一棒槌，整个交流混乱且无序。

什么是好的交流课设计

好的交流课设计有着清晰的目标。美国组织领导专家史蒂芬·R.柯维认为："一开始就在头脑中想好结果和目标，这意味着你对自己的目的地有清晰的了解，这意味着你知道要去哪里，从而能够更好地知道你现在的位置以及如何走才能保证你一直朝着正确的方向前进。"[1] 通过一节交流课，你要带领孩子们到哪里去，你希望他们知道什么、理解什么，是你首先要考虑的问题。没有清晰的方向和目标，一切都无从谈起。

好的交流课设计有着明确的内容。要到哪里去、需要做什么，这就是教学的内容。对于一本书而言，在有限的时间里需要交流的内容远远大于能够交流的内容，所以我们必须要做出选择。内容的选择要指向目标的达成，要能实现预期的结果；每个内容既清晰独立又彼此关联，要有明确的优先次序。

好的交流课设计有着有效的教与学的活动。明确了目标和内容后，组织什么活动来学习内容达成目标，就摆在你的面前了。你需要思考以下四个问题：一是"如果学生要有效地开展学习并获得预期结果，他们需要哪些

---

[1] 转引自：格兰特·威金斯，杰伊·麦克泰格.追求理解的教学设计：第二版[M]. 闫寒冰，宋雪莲，赖平，译.上海：华东师范大学出版社，2016：1.

知识（事实、概念、原理）和技能（过程、步骤、策略）？"这些知识和技能是学生目前不具备的，却是达成目标所必需的。二是"哪些活动可以使学生获得所需知识和技能？"获得这些必备知识和技能需要为学生提供学习的路径，作为教师就需要组织相关的教与学的活动。三是"根据表现性目标，我们需要教哪些内容，指导学生做什么，以及如何用最恰当的方式开展教学？"在教与学的活动中，必须清晰地认识到教师需要教什么、如何教，学生需要学什么、如何学。四是"要完成这些目标，哪些材料和资源是最合适的？"① 教师需要提供一些有助于完成目标的材料和资源，为学生搭建学习的支架。

好的交流课设计一定是"形式服从于功能"②。如今的教学方法和手段非常丰富，可谓"乱花渐欲迷人眼"，这个也好那个也好，哪一个也不能舍弃。所谓"舍得"，就是有舍才有得。如何"舍"？只要紧扣教学目标，对预期的结果做出清晰的判断，那么采用什么方法、手段、材料等就自然清晰明了了。

好的交流课设计一定要产生更全面、更具体的学习。我们会看到现在有不少交流课大谈各种阅读方法和阅读策略，文本的讨论只是为了证明这些方法和策略的重要；有的还会把很多精力放在花样繁多的思维导图的制作和展示上，也不管其思路是否清晰、内容是否有逻辑，作品早已被抛之脑后。"良好的设计，不仅仅是为了让学生获得一些新的技术技能，而是为了以目标及其潜在含义为导向，产生更全面、更具体的学习。"③ 因此作为

---

① 转引自：格兰特·威金斯，杰伊·麦克泰格.追求理解的教学设计：第二版[M].闫寒冰，宋雪莲，赖平，译.上海：华东师范大学出版社，2016：19.
② 格兰特·威金斯，杰伊·麦克泰格.追求理解的教学设计：第二版[M].闫寒冰，宋雪莲，赖平，译.上海：华东师范大学出版社，2016：14.
③ 格兰特·威金斯，杰伊·麦克泰格.追求理解的教学设计：第二版[M].闫寒冰，宋雪莲，赖平，译.上海：华东师范大学出版社，2016：14.

一节整本书阅读交流课，重要的是在提升学生阅读能力的同时，帮助学生理解作品的深层次意蕴，发展学生对自己与世界的认识。所有这一切都需要用具体的教学活动来支撑。

"最好的设计应该是'以终为始'，从学习结果开始的逆向思考"[1]，从目标出发，确定教学内容，组织教与学的活动，产生更全面、更具体的学习。

如何设计阅读交流课

2016年我准备上《绿野仙踪》整本书阅读交流课，整个备课的过程至今历历在目。花功夫研读这本书是第一项工作。我一边读一边在书上圈画出故事中的关键点，有关于环境背景的，有展现人物形象的，有人物之间重要的对话，也有人物的一些行为反应，凡是我认为可能有助于理解这本书的相关文字我都做了记号。第二遍阅读时，读完每一章，我还把该章节中的关键情节（含人物所说的关键性的话）记录在笔记本上。第三遍就开始反复阅读自己做的笔记，在笔记本上再次圈画重点信息，并不断寻找它们之间的关联性。当一本书浓缩成笔记本上的文字时，供你思考的视幅明显缩小，你就很容易找到一些重要信息及其之间的联系，形成自己对这本书较为深入的理解，无论是主题内涵上的还是叙事手法上的。最后找来一些解读这本书的论文和书籍，并用自己阅读记录的线索来验证文中的观点，提升自己对文本的理解。这个习惯从我开始做整本书阅读后就一直坚持着，在我的书橱里，凡是我上过阅读交流课的童书旁边必定有一本小本子，记录着我最初研读这本书时的点点滴滴，虽然细碎但弥足珍贵。所以说，交流课设计的第一步，不是急着看别人的教学设计（那永远是别人的不是你自己的），而是直面作品本身，让作品说话。

---

[1] 格兰特·威金斯，杰伊·麦克泰格.追求理解的教学设计：第二版[M].闫寒冰，宋雪莲，赖平，译.上海：华东师范大学出版社，2016：15.

如此研读之后，就能设计出一个好的交流课了？还远远不够。要想实现作品解读到教学设计的转化，不是一件容易的事情。这时候需要考虑学生这一头了：对这本书，孩子们能读出些什么？文本的哪些意义是学生能看得见的？文本的哪些意义是学生无法独自看见的，在这当中哪些是经过老师的指导孩子们可以看见的？反复推敲后，我决定将交流的主题确定为"成长"。你肯定觉得这是一个老掉牙的主题，很多童书都会涉及这个主题，怎么能凸显《绿野仙踪》的特殊性呢？的确，关于"成长"主题的阅读交流课，在此之前我也上过不少。比如，《小鹿班比》重点交流的是"成长中的重要他人"，《一年级大个子二年级小个子》重点交流的是"如何战胜自己获得成长"。那么，《绿野仙踪》中"成长"主题的落脚点应该在哪里呢？那就是"自我发现"。书中人物本就具备内在的力量，但一直没有被他们自己发现，经过一件又一件事情，他们发现了自己的能力，而非发展了自己的能力。交流课的主题就是一个大概念，大概念"是'为理解而教'的核心"。"大概念就是一个概念、主题或问题，它能够使离散的事实和技能相互联系并有一定意义。"① 因此，交流课设计的第二步，就是要确定交流的主题，让整个交流有明确的方向。

确定好了主题后，就要思考教学目标、内容及组织什么样的教学活动了，这是交流课设计的第三步。"自我发现"这个主题对于四年级学生来说是比较陌生的，这种说法也是成人的话语方式，而非孩子的表达，那么教学目标就不能定位于让孩子提炼出这个主题，最多也只能达到"发现自己"这样的表达。知道孩子们学习的起点，以及期望达到的目标后，教学的路线图就清晰了不少。接下来面临的问题是：在这个教学路线图上，究竟该学习什么内容才能抵达终点呢？要想达到对主题的理解，以四年级孩子目

---

① 格兰特·威金斯，杰伊·麦克泰格.追求理解的教学设计：第二版[M].闫寒冰，宋雪莲，赖平，译.上海：华东师范大学出版社，2016：6.

前的认知能力至少需要理解以下三个方面的内容:

"理解1":《绿野仙踪》中的多萝西、稻草人、铁皮伐木工、狮子这四个人物身上本来就具备他们梦想中所拥有的能力,只是他们自己不知道,说明每个人的身上都是有潜能的,只是他们自己没有发现。

"理解2":在寻找梦想的路途中,他们的内在潜能已经被激发出来,明明知道奥兹不能给予他们这种能力,可是他们还是在接受了奥兹的赠予后才认为自己真的具备了这样的能力,非得别人给自己贴上相应的标签后才承认事实,可是实现愿望的能力不是别人给的而是来自自己,他们不相信自己。

"理解3":西方女巫怕水、怕黑,一桶水就可以把她浇化,拥有强大魔法的女巫居然如此不堪一击,而四个没有任何魔法的伙伴却能取得胜利,那是因为他们内心拥有实现梦想的执着信念,说明内心的力量才是最强大的。

以上理解"自我发现"的三个方面的内容,如何安排理解的先后顺序呢?这时,阅读学习单帮了我的大忙(如图7-2、图7-3)。

✿ **历险幻境**

多萝西来到奥兹国后,去了哪些地方?请你们小组合作绘制一张多萝西在奥兹国的历险地图。绘制的时候,千万不要遗漏任何地方和任何细节,并且注意地图绘制的方位(如右图)。

奥兹国历险地图

图7-2 《绿野仙踪》阅读学习单第二部分

✿ 秘密之塔

  仔细看看你们共同绘制的奥兹国历险地图,再联系整本书的内容,你们是否发现了历险中的秘密?把你们的发现写下来。写的时候要注意以下几点:

  1.这个秘密之塔分为三层,也就是说,你们要写出三个秘密。

  2.塔身从高到低,秘密指数也从高到低。也就是说,塔身顶部存放的是最大的秘密,另外两个秘密依次写在第二层和第三层。

  3.你们是怎么发现这个秘密的呢?请你们在书中找出相应的依据,写在每一层右侧的方框内。

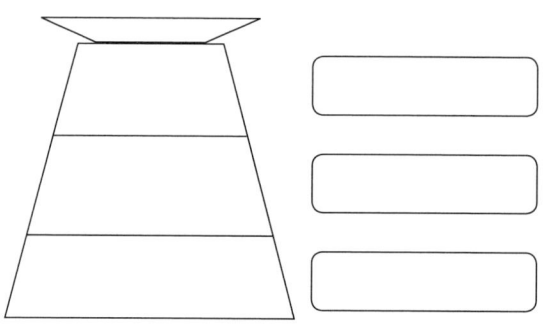

图 7-3 《绿野仙踪》阅读学习单第三部分

  该阅读学习单的填写是由小组合作完成的。从填写的阅读学习单第三部分(如图 7-3)内容中,我发现学生在关于"自我发现"理解的三个方面上呈现出来的状态是:

  "理解 1":发现这一点的小组少,不少小组关注的是人物在路途中克服的困难,但是没有涉及深层次原因分析。

  "理解 2":奥兹的秘密是孩子们最感兴趣的,几乎每个小组均涉及该内容,但是认识上有所不同,绝大部分小组认为奥兹是个骗子,个别小组认为奥兹是个普通人。

  "理解 3":有不少小组涉及,同样也只是发现了现象本身。

这就是孩子们对"自我发现"这个主题理解的起点。根据对孩子们认知、思维水平和阅读能力的了解,我按照"理解1—理解2—理解3"安排了教学内容的先后次序:"理解1"难度不大,稍加点拨就能在文本中直接发现,从较容易的内容出发让教学缓坡而上,容易让孩子们体会成功的喜悦;"理解2"是孩子们最感兴趣的,教学需要充分考虑学生的兴趣点,但是该内容需要引导孩子进行反思与思辨,而这些需要建立在"理解1"的基础之上;"理解3"抵达的是较高的理解层次,无论是人物内心世界的开掘还是本书意义的深化,没有一定的点拨孩子们无法自行领悟。

内容既定,组织什么样的教学活动能让孩子们循着教学路线图顺利抵达教学的终点呢?

一方面,可以考虑作品本身的特点,让教学活动的组织与此相得益彰。《绿野仙踪》这本书其实讲的是一个团队为了实现梦想彼此协作共同冒险的故事,因此是不是能在教学中体现小组协作呢?完全可以。从阅读学习单第一部分(如图7-4)的完成到交流课的教学互动,整个过程孩子们都是以小组为单位进行的,大家一起发力,共同面对,有分工,有讨论,这才能真正体现文学阅读的乐趣,也能彰显阅读共同体的魅力。

✿ 响亮的名字

请小组成员共同为自己的小组起一个响亮的名字,在方框内郑重地签上自己的姓名。大家共同推选一位值得信赖的组长,请组长在自己的名字上画一颗五角星。

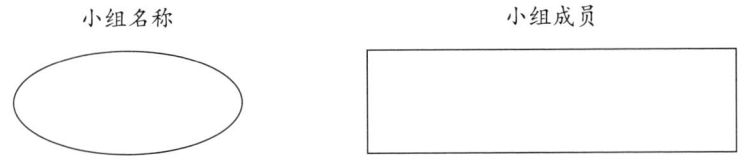

图7-4 《绿野仙踪》阅读学习单第一部分

另一方面，让学生真正成为学习的主人，一切教学活动体现为学生"学"的活动。比如，绘制奥兹国历险地图（如图7-2）出现的问题主要集中在地图方位是否正确、路线绘制是否清晰全面、地图中是否运用色彩、是否体现现实世界与奥兹国之间的联系等方面，那么教学时就可以让思考较为全面的小组来进行汇报与解说，其他小组在对比与反观中自然就会发现自己小组的问题所在，由此培养孩子们自我反思的能力。比如，关于"理解1"的交流，就可以把发现这一秘密的小组推到台前，让他们发表观点以点醒大家，同时组织孩子们以小组为单位，寻找更多的线索验证该小组的观点。比如，关于"理解2"的交流，现场就可以组织一个小小的辩论，大家各抒己见，并用书中的情节或事件加以支撑。在以上教学活动中，所有的发现、观点的碰撞、用来验证的线索等均来自孩子，而且是以小组合作的方式展现出来的。因此组织什么样的教学活动将决定孩子们理解的层次、参与交流的状态及阅读的体验。

从《绿野仙踪》阅读交流课设计的解说中，我们可以看到：

设计一节整本书阅读交流课，一定要秉持"基于儿童、为了儿童"的教学理念，应该顺应儿童的认知、情感和思维特点，了解儿童的知识储备，设想儿童理解中可能会遭遇的困难，教学应该以此为出发点，准确设定教学目标和教学内容，最终促进儿童的发展。

设计一节整本书阅读交流课，一定要组织以"学"为中心的教学活动，教师要做到：一是激发"学"，通过各种方式激发起孩子们探究的欲望；二是支持"学"，在阅读交流过程中要做到该出手的时候才出手、该出手的时候就出手，通过恰当的引领支持孩子们的学习；三是促进"学"，通过有效的教学策略与手段，促进学生走向学习目标，体会学习的快乐。

设计一节整本书阅读交流课，教师心中一定要有"两个相信"：一是相信优质的文本自有照亮孩子内心的能量，教学中不断引领孩子回到文本，让文本说话；二是相信每个孩子的学习潜能，放手让孩子们去讨论、去探究、去实践，孩子们之间的对话对于"理解"而言是弥足珍贵的。

阅读交流课的一般流程

设计一个整本书阅读交流课，教学目标和教学内容最终是要落实到一个个教学活动当中的。如何有序组织教学活动，对于一个设计者来说是一个难点。记得设计《绿野仙踪》阅读交流课的时候，我想来想去也想不到一个很好的路径和方式，那段日子除了吃饭、睡觉和正常的工作，所有的心思都毫无保留地放在了这件事情上。好在一节阅读交流课的基本流程我是谙熟于心的，这是多年来的教学实践慢慢总结出来的：

第一步，梳理故事情节。

不知你是否注意到，读完一本书后，当你问孩子们这本书讲了什么的时候，很多孩子都是一脸茫然，无从表达。孩子们陷于一个个具体的情节，无法对一本书的意义有整体建构，他们通常是读到后面就忘记了前面讲了什么。

美国认知心理学专家丹尼尔·T.威林厄姆说："阅读理解是由三个过程组成的：第一，从句中提取要义；第二，联系要义；第三，针对文本内容创建某种更系统的要义，也就是情境模型。"[1] 他认为，阅读理解首先是对一个个句子的理解，但是作为读者我们通常记住的不是原文的措辞，而是句子的大致内容，这就是"要义"。在不断阅读中，我们建立起越来越复杂的要义网络，来表征已读的文本内容，这就是"要义网"。"除了要义网，读者会对文本形成其他形式的记忆，而这种记忆代表了该文本的整体要义，描述了整体情境，被称为情境模型。""整体要义就是情境模型，也

---

[1] 丹尼尔·T.威林厄姆.心智与阅读[M].梁海燕，译.杭州：浙江教育出版社，2020：110.

就是文本所描述的整体情境。"①因此，丹尼尔·T.威林厄姆说："阅读理解并不只是每时每刻对文本内容做出的理解，还包括形成对文本内容的总体理解，而后者才会被植根于记忆中。"②

看来，梳理故事情节是整本书阅读完成后必不可少的一环，这是对一本书整体意义的建构。整本书的长篇叙事，挑战儿童对文本整体建构的阅读能力，这种能力的培养也只有在整本书阅读中才能实现。借此，可以帮助孩子们获得更抽象的故事发展路线图，以便他们接下来从不同角度来思考文本内容，获得更富有见地的理解。

第二步，围绕主题展开话题讨论。

主题是讨论的核心，每次讨论都要聚焦主题。"如果没有聚焦，讨论就会变成泛泛而谈，参与者也意识不到发生了什么。"③主题也是讨论要抵达的终点，为了到达终点，我们应为孩子们提供更多思考与讨论的支架，这就需要一个个话题作为支撑。可以说，主题体现的是方向，话题落实的是路径。

第三步，推荐阅读，进入新的阅读循环。

一翻开《打造儿童阅读环境》，我们就可以看到一张阅读循环示意图（如图7-5）④：

---

① 丹尼尔·T.威林厄姆.心智与阅读[M].梁海燕，译.杭州：浙江教育出版社，2020：123.
② 丹尼尔·T.威林厄姆.心智与阅读[M].梁海燕，译.杭州：浙江教育出版社，2020：110.
③ 乔·尼尔森.关键在问：焦点讨论法在学校中的应用[M].屠彬，译.任伟，校.北京：教育科学出版社，2016：43.
④ 艾登·钱伯斯.打造儿童阅读环境[M].许慧贞，译.北京：北京联合出版公司，2016：2.

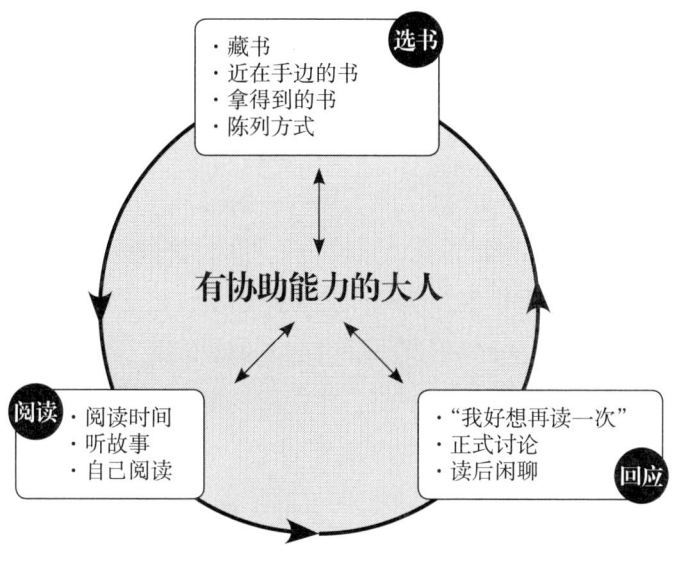

图 7-5　阅读循环示意图

整本书阅读交流课就属于图中的"回应"这个环节。一次交流的结束，也意味着下一次阅读的开始，向孩子们推荐阅读相关书籍，从而开启一个新的阅读循环。

梳理故事情节有办法

如何梳理故事情节？是否硬生生地问孩子这本书讲了什么，或者出示一个填空题让孩子们根据提示按部就班地说一说？很显然，这都是阅读单篇文章时概括主要内容所用的方法。用这些方法说说一本书讲了什么，孩子们会感到无从下手。怎么办？方法很多。目前很多老师热衷于用思维导图来梳理故事情节，但这种方法并不是"包治百病的灵丹妙药"。每本书都是拥有独特生命的，用千篇一律的方法对待不同的文本，本身就是不合适的。那么，怎么来梳理一本书的故事情节呢？

方法1：利用故事地图

《一年级大个子二年级小个子》是日本著名儿童文学作家古田足日的作品。一年级大个子是个男孩，名叫正也，他胆子很小，爱哭鼻子；二年级小个子是个女孩，名叫秋代，她坚强、勇敢。他们之间发生了许多好玩的故事。为了给秋代找到紫斑风铃花，正也一个人步行到很远很远的树林，一路上他害怕、犹豫，甚至想哭，但他一直坚持走着，终于走进树林，摘到了美丽的紫斑风铃花。秋代带着正也的妈妈四处寻找，几经周折，他们找到了正也。秋代找到正也的那一刻，他们都觉得自己一下子长大了许多。

一翻开这本书就会看到一幅故事地图（如图7-6）。地图清晰呈现了正也、秋代生活、学习、玩耍的各个场景。图上的哪些地方留下了他们之间的美好故事？利用这个问题将故事的内容做一个梳理和回顾，就能够理解正也寻找紫斑风铃花的原因。可见，故事地图给孩子们提供了一个很好的学习支架。

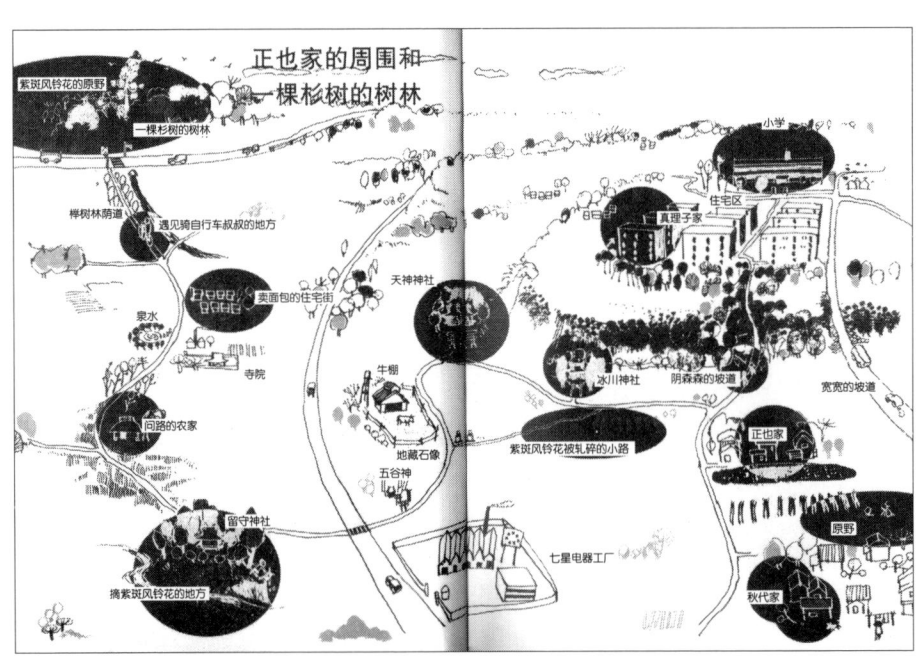

图7-6 《一年级大个子二年级小个子》故事地图

第四讲中提到的《我的妈妈是精灵》这本书里也有一幅故事地图（如图7-7）。梳理故事情节的时候，我请孩子们一边看图一边做两件事情：一是介绍图中出现的关键人物和关键地点，回忆关键地点之间的联系和在此发生的故事；二是根据这幅图简单讲述故事的大致内容。充分利用故事地图，梳理故事中人物的活动路线，由此建立人物之间的联系，从而把握整个故事的基本内容。

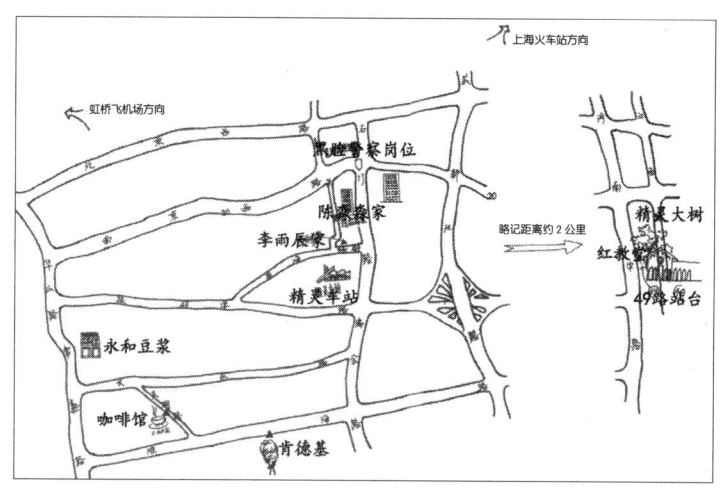

图7-7 《我的妈妈是精灵》故事地图

从上面的两个案例中可以看出，教师利用故事地图，既帮助学生梳理了故事情节，又了解了学生整本书的阅读状况，还有效地指导了学生如何将故事地图与文字结合起来进行阅读，从而领会阅读整本书的相关策略。

方法2：绘制故事地图

翻开一本书，书中没有现成的故事地图。怎么办？可以让学生来绘制。故事地图，听上去好像类似于思维导图，但是又比思维导图更具有图像化的特点。将人物的变化、故事的推进等用图画语言表达出来，也是一个不错的选择，"故事地图，能够帮助学生内化故事的元素，提高阅读和书写故事的能力"①。

绘制一本书的故事地图，要向学生说清楚具体的任务是什么，有什么具体的要求，带着任务和要求去绘制更有方向感。

比如，前面提到的《绿野仙踪》这本书，就可以让孩子们绘制一张多萝西在奥兹国的历险地图。历险地图究竟如何绘制？任务中已经明确：要能通过这个历险地图看到多萝西来到奥兹国以后去了哪些地方，而且每个地方都不能遗漏；绘制的时候还要注意方位问题，为此阅读学习单中已经为孩子们清楚地标注了方位。比如，《战马》这本书讲述了一匹名叫乔伊的农用马在第一次世界大战中走上战场成为一匹战马的故事，那就以乔伊参加战争为线索进行绘制，要求能在故事地图中标示出乔伊曾经去过哪里，主人分别是谁，主人更替的原因大致是什么。又如，《时间的折皱》是一部科幻小说，讲述了梅格为了寻找失踪的爸爸而展开星际旅行的冒险故事，那就请学生绘制一张梅格时空大冒险的故事地图，标注清楚梅格去过什么地方，看到了什么和遭遇的困境。这几本书有一个共同的地方，都是主人公离家旅行或冒险的故事，类似这样的儿童文学作品就可以根据主人公的经历绘制故事地图。

当然，也可以根据主人公的成长阶段绘制故事地图。《小鹿班比》讲述了一只名叫班比的小鹿从出生到成年，在险象环生的森林里运用生存的智慧成长为鹿王，最终走向生命终点的故事。小说呈现了小鹿班比成长过程中的几个重要阶段，那么就以此为线索来绘制故事地图：小鹿班比的成长经历了哪些阶段？请为小鹿班比的成长画一张图，这张图可以是一张表格，可以是一条线段，也可以是一种图形（圆形、方形等），不管是什么图形，千万不要忘记标注出小鹿班比成长的几个重要阶段。学生绘制的故事地图（如图

---

① 格兰特·威金斯，杰伊·麦克泰格.追求理解的教学设计：第二版[M].闫寒冰，宋雪莲，赖平，译.上海：华东师范大学出版社，2016：30.

7-8、图7-9）充分体现了其对故事的理解——

我画的是一棵竹子。因为小鹿班比刚开始成长的时候很无助，所以是从竹笋开始长的，然后每过一个阶段它都会长高一节，到它长到顶端的时候，它的颜色就会变得很深。当它的生命到达壮年的时候，它的叶子长了出来。最后死亡的时候，它叶落归根，又重新回到了出生的原点。

——五年级学生　沈忱

图7-8　学生绘制的《小鹿班比》故事地图1

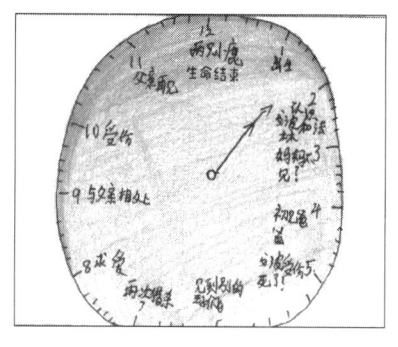

我画的是一个钟面。1点就代表它的出生，然后顺时针旋转到12就代表生命的结束。之所以这么设计，是因为我感觉人生就像一天一样，晚上就代表死亡。

——五年级学生　周景怡

图7-9　学生绘制的《小鹿班比》故事地图2

　　也可以根据主人公成长中的关键事件绘制故事地图。比如，《总有一天会长大》讲述了一个瘦小懦弱的小男孩约根成长的故事。和《小鹿班比》不同的是，这个成长故事发生在一个暑假里。短短的暑假发生了很多事情，所有事情的发生都推动着人物的变化，促成了约根的成长。那么不妨让学生根据小说中的关键事件来绘制故事地图：用一个图形或者一个线条表示约根的成长与变化，并且在这个图形或者线条上标注出约根成长的标志性事件。

还可以根据故事的时间线来绘制故事地图。儿童文学作品中故事发生发展的时间线，往往会被只关注情节的孩子们忽视。有时紧扣时间线就可以将故事完整、清晰地呈现出来，起到"提领而顿，百毛皆顺"的效果。比如，《永远讲不完的故事》这部幻想小说中就隐藏着一条时间线，当巴斯蒂安在学校的阁楼上阅读《永远讲不完的故事》时，作者一直用阁楼上的钟声暗示读者，现实世界中的时间在一点点流逝，而对应的幻想世界中阿特雷耀正在为寻找拯救者而经历一个个艰难险阻。如果能通过故事地图将现实世界和幻想世界彼此呼应起来的话，那么孩子们对于小说内容的理解，对于幻想小说的特质，就会有一个非常清晰的认识。

方法 3：用好目录

目录的作用不仅仅在导读课上发挥，在交流课上巧妙地运用目录，可以帮助学生梳理故事情节。所以读完一本书后回望目录，充分利用作品本身的叙事结构来梳理故事情节，是一个非常好的阅读策略。

首先，我们可以将目录的内容结构化。比如，《雪地寻踪》这本书中有一个故事叫《大山猫传奇》，讲述了一只名叫木尔索克的大山猫和守林老人安德雷奇之间的故事。木尔索克小时候被安德雷奇收养、照料，在茫茫的丛林里他们彼此相依为命。有人知道安德雷奇收养了一只凶猛的大山猫后立刻起了坏念头，用无耻的手段将木尔索克圈养在动物园里，成为自己牟利的工具。安德雷奇千辛万苦找到了动物园，悔恨与伤心促使他打开了关闭木尔索克的笼子，使之得以逃脱。于是木尔索克踏上了逃亡之路，历经千辛万苦重返丛林，可是它没有忘记关心怜爱自己的老人安德雷奇，时不时从丛林里带来吃的放在老人家里。直到老人离世后，木尔索克才潜身到森林深处。

如何理解"传奇"，运用好目录就能让孩子们直观地感受到。根据讨论，孩子们将内容进行合并，总结出故事中大山猫的生活地点发生了很多变化，由此理解它"传奇"的经历。这样，利用目录稍加整理提炼，故事发展的结构线索便一目了然。单线结构的作品都可以采用这种方式将内容结构化。（如图7-10）

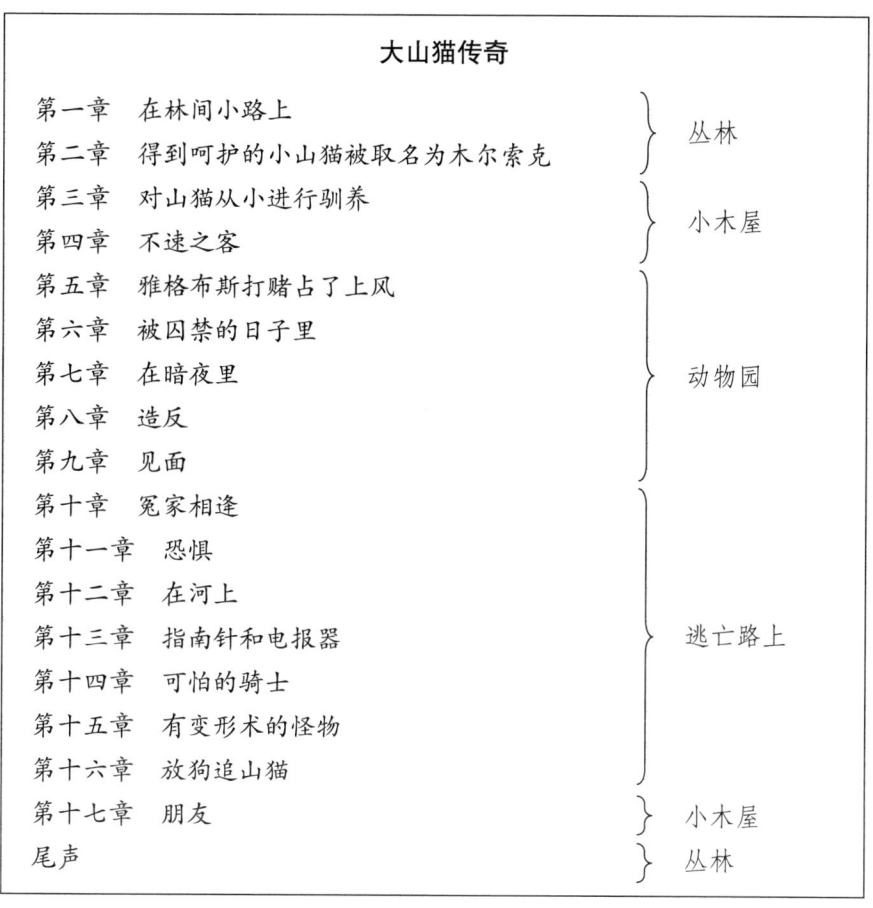

图7-10 《大山猫传奇》故事结构图

其次，我们可以利用目录回忆作品的大致内容。《草房子》是大家再熟悉不过的儿童文学作品了。这部作品的叙事结构是珠串结构，以一条轴心集合所有的短篇，但各短篇之间彼此仍有关联。一起来看看《草房子》这本书的目录（如图7-11）。回望目录可知，这本书就是桑桑小学六年生活的回忆。那么我们就可以循着这样的思路梳理情节：一是了解桑桑回顾了哪些人、哪些事；二是引导学生发现这本书目录的特点（没有出现主人公桑桑或其生活地点）并探究其中的原因。这样回顾了书中内容，同时对作者创作的特点也能有所领悟。类似的作品，比如《城南旧事》，也可以问问孩子每个故事的主角是谁，故事中的英子大概是什么年纪，由此得出这本书描写了英子6—12岁的童年生活，是一本通过小孩子的眼睛看大人的世界、洞察社会人情冷暖的书。

> 《草房子》目录
> 第一章　秃鹤
> 第二章　纸月
> 第三章　白雀（一）
> 第四章　艾地
> 第五章　红门（一）
> 第六章　细马
> 第七章　白雀（二）
> 第八章　红门（二）
> 第九章　药寮
>
> 图7-11

　　再来看看一些作品的目录，这些书的目录很特别。比如，《战马》和《不老泉》都没有章名，其中《不老泉》主干部分即第一章至第二十五章，都没有分列。而经典童话《小王子》居然连目录页都没有。书籍的空白处就是最佳的教学资源，可以让孩子们在读完书后基于对作品的整体认识拟定目录。目录的拟定，可以循着一定的思路展开，也可以对孩子们的文字表达提出明确的要求。比如，《不老泉》这本书讲述了温妮"在家—离家—回家—再离家—又回家"的成长历程，那就以"温妮身在何处"为线索来拟定章名。《小王子》这本书就可以小王子来到的星球或遇到的人和事为线索来拟定章名。当然也可以让孩子们根据自己的想法自行拟定目录，然后进行比较，在对比中领悟拟定目录的妙趣。

```
┌─────────────────────┐      ┌─────────────────────┐
│    《战马》目录      │      │   《不老泉》目录     │
│  作者的话           │      │  序幕                │
│  第一章             │      │  第 1 章—第 25 章    │
│  第二章             │      │  尾声                │
│  第三章             │      │                      │
│  ……                │      │                      │
│  第二十一章         │      │                      │
└─────────────────────┘      └─────────────────────┘
      图 7-12                       图 7-13
```

方法 4：用好书中插图

一本书就是一个宝。梳理故事情节，有时我们不必寻求外部支架，可以充分挖掘书中的资源。一般而言，书中或多或少都会有一些插图，这些插图可以用来梳理故事情节。

比如，《长袜子皮皮》这本书一共有 25 章，每一章都是以讲述事件为主，而不是以塑造人物为主；而且故事都相对独立，彼此之间几乎没有什么因果关系。在每一个故事中，皮皮、杜米、阿妮卡都会玩各种各样的游戏。那就以插图作为引子，让孩子们回忆三个小伙伴所做的各种游戏。在愉悦的氛围中，既帮助学生梳理了故事情节，又凸显了这本书所展现出来的游戏精神。

再比如，《了不起的狐狸爸爸》，它主要讲述了狐狸爸爸和三个农场主之间的战斗，书中精美的插图展示了这几次战斗。如果让低年级的小朋友来梳理故事情节的话，那最好的办法就是利用好书中的插图。可以先让孩子说说自己印象深刻的一次战斗，借机出示几幅插图；然后让他们根据自己的记忆，按照故事发展的先后顺序重新排列插图；再采用"故事接龙"的游戏，讲一讲每幅插图的大致内容：梳理故事情节的任务就这么轻松愉快地完成了。

这种梳理故事情节的方法,一般在低年级孩子阅读的儿童文学作品中运用较多,一些故事线索较为简单的中年级孩子阅读的作品中也可以运用这种办法。因为读者对象年龄较小,阅读的书籍中有大量的插图才能激发起他们的阅读兴趣,而善用图书资源能带来事半功倍的效果。

方法5:创设、模拟情境

还有一种方式比较适合低年级孩子梳理故事情节,那就是创设、模拟故事情境。模拟故事中的情境,将孩子们代入其中,并让他们产生一种"我在场"的感觉,这种游戏化的方式可以让孩子们在欢乐的情境中不知不觉地回忆起故事内容。

比如,《豆蔻镇的居民和强盗》就是一部非常有意思的童话,故事里豆蔻镇上的居民欢乐的生活当中也有一些烦恼,那就是小镇郊外住着三个强盗,他们时常到镇上偷窃。其实这三个强盗一点也不凶狠,他们只是偷一点吃的东西,他们很羡慕镇上居民可以坐电车,可以参加游艺会。一次偷窃被抓后,警长巴士贤和太太用他们的善良感化了三个强盗,最终他们在镇子上找到了可以为大家效力的工作,成了豆蔻镇的居民。作者将故事背景设置在一个有点隔离感的小镇,将现实生活理想化、游戏化,创造出一个亦真亦幻的童话情境,梳理故事情节时就可以最大限度地利用作品的这一特点:

> 1. 教师导入:据说豆蔻镇离我们这里很远,是一个很小的地方,除了你和我,谁也不知道它。好神秘的小镇,咱们今天就走进去瞧一瞧,嘘,别让别人知道。

> （出示豆蔻镇的贴图）豆蔻镇到啦！喏，这就是豆蔻镇。我们乘坐镇子上的电车去转一圈？豆蔻镇的人们可是非常守秩序的，我们也要跟他们一样，坐电车的时候我们也要一个跟着一个。
>
> 好吧，就让我们坐上电车，在豆蔻镇上转一圈吧！
>
> 2. 出示《在豆蔻镇的电车上》，教师以说唱的方式读一读、唱一唱歌词，并且敲着铃鼓带着学生围着教室走几圈。
>
> 3. 你有没有发现，豆蔻镇其实是个很特别的地方？特别在哪里呢？
>
> 4. 在这个特别的小镇上，生活着一些居民，刚刚你都遇到了谁呢？他们正在干什么呢？

方法6：运用表格

这是一种最简单、最朴素、最实用的方法，却被我们忽视了。在追求各种各样新颖的形式时，运用表格梳理故事情节，无疑是返璞归真。

表格的设计一定要遵循故事本身的讲述逻辑，同时要与接下来围绕作品进行的对话息息相关，这样才能发挥表格最大的效用。

《爱丽丝漫游奇境》是一部非常经典的儿童文学作品，但是也有很多成年人看不懂，孩子们大多数也只是因为故事的离奇而喜欢这本书。其实故事在荒诞的表象下面，隐藏着一条逻辑清晰的主线，即爱丽丝的成长和身份认同，而爱丽丝的成长又是在不同的空间进行的，因此小说中的空间叙述和空间意象与爱丽丝的身份认同过程有着紧密的联系[1]。如何让孩子们发

---

[1] 陈蓉蓉.《爱丽丝漫游奇境记》的空间意象和身份认同[J].青年文学家，2022（3）：63.

现故事中隐藏的这条成长主线？表格的设计要能将看似杂乱的故事内容条分缕析地呈现出来，要能为孩子们的后续发现提供支架，同时也要为接下来的对话讨论做好充分的准备。（如表 7-1）

表 7-1 《爱丽丝漫游奇境》情节梳理表格

阅读《爱丽丝漫游奇境》后，我们会发现，掉落到兔子洞以后，爱丽丝的身体一直在变化，一会儿变大一会儿变小。这样的变化发生在什么地方，变化的原因是什么？变化后的爱丽丝遇到了什么问题？请你试着用表格来梳理一下。

次数	身体的变化	变化的地点	变化的原因	变化后遇到的问题

首先，需要让孩子们关注爱丽丝的身体有哪些变化，在"身体的变化"一栏中要能说明是"变大"还是"变小"，以及具体变化的尺寸；其次，要关注每次变化的地点究竟在哪里，而这些空间意象与爱丽丝的身份认同有着密切的联系；再次，要关注每次变化的原因究竟是什么，被动之变与主观之变和作品的"成长"主题是紧密相关的；最后，还需要了解变化后遇到的问题，这些问题的变化及其背后的原因也跟爱丽丝的成长不无关系。所以，看似简单的一个表格，其实背后是隐藏着玄机的。

用表格来梳理故事情节比较适合于高年级学生，因为紧接着填表之后就是发现、归类、整理与提问，这需要调用更为复杂的思维。

除了以上介绍的几种方法，还有一些方法可以帮助孩子们来梳理故事情节。比如，利用书名，像《查理和巧克力工厂》只需引导学生根据故事内容将题目中的"和"换成另外三个词语，就可以把这本书的内容做结构化处理了。比如，梳理人物关系，像《佛兰德斯的狗》这种人物较少且关系简单、主要事件都是围绕人物展开的儿童文学作品，通过梳理人物关系，并用一个词语提炼出人物之间发生的主要事件，就能展现作品的大致内容。

主题·话题·问题

整个读书会就是一场酣畅淋漓的对话，对话应该贯穿阅读交流的始终。梳理故事情节时需要对话，接下来的"围绕主题进行话题讨论"环节也需要对话，而且是深层次的对话。在这一环节，讨论的质量很大程度上取决于对"主题·话题·问题"的理解与设计。

讨论要围绕一定的"主题"展开，没有主题的泛泛而谈，不可能进入深度阅读，也会让整个读书会缺乏方向感，参与者会觉得索然无味。为了让讨论最终抵达对"主题"的理解，需要设计环环相扣、不断深入的"话

题"。沿着"话题"拾级而上,每一步进阶都依赖于对一个个"问题"坚实稳健的探讨来实现。(如图 7-14)

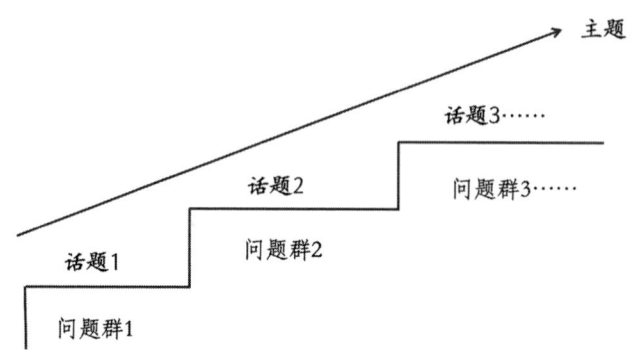

图 7-14 "主题·话题·问题"关系图

确定主题

第四讲中我们曾经谈到,在整本书阅读(共读)课程实施的准备阶段,教师需要仔细解读一部作品,而解读作品的时候首先可以问自己一个问题:这是一本关于什么的书?这个问题指向的就是作品的主题。

一部优秀的儿童文学作品一般都会有丰富的内涵,不同的读者会从不同的角度读出不同的意义。还是以《绿野仙踪》为例,很多老师读到的主题就不一样,大概涉及这样一些关键词:善与恶、友情、诚实、信守诺言、同情、智慧、爱、勇气、信念、家、坚持、团结、合作、成长、梦想……作品的丰富性和多义性可见一斑。可是对一本童书的交流讨论,需要把这些内容一一探讨个遍吗?很显然,这是做不到的,也不需要做到。作品的主题不一定就是讨论的主题,但是讨论的主题一定来自作品本身。那么怎么确定讨论的主题呢?

王荣生教授认为:"阅读取决于两个方面:一是阅读主体(读者),二是阅读对象(语篇)。只有在阅读主体(谁阅读)和阅读对象(阅读什么)

的关联中,才能谈论阅读活动和阅读能力。"[1]（如图 7-15）在谈论如何确定交流的主题时,我们就可以从阅读主体和阅读对象这两个角度来思考。

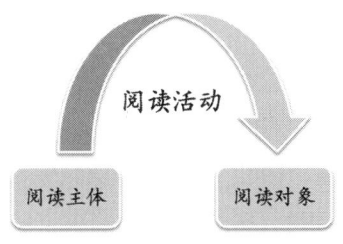

图 7-15　阅读取决于两个方面

从阅读对象的角度来看,作品所呈现的主题丰富多样,我们需要思考:通过交流课希望孩子能从这本书中读到什么以及能达到什么样的阅读程度。就像前面所谈到的《绿野仙踪》交流主题的确定,就可以给你提供一个思考的方向。你会发现,在"成长中的自我发现"这个主题的探讨中,也涉及诸如梦想、合作、善与恶等其他主题,看来找到最核心的主题,可以带动对相关主题的讨论,从而让整个讨论更具有宽度和厚度。从阅读对象的角度来说,如何找到这个最核心的主题,可以从作品反复暗示、不断重复的相关内容中去挖掘,可以从阅读这本书怎么也绕不开的、必须去面对的主题入手,还可以从这本书独特的文本内容和表现形式这个角度来考量。

从阅读主体的角度来看,在以学习深度阅读为旨归的阅读活动中,阅读者已具备的阅读经验和背景知识是影响讨论主题确定的重要因素。讨论的目的是要达成对主题的理解,而阅读理解受限于阅读者现有的阅读经验和背景知识。只要对某一个主题的探讨超越了阅读者的可接受范围,那么都不会产生真正的讨论,也不会达成对主题的理解。

确定讨论的主题,需要将以上两点结合起来进行考量。作为教师,我们

---

[1] 王荣生.阅读教学设计的要诀[M].2版.北京：中国轻工业出版社,2021:2.

一方面要深入研读作品，另一方面要充分考虑孩子们现有的阅读水平，以及他们对这个主题的可接受性。只有这样，才能组织起适宜的阅读活动。

一节整本书阅读交流课一般涉及一个主题的讨论。当然，一本书的含义是丰富的、多向度的，如果要用几节课开展多个主题的阅读交流活动的话，那么还需要考虑讨论的主题之间的关联性。首先要整体设计讨论的不同主题，虽是不同的主题，但它们之间也是有机联系在一起的，要能看到彼此之间的联系。其次要充分考虑主题的层递性，上一个主题的探讨最好能服务于下一个主题的交流，逐步呈现走进作品的多维视角和多个面向。比如，围绕《柳林风声》这本书，我们可以跟孩子们探讨三个主题：友谊、家园、冒险。如何安排主题讨论的次第呢？还是从阅读主体和阅读对象的角度来看，从孩子们熟悉的也比较容易理解的主题进入，是最好的选择。很显然，"友谊"应该作为第一个交流的主题，这是孩子们在阅读文本的时候能直接且深切感受得到的，这也与他们的现实生活息息相关。接下来可以探讨的是"家园"主题，这个主题相较于"友谊"有一点难度，是孩子们在阅读中有点感觉但是感受不深，且生活中也较少能自我觉察的内容。故事从鼹鼠的离家开始，它参观了河鼠的家，并在河鼠的带领下去参观朋友老獾的家；在返回的途中，鼹鼠的身体和灵魂都强烈地感受到了家的召唤，于是在河鼠的支持下回了一趟自己的家；后来他们又相互协作，帮助好朋友蟾蜍夺回了蟾宫。所以你会发现"家园"和"友谊"在这本书里密不可分，借由"友谊"这个主题进入对"家园"的探讨，一切都是那么自然、有序。与鼹鼠、河鼠、老獾坚守森林这个共同的家园不同的是，蟾蜍始终有一颗不安分的心，他一次次地离家，最终离家越来越远，走上了冒险之途，即便是在朋友帮他夺回蟾宫之后，他内心深处"冒险"的种子还在蠢蠢欲动。蟾蜍该不该去"冒险"，如何看待"冒险"与"回家"的辩证关系，这是由作品生发出来的更深层次的探讨。基于对"家园"主题的理解,再进入第三个主题"冒险",所有的讨论才会有坚实的依靠。

设计话题

前面提到的《一年级大个子二年级小个子》一书的阅读交流,通过故事地图帮助学生梳理了故事情节之后,紧接着是利用故事地图中正也和秋代走过的"路",围绕"成长"主题展开了以下话题讨论:

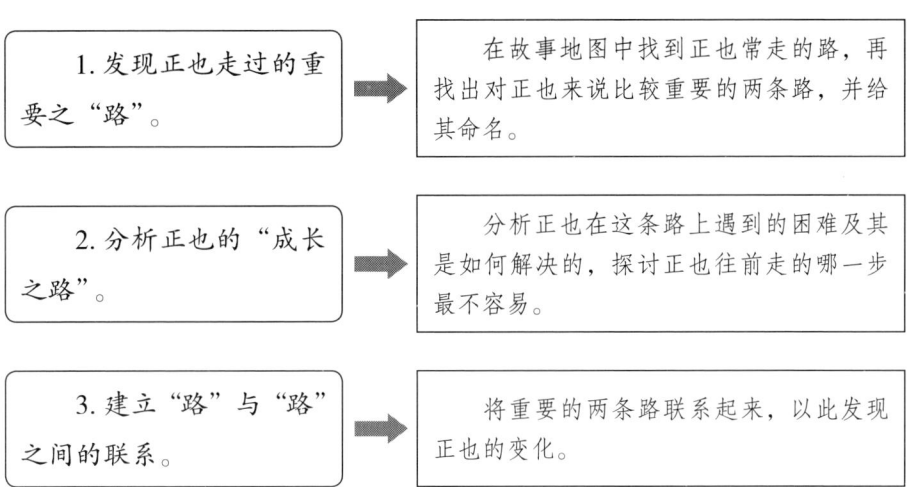

你发现了吗?这三个话题提出了讨论的方向、明确了讨论的路径和任务,将讨论逐层深入。为什么在整本书阅读交流中,推动主题探讨用的是"话题"而不是"问题"呢?

什么是"话题"?《现代汉语词典(第7版)》中的解释是:谈话的中心。在整本书阅读交流的场景下,一个话题就代表着一个讨论的中心,若干话题的连缀组成了一次较大规模的讨论。从中可以看出,话题具有一定的整合性,它代表着一定时空内大家讨论的核心;话题具有一定的开放性,以话题为中心,思维可以有更多面向的延宕;话题具有一定的自由度,对于讨论来说,它给予了参与者更多的自由发表意见的空间。这些特点都更能满足整本书阅读交流的需要。

再看看前面列举的三个话题，跟问题的表述方式完全不一样。话题的表述方式，可以是问句，也可以是陈述句。无论什么表述方式，都对讨论的方向、范围有所限定，话题内可以展开交流的空间是阔大的。比如，第二个话题——分析正也的"成长之路"，只是提出了讨论的中心内容，围绕这个中心如何展开并没有具体涉及，这是需要通过一个个问题来达成的，也就是图7-14中的"问题群"，充分说明话题给讨论留足了空间。

在与很多老师的接触和交流中得知，大家对如何设计话题困惑颇多。我们可从以下两个方面展开思考：

第一，从主题出发，必须探讨的内容是什么？这个问题有助于我们厘清主题与话题之间的关系。纪伯伦说，也许我们走得很远的时候，总是忘记我们为什么出发。我们一股脑儿扎进话题设计的深潭后，逐渐会在一片混沌中迷失方向。这时候，我们需要往后退一步，问问自己设计话题的初衷是什么，那就是达成对主题的理解。所以话题设计要紧扣主题，万变不离其宗即是如此。

既然是要达成对主题的理解，那么围绕主题必须探讨的话题是什么呢？这就好比我们已经明确了目标、方向，现在需要进一步知道必须得经过哪几个地方才能到达终点。显然，孩子们目前所处的理解水平和我们希望他们达到的理解水平之间是有距离的，我们要为他们提供一些讨论作为支撑，而这就是话题。

比如，《一年级大个子二年级小个子》这本书探讨的主题是"成长"，再说具体一点就是"如何战胜自己获得成长"。成长是一条路，这本书已经向读者多次暗示了关于"成长"的隐喻。从"路"出发来设计话题就可以直抵理解的核心。所以第一个话题就是引导学生发现"路"，明确正也成长中的重要之路，由此找到通向主题理解的路径；接着，第二个话题聚焦到最终促使正也发生变化的"成长之路"，分析正也在这条路上经历的困难及其解决问题的办法,将对"成长"的理解具象化;当正也经历了"成长之路"再去看"上学之路"时也就不那么害怕了,因此第三个话题聚焦于两条路之间的联系,让学生对"成长"的理解更加系统化。

三个话题都是紧扣主题展开的,其中第二个是最重要、最核心的话题,也是作品花了很多笔墨展现的内容,正是在这条路上正也战胜了自己内心的怯懦,发生了蜕变,这是整个作品的高潮部分。关于"成长"主题的探讨,这部分内容是不可以绕开的,因此话题必须在此生成。但是如果在讨论一开始就冒冒失失地进入这个核心话题,既无法关注整个作品的内容本身,也无法使学生基于整个作品展开思考,还有可能因为急于把学生带到讨论的深处而令他们无法适应,因此必须安排一个讨论的支架,那么第一个话题就产生了。在对第二个话题有了深入探讨后,可以顺势而为构建学生对整本书的系统理解,这才有了第三个话题。三个话题依次呈现,一步一步地实现了对主题的理解。

第二,从学生出发,围绕这个主题,他们能看见什么?不能看见什么?不能看见的是否都要让他们看见?如何让其慢慢看见?不要被这一连串问题吓住。回顾图7-15,你就会意识到,刚刚我们思考的问题,更多的是从阅读对象的角度展开的,而现在面临的一连串问题都是围绕阅读者展开的,所以整本书阅读交流活动的开展有赖于教师对阅读对象和阅读主体的深入认识和体察。

孩子们受限于自身的阅读能力和知识背景,对于"主题"的理解一般处于较为浅层次的、零散的状态,还没有建立起情境模型,当他们独立面对作品时,很多东西是他们不能看见的,而教学的意义就在于让他们学会看见。作为教师需要知道:

围绕主题,他们能看见什么不能看见什么,也就是他们能理解的是什么,理解到了什么程度,没有理解的又是什么,这样才能很好地把握讨论的起点。对学生学习起点的预判，将决定话题的设计与讨论的展开。比如，对于《一年级大个子二年级小个子》中提到的"路"，三年级的孩子在阅读时只关注情节本身，不会特意留意"路"，也无法抽象出"路"的概念，更无法体会"路"的隐喻。因此设计的第一个话题就侧重于"发现"正也走过的重要之"路"，让"路"的概念在他们的脑海中凸显、清晰起来。

围绕主题，学生不能看见的是不是一定要让他们看见？很显然，这是不一定的。如果孩子的能力够不上，可以选择放弃，教师不要让学生做勉为其难的事情。如果孩子的能力够得上且经教师点拨后能达成理解，那么可以让他们学习慢慢看见。至于如何做，这需要根据具体的班级和具体的学生来考量。不同班级的学生，阅读的基础是不一样的，同一个班级的学生也呈现出不同的阅读水平，在寻找学习起点的基础上循序渐进地呈现话题，自然就会守得云开见月明。

从以上两个方面来思考话题的设计，如果一个话题既是理解主题的关键，又是学生理解的盲区，且学生通过努力能够达成理解，那么我们基本上就可以将这个话题确定为讨论的核心，在此基础上延展出其他话题，为核心话题的讨论做好充分的准备和适度的拓展，从而体现话题的层递性。

当然，这两个思考的维度还是教师设计的维度，其实有的时候我们也可以让学生贡献话题。不要认为不可能，还记得前面提到的"设计一节整本书阅读交流课"，教师心中要有"两个相信"吗？其中一个就是要相信每个孩子的学习潜能。举个例子，《绿野仙踪》的第三个话题是聚焦于"西方女巫"这个人物的，由此达成对"自我发现"第三层次的理解。孩子们在阅读单中提出了"女巫的秘密"，说明他们已经意识到女巫有软肋，但是还没有上升到对于主题的理解，这时教师顺着孩子们的发现因势利导，就可以抵达"理解3"。所以，每次孩子们完成阅读单时，我都会在最后安排一个内容：提问，提出有讨论价值的问题或自己的困惑。当你找不到合适的话题时，孩子们提出的问题往往能激发你的灵感，你就可以在整合问题的基础上提出一个高质量的话题。

当然，设计的话题并不是越多越好，三个左右为宜，话题所具有的整合性、开放度和自由度，已经能提供足够的讨论空间了。

提出问题

一个话题提供了足够的讨论空间，那么在这个空间里如何将话题的讨论真正落到实处，以达成对主题的理解呢？最后还是要落实到一个个问题上来。对于整本书阅读交流来说，不少问题事先无法预设，因为话题讨论的空间为参与者提供了发表意见的自由，教师无法预知。这是不是意味着不需要提前设计问题呢？那当然不是的。话题的存在已经确定了基本的讨论方向，问题的设计沿着这个方向走不会错。

艾登·钱伯斯在《说来听听：儿童、阅读与讨论》这本书中把问题分为三种类型：基本问题、概论性问题、特定问题。基本问题就是那些类似于"喜欢不喜欢""哪里让你困惑不解"等对了解文本有直接帮助的问题。概论性问题就是那些放之四海而皆准的问题。比如，在读这本书之前，你想过它会是怎样的一本书吗？读完后，感觉怎么样？和当初的预期有什么出入？等等。特定问题是尊重文本独特性的个性化问题，因为每一本书在遣词造句、表现形态、内容上都各有特色，这些特色造就了一本书之所以不同于另一本。[①]

在这三种类型的问题中，"基本和概论性问题可在讨论任何文本时提

[①] 艾登·钱伯斯. 说来听听：儿童、阅读与讨论 [M]. 蔡宜容，译. 北京：五洲传播出版社，2011：116-128.

出，提出这类问题的时机也很容易判断"①。如果你在整本书阅读教学方面是一位新手的话，可以不用考虑交流的主题和话题是什么，从基本问题和概论性问题入手，就可以让孩子们轻松交流起来。但是渐渐你会发现，总是这么交流，孩子们和自己都会兴味索然，因为基本上是泛泛而谈，无法获得对作品的深度理解，也就不会感受到阅读的乐趣。接下来你肯定会想着去设计一些特定问题，"特定问题的运用就比较复杂，牛头不对马嘴的问题说不定会让读者对讨论打退堂鼓；教师要事先想好哪些特定问题与讨论的文本相关"②。指向文本本身的问题，有助于加深孩子们对作品的理解，但是有可能因为缺乏整体设计而显得比较零散，所以最终你会想着围绕一定的主题，沿着话题的方向来提出问题，让讨论有序展开。这一步步的进阶，是经验的累积，也是自然而然的选择。

关于特定问题的设计，我们可以参考焦点讨论法。乔·尼尔森在遵循人类认知的内部过程即"知觉—反应—判断—决定"的基础上提出焦点讨论法，这一方法依次涉及四个思维层面（具体如下）：

> 客观性层面（Objective）：处理信息和感官的觉察；
> 反应性层面（Reflective）：有关个人的反应和联想；
> 诠释性层面（Interpretive）：关于意义、重要性和含义；
> 决定性层面（Decisional）：关注解决方案。③

---

① 艾登·钱伯斯.说来听听：儿童、阅读与讨论[M].蔡宜容，译.北京：五洲传播出版社，2011：121.
② 艾登·钱伯斯.说来听听：儿童、阅读与讨论[M].蔡宜容，译.北京：五洲传播出版社，2011：121.
③ 乔·尼尔森.关键在问：焦点讨论法在学校中的应用[M].屠彬，译.任伟，校.北京：教育科学出版社，2016：3.

下面我们结合《一年级大个子二年级小个子》整本书阅读讨论路线图（如图7-16）做详细说明。

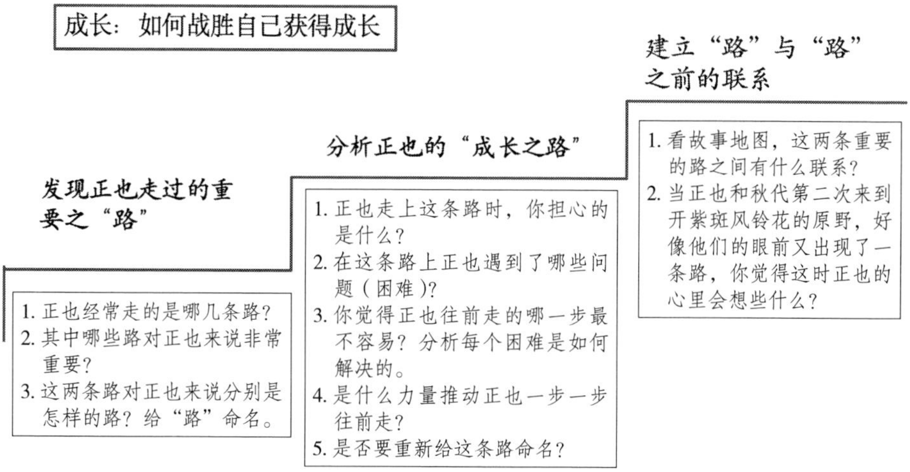

成长：如何战胜自己获得成长

发现正也走过的重要之"路"
1. 正也经常走的是哪几条路？
2. 其中哪些路对正也来说非常重要？
3. 这两条路对正也来说分别是怎样的路？给"路"命名。

分析正也的"成长之路"
1. 正也走上这条路时，你担心的是什么？
2. 在这条路上正也遇到了哪些问题（困难）？
3. 你觉得正也往前走的哪一步最不容易？分析每个困难是如何解决的。
4. 是什么力量推动正也一步一步往前走？
5. 是否要重新给这条路命名？

建立"路"与"路"之前的联系
1. 看故事地图，这两条重要的路之间有什么联系？
2. 当正也和秋代第二次来到开紫斑风铃花的原野，好像他们的眼前又出现了一条路，你觉得这时正也的心里会想些什么？

图7-16 《一年级大个子二年级小个子》讨论路线图

第一，客观性层面。这个层面提出的是"关于事实、外部现实或印象的问题"[1]，关注的是信息的提取。比如，发生了什么事？人物做了什么？怎么做的？作者用了哪些词语来描写人物的行动？等等。在《一年级大个子二年级小个子》话题一"发现正也走过的重要之'路'"的讨论中，第一个问题就是"正也经常走的是哪几条路？"这个问题就属于客观性层面，它将所有孩子的目光聚焦到"路"上，形成大家对这些信息的共同关注，这是进一步讨论的前提。既为前提，那就必须清晰明确，所以客观性层面的问题一定要聚焦、具体。

第二，反应性层面。这个层面提出的是"个人对信息反应的问题。

---

[1] 乔·尼尔森.关键在问：焦点讨论法在学校中的应用[M].屠彬，译.任伟，校.北京：教育科学出版社，2016：17.

这种反应包括内部回应、情绪或感受、与事实相关的隐藏意象或联想。每当我们面对某一外部现实（客观性层面的信息）时都会体验到某种内部反应"①。可见，这里关注的是与信息的内在联系，阅读个体的反应，以及他们的联想。比如，读到这里你想到了什么？读到哪一部分你特别紧张、担忧、害怕等？读到这句话你想到了前面提到的什么内容？让你印象最深刻的是哪一件事情？等等。

第三，诠释性层面。这个层面提出的是"挖掘意义、价值、重要性、含义的问题"②，关注的是文本意义的建构，包括作品的内容和表达的形式。比如，为什么会发生这件事情？这一切都是谁造成的？他这样做的原因是什么？作者在塑造这个人物形象的时候采用了什么样的方式？这件事情对于推动整个故事的讲述起到了什么样的作用？等等。

在《一年级大个子二年级小个子》话题一"发现正也走过的重要之'路'"的讨论中，第二个、第三个问题是"其中哪些路对正也来说非常重要？""这两条路对正也来说分别是怎样的路？"这两个问题都是在第一个问题的基础上产生的，第二个问题需要学生基于整部作品的理解做出判断，第三个问题需要聚焦两条重要之路，结合作品中的相关内容给道路命名，命名本身就是一种理解。

有时为了达成深度理解，还需要深入作品细部，对重要语段进行重读。《一年级大个子二年级小个子》话题二"分析正也的'成长之路'"的讨论，大致围绕五个问题展开，其中第三个问题是"你觉得正也往前走的哪一步最不容易？"对于胆小的正也来说，战胜自己内心的害怕与恐惧是最艰难

---

① 乔·尼尔森.关键在问：焦点讨论法在学校中的应用[M].屠彬，译.任伟，校.北京：教育科学出版社，2016：17.
② 乔·尼尔森.关键在问：焦点讨论法在学校中的应用[M].屠彬，译.任伟，校.北京：教育科学出版社，2016：17.

的，故事中不仅直接写出了正也内心的害怕，而且还通过对树林的环境描写渲染了人物内心的情绪。对于三年级的孩子来说，不仅要看懂文字本身的意思，还要看到文字背后的意思，从解码级阅读者向流畅级阅读者跨越需要教师的指导。因此设计这部分讨论时，我特意在此处停留，现场朗读这部分内容后带领孩子们讨论：在正也的眼里树林有变化吗？明明没有变化，为什么正也觉得会有变化呢？最终告诉孩子们：环境描写其实也在表达人物内心的情感。深入作品细部的交流，可以介入孩子的阅读过程当中，引导他们发现文字的秘密，同时也能与观念上的讨论形成策应，拓展他们文本理解的深度，发展他们的阅读能力。

第四，决定性层面。这个层面提出的是"引发解决方案、结束讨论、促使个人或团体就未来做出某一决定的问题"[①]。还记得前面曾经提到的关于想象构建的五个立场吗？如果说，前面三个思维层面主要处于"立场4：想象的抽离和经验的客观化"，那么这个思维层面则处于"立场3：摆脱文本与反思认知"。在"立场3"中，"想象的构建使我们暂时转移了对意义发展的关注，我们的视线从生成中的文本世界转向新认识对自身生活、观念、知识的影响"[②]。将焦点讨论法引入整本书阅读交流中，必须意识到我们所做的是文学阅读，因此也就没有明确的解决方案，只是对阅读者的思想或行动产生了影响。可见，这个层面的问题关注的是与现实世界的联结。比如，从这个故事中你获得了什么样的启发？你觉得这本书和你有关系吗？如果生活中遇到这样的事情你会怎么做呢？等等。朱迪思·朗格认

---

① 乔·尼尔森.关键在问：焦点讨论法在学校中的应用[M].屠彬，译.任伟，校.北京：教育科学出版社，2016：17.
② 朱迪思·朗格.文学想象：文学理解与教学[M].樊亚琪，译.王晓英，审校.上海：上海教育出版社，2015：21.

为，在阅读过程中"立场3"并不像其他立场那样频繁发生。这就提醒我们，这种观照现实生活的问题可以有，但是一定比较少，讨论还是应该以理解文本本身为主。

焦点讨论法涉及的思维的四个层面，在阅读交流课中基本上都会有所体现，其中最核心最重要的是诠释性层面的问题，这是交流课的教学目标所决定的。在走向诠释性层面之前，客观性层面和反应性层面的问题为其搭建了坚实的思维支架，既体现了问题之间的逻辑顺序，也引导学生的思维逐步走向深入。如果你在设计问题的时候，客观性层面和反应性层面的问题偏多，可能就无法帮助学生实现对作品的深度理解。所以用焦点讨论法来设计讨论的问题，可以很好地帮助我们反思教学设计。

至此，我们会进一步发现，"主题·话题·问题"之间形成一个相互关联的讨论链条，一个层级一个层级地推动着讨论走向深入。

讨论催生智识

如果说"主题·话题·问题"的确立，让整本书阅读交流课有了一个高质量的蓝图，那么有效的讨论将有助于把这幅蓝图变成现实的图景，而这"临门一脚"往往会让不少老师败下阵来。如何组织一场激荡脑力的讨论，让孩子们感受到"阅读的乐趣"？这其中有不少讲究。

一个好的讨论是什么样子的

美国哈佛大学"零点项目"的主要创始者和负责人之一大卫·帕金斯教授认为："我们有充分的机会来引导学生展开更高层次的理解，引入并练习思维的语言，滋养他们对智识的热情，寻求综合性的思维图景，让学生学会学习，教师学会传授。智能学校（smart school）可以催生出无限多这样的机会。"[①] 从这段话中，我们可以看到一个好的讨论的大概样子：

平等、自由、快乐的讨论氛围必不可少。没有这个前提，讨论无法进行。先说说平等，和学生一样，教师也是一名读者，大家都有发表意见的权利，教师过多地强调自身的权威，作品的丰富和多义就无法得以呈现，学生的所得也就有限了；另外，学生与学生之间也是平等的，拥有同样的机会表达自己的观点，教师应该创造更多的机会让大家倾听所有同伴的声音。再来说说自由，这既是身体上的自由也是精神上的自由，让学生没有负担没有压力地表达自己真实的想法，如果学生的表达有所顾忌、有所隐藏，那么讨论就难以形成思维激荡。最后说说快乐，这种快乐是一种更深层次的快乐，是一种心灵和情感得以释放后的内心的欢愉。这种讨论氛围的创设，会给参与者提供更美好、更具有实质性推动力量的讨论空间。

能促进更高层次的理解。每个读者都是带着自己的经验和价值观走进文本的，对文本的理解往往带有极其鲜明的个人烙印，而这种理解受限于自己的阅读经验和生活经验，交流的意义就在于跳出原先的认知，在更高的层次上获得对作品意义的建构。如果确立了恰当的交流主题、话题与问题，讨论的目的就是要促进它们能够顺利落地。

"主题·话题·问题"的设计是呈阶梯状逐层递进的，每一个问题的讨论都要把握好火候，稳扎稳打。如果学生不能抵达理解的某个层次，教师切不可操之过急、和盘托出；如果讨论出现新状况，不在预设中但却能推动理解，教师可以进行适时调整，放慢节奏，留出空间，让讨论得以深入；如果讨论逐步呈现出游离状态甚至对理解无多大帮助，教师应及时收束纠偏，让讨论回到正常轨道。

能学习思维的路径与思维的语言进而提升思维的品质。朱迪思·朗

---

① 转引自：乔·尼尔森.关键在问：焦点讨论法在学校中的应用[M].屠彬，译.任伟，校.北京：教育科学出版社，2016：51.

格指出:"文学思维具有让人类在不同背景下获得终生发展的潜力。通过文学,学生学习探索可能性,分析不同的选择;获得关联性并寻找合适视角。"① 当不同学习背景的学生参与到文学讨论中时,教师应该让更多的学生分享观点,这可以帮助听众获知同伴是如何思考问题、分析问题、解决问题的,是如何将相关线索加以联结、推断、整合的,这会让参与者看到各种不同的思维路径和思考策略。教师要有意识地指导学生清楚、准确、简练地表达观点,帮助学生从分享者口中了解怎样表达才能让同伴准确捕捉自己的观点,进而在自己表达观点时练习这种思维语言。而所有的这一切都会不断提升学生思维的全面性、丰富性、深刻性等。

学生能全员、全程、全情参与。讨论不是个别学生展示的舞台,而是所有孩子都能借由各种讨论形式参与其中的大舞台。讨论要有足够的吸引力,让所有孩子都能找到恰当的位置并愿意自始至终参与其中。整个讨论的过程,不断出现的新任务,能赚足学生的好奇心和挑战欲,促使他们追求高质量、高效率、高产出,这一切努力都会化为他们快乐的内心体验。

讨论可以这样组织

明确了讨论的核心,就进入实质性的讨论环节。可是怎么组织一个讨论呢?不少老师不知道怎么操作,这里面也有讲究。

明确讨论什么。 每次讨论围绕什么议题展开,每一个参与讨论的学生都需要清清楚楚、明明白白地知道。教师需要在讨论开始前,对讨论的内容进行解说,强化任务的同时激发起学生参与讨论的热情。

明确讨论的形式。 在整本书阅读交流课上,一般有小组讨论和全班讨论两种形式。

---

① 朱迪思·朗格. 文学想象:文学理解与教学 [M]. 樊亚琪,译. 王晓英,审校. 上海:上海教育出版社,2015:4.

小组讨论就是以 4—6 个学生为一个小组所展开的讨论。学生按照异质分组的原则组成一个个阅读学习小组。正常情况下，成员不要太多，太多就会出现"看客"，太少则无法形成共同体讨论的氛围。小组成员最好相对固定，且每个成员都能在组内找到明确的分工，知道彼此的优点和长处，便于合作完成相关阅读任务。小组成员最好能编号，讨论时可以按照序号表达观点，尽量避免因为争着表达而让小组讨论陷入僵局，且在全班讨论时，教师也可以根据学生的序号安排表达的机会，确保每个人都能表达观点。作为一个阅读学习小组，还需要在组长的带领下共同商议小组讨论的一些规则，让组织的运转正常化、有规则。

小组讨论应贯穿整本书阅读交流活动的全过程。全班讨论前，可以组织小组先行讨论，再清晰、全面地呈现小组讨论的结果。全班讨论中，可就一些重点话题或问题再次组织小组讨论，充分整合同伴观点，形成更深入、更细致的理解。可见，小组讨论是进行全班讨论的基础，而全班讨论又可以深化认识，提高小组讨论的质量。

明确讨论的时长。既然要让学生充分讨论，那么是不是就没有时间的限制呢？一般来说，还是应该明确讨论的时长。全班讨论的时长可以由教师做好把控，小组讨论是孩子们自己组织的讨论，一定的时间约束很有必要。讨论的时长应该根据具体的任务和学生的阅读水平来确定，有难度的和对学生阅读水平有挑战的任务，尽可能给足孩子们充分讨论的时间。比如，小组合作完成一份阅读单，这是一项综合性阅读任务，讨论的时长通常为 40—60 分钟，有的甚至会更长。如果是一般性的单个任务，如在全班讨论的过程中需要组织一次小组讨论，讨论时长可以控制在 5—10 分钟。

明确讨论的步骤。小组讨论时教师不能同时兼顾每一个小组，为了防止孩子们的"动作走形"，有的时候教师有必要将一次大的讨论分成若干小的讨论来分步进行，夯实讨论的每一个步骤，这样才能得到高质量的讨论结果。而每一次的分步讨论对孩子们来说，可以降低一次性讨论的难度，同时对他们的小组讨论也是一个很好的示范。这种分步骤实施的讨论，比较适合刚刚学习小组讨论的学生，也比较适合小组黏性不足且自主讨论有困难的学生。到了一定阶段后，就没有必要分步讨论了，教师只需要讲清楚讨论的步骤即可，不过在讨论过程中，教师还是需要不断巡视各个小组的讨论情况，并给予必要的指导。

什么时候要展开充分讨论

讨论应该贯穿阅读交流课的始终，所有观点都应该是在多维有效的对话当中逐渐生成、逐步明晰的。当遇到下列几种情况时，教师要舍得留出时间和空间，组织一次高质量的讨论，让学生获得思想交流的高峰体验。

在意见相左时展开充分讨论。这是非常正常的讨论时机。大家各自发表自己的想法，而恰恰是不同的意见会增进对作品的理解。这个时候，教师要将时间和空间交给孩子们，甚至有时候还需要适当的"火上浇油"。但也要注意两个问题：一是有可能因为讨论过于热烈和情绪激动而偏离讨论的核心议题，这就需要教师及时提醒，让孩子们回到正常的讨论轨道上来；二是因为意见不能达成一致而影响整个讨论的进程，教师需要在适当的时候以缓和的方式中止讨论。

在意见一致时展开充分讨论。通过讨论大家的观点趋于一致，这不是一件好事情吗？的确，理越辩越明。可当大家的理解一个劲儿往一个方向走的时候，更需要引起我们的警觉，因为孩子们的认识有可能是单向度的，缺少全局性、思辨性的理解。这个时候需要教师及时抛出问题，引导学生从多维视角展开讨论。比如，在《小鹿班比》交流课上，关于"小鹿班比成长中的重要他人"这个话题，不少孩子认为猎人（书中用"他"来表示）也算一个。在阅读单中，孩子们呈现了一些观点（如图7-17）。分享了这些观点后，很多孩子纷纷表示赞同，很明显他们的理解还缺少思辨视角。这时我抛出一个问题："你们有没有想过质疑其中的某个观点呢？比如，'没有猎人，班比就不会长大'。"孩子们一下子愣住了，原本热闹的课堂顿时安静了下来，看来他们并没有思考过这个问题。大概一分钟的课堂沉默后，陆续有几只手举了起来，慢慢地举手的孩子越来越多，课堂又重新热闹起来。

选择"他"的理由——
孙一凡：猎人进行捕杀其实对增长班比的勇敢、机灵……有帮助。
张宇恒：是"他"给班比带来无数次危险，但正是如此，才使班比懂得怎样做才不至于大意，给了班比推动力。
米恒博、周明轩、徐文坤、徐子昕：
"他"制造的困难等于在帮助班比成长，没有猎人，班比就不会长大。

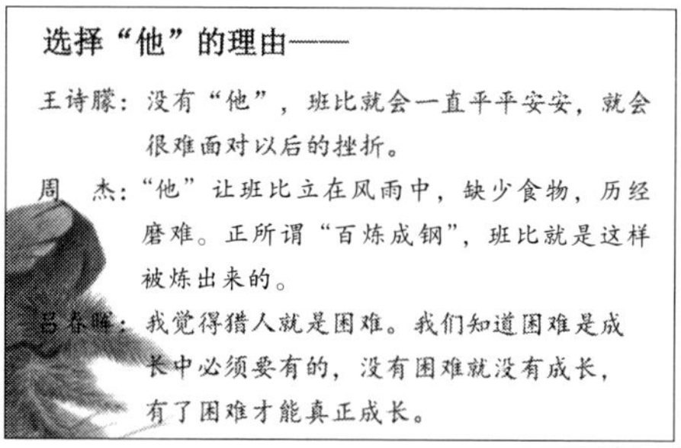

选择"他"的理由——
王诗朦：没有"他"，班比就会一直平平安安，就会很难面对以后的挫折。
周 杰："他"让班比立在风雨中，缺少食物，历经磨难。正所谓"百炼成钢"，班比就是这样被炼出来的。
吕东晖：我觉得猎人就是困难。我们知道困难是成长中必须要有的，没有困难就没有成长，有了困难才能真正成长。

图7-17 《小鹿班比》学生观点呈现

在出现困惑时展开充分讨论。《绿野仙踪》的交流课上，在讨论"稻草人、铁皮伐木工、狮子是拥有大脑、心和勇气的"这个话题前，我从每个小组的阅读单中发现，12个小组中只有一个小组的"发现"与这个话题高度相关，他们的观点是"奥兹没有给狮子、铁皮人、稻草人想要的东西"。了解到孩子们阅读理解的起点，我就果断呈现这个小组的观点，期待借由这个观点的讨论帮助孩子们拨开云雾。于是在一次次追问下，该小组的孩子说出"他们本来就有他们想要的东西"。是不是该"收手"了呢？还不行，火候还没有到。为了让所有的孩子的理解到达这个层次，课堂上我随即安排每个小组分别阅读不同的章节，用例子来证明这个观点的合理性。只有孩子们自己发现了这个秘密，他们才能更好地接受这样的观点。所以说在阅读与讨论的过程中，孩子自己的体验是最重要的。从上面这个例子中我们可以看到，讨论进程中孩子们难免会进入困顿状态，而这恰恰是非常好的讨论契机，以帮助他们形成清晰、全面的理解。

就一次整本书阅读交流活动而言，充分讨论的内容一定是跟讨论的主题遥相呼应的，一定是对孩子们的理解能力来说有难度、有挑战的，一定是围绕整个交流活动中最重要的话题展开的。

如何看待自己作为讨论组织者的角色

很多时候，教师的身份会让我们在讨论中陷入迷茫，我们自然而然地会以"专家"自居，感觉自己比孩子们懂得多一点、深一点，一旦讨论中出现状况，我们总是奋不顾身地投入其中，成为一个拯救学生的"英雄"。但是在讨论的现场，真的不需要这样的"英雄"。

一个讨论是否能顺利进行并有所产出，还取决于讨论的组织者。在整本书阅读交流活动中，教师是一个非常重要的讨论组织者。"教师经常被忽视的一个角色是激发学生的思考和对知识的整合。"① 这就很明确地指出了我们在讨论中应该扮演的角色。

我们的任务之一是要激发孩子的思考，而不是以自己的思考代替孩子们的思考。因此，我们要保持一种开放的心态，这在引导孩子讨论的过程中显得尤为重要。"开放性，或苏格拉底所称的'博学的无知'（docta ignorantia），是引导者提问的一项基本素质。引导者是掌握熟练技能的方法论专家（即有'博学'的一面），同时也会声称自己一无所知（即有'无知'的一面）——这意味着他（她）对讨论中出现的各种观点均持完全开

---

① 乔·尼尔森.关键在问：焦点讨论法在学校中的应用[M].屠彬，译.任伟，校.北京：教育科学出版社，2016：57.

放的态度。"[1] 我们习惯于打断、干预，喜欢把自己的观点和盘托出，焦点讨论法强调"教师在引导讨论时，需要站在'无知'的立场上，保持自己的开放性"[2]。

我们的另一个任务是要在讨论的过程中进行知识的整合。记得曹文轩老师在一次演讲中曾经说到，现在一些老师在公开课上就是一个传递话筒的人。的确如此，现在不少整本书阅读交流课的现场，不就是这个学生说，那个学生说，老师忙着来回走动啥也不说，即便说也只是在重复学生的观点吗？交流讨论的目的是要达成更高层次的理解，教师要善于将学生的各种观点进行整理、提炼，通过不断地反诘，促使学生形成一个个理解的要点，以长期记忆的形式存在于记忆库中。研究显示，"只有当学生能将新的信息与自己过往的知识和对世界的认识相联系时，才称得上是真正获取了新知。当我们围绕某个主题来引导焦点讨论时，正是在让学生自己进行信息加工，内化所学的知识，得到自己的结论，并在生活中加以应用"[3]。

这里特别强调教师作为讨论组织者的角色，一是因为看到很多交流课的现场缺少真正的讨论，二是希望借此再一次提醒自己，不要只做一个信息的传递者，不要光做那个传递话筒的人，还要做一个信息加工的引导者，做一个"培养学生用表现展示理解的能力的指导者"[4]。

---

[1] 转引自：乔·尼尔森.关键在问：焦点讨论法在学校中的应用[M].屠彬，译.任伟，校.北京：教育科学出版社，2016：57-58.
[2] 乔·尼尔森.关键在问：焦点讨论法在学校中的应用[M].屠彬，译.任伟，校.北京：教育科学出版社，2016：58.
[3] 乔·尼尔森.关键在问：焦点讨论法在学校中的应用[M].屠彬，译.任伟，校.北京：教育科学出版社，2016：57.
[4] 格兰特·威金斯，杰伊·麦克泰格.追求理解的教学设计：第二版[M].闫寒冰，宋雪莲，赖平，译.上海：华东师范大学出版社，2016：18.

> 案例分享

《绿野仙踪》交流课教学实录[①]

教学目标：

1. 紧扣作品特质，以小组合作的方式展开阅读交流活动，在活动中增强学生的团队凝聚力。

2. 通过绘制"奥兹国历险地图"，帮助学生整理故事内容，建立故事的基本架构。

3. 以"成长"为主题，在多维对话中逐层理解"自我发现"的意义。

教学对象：

四年级学生。

教学准备：

小组自制名牌、奥兹国贴图、主要人物图像、课件。

教学过程：

一、创设情境，营造交流的氛围

（一）出示孩子们的照片，简单介绍阅读活动

师：其实前两天我已经见过你们啦。

（生很好奇）

师：怎么见的呢？不知道是吧？我现在让你们知道。看屏幕（出示小组合作完成学习单时的照片）。

生（齐说）：监控。

师：监控？你们把老师说得太厉害了，居然在你们的教室里装了一个

[①] 此次交流课阅读的是广西师范大学出版社出版的《绿野仙踪》。

监控，还拍摄了你们做学习单时的照片。看来，你们魔法故事看多了，岳老师可不是女巫呀。这是你们夏老师拍的，然后发给我的。

（生恍然大悟）

师：你们每个小朋友都非常投入，都在认真地做学习单。现在这份学习单就在你们的桌子上，请组长把它放好了。等过一会儿需要的时候，我会请你们看学习单的。

（二）师生交谈：交流小队名称的由来

师：你们一共组成了12个小队，我对两个小队的名字非常感兴趣。第一个，我对书幸队比较感兴趣。书幸队队长，介绍一下为什么起这个名字。

生：因为读书让人幸福。

师：让我们看一下（老师举起小组名牌），幸福的幸，读书让人幸福。好的，的确，我看你蛮幸福的，幸福的人一定会笑。看看，他们小队是不是笑得很灿烂？真是挺灿烂的。

第二个小队，是青鸟队。请队长汇报一下为什么叫青鸟队。

生：我们认为"青鸟"是一个非常好的图书馆，我们觉得图书馆可以让我们感到骄傲，我们就起了这个名字。

师：是指的什么图书馆？

生：有一本书叫《青鸟》。

师：原来他们这个小队的名字取自一本书，这本书的名字就叫《青鸟》。好，谁读过《青鸟》？请举手。你知道青鸟队跟书幸队的"幸"有什么联系吗？

生：我觉得《青鸟》这本书中的青鸟帮助了别人，就感到很幸福，因为它让别人幸福了。

师：青鸟，它就象征着幸福。所以，青鸟队跟书幸队，你们是友谊小队。哦，还有一个小队，叫金青鸟。青鸟象征着幸福，《青鸟》这本书就是讲兄妹俩去追寻青鸟,去寻找幸福。我们今天交流的《绿野仙踪》这本书,也是讲几个人去寻找什么。

【设计意图】从照片和小队队名入手,迅速建立友好的师生关系,创设融洽的交流氛围。

二、展示绘制的地图,厘清故事情节

(一)汇报一:梦想小队

师:我注意了一下,我们每个小队的名牌都制作得特别漂亮,每个小队手边都有一份学习单。学习单的第一个任务,就是请你们合作完成多萝西在奥兹国的历险地图。每个小队都完成了?下面我要请一些小队进行介绍。

师:首先我们一起来看这一张地图(出示图7-18)。是哪个小队绘制的?

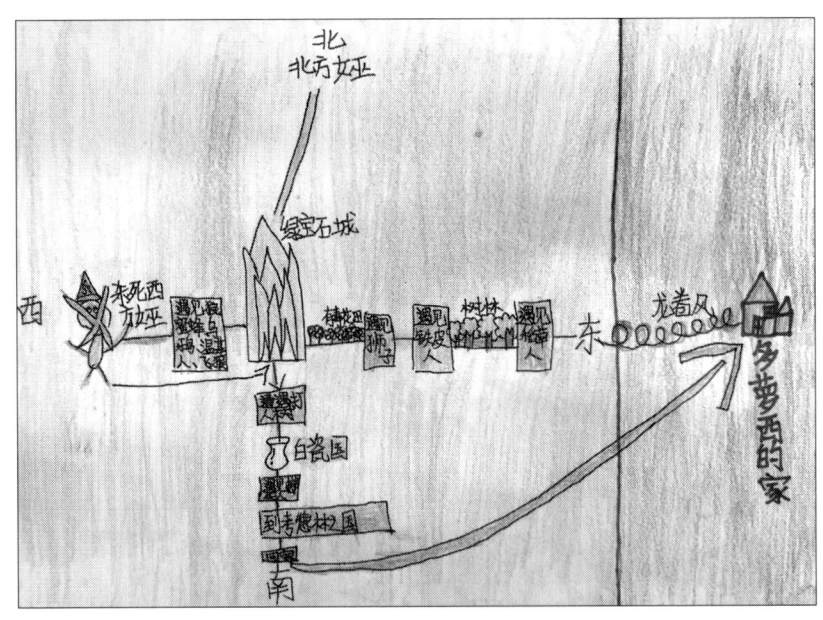

图 7-18

生：梦想小队。

师：梦想小队的小队长，请你到前面来。请你结合这张图给大家介绍一下这个故事，说一说这本书大概讲了一件什么样的事情。

生：这个故事大概讲的是多萝西他们遇到了龙卷风，然后他们被卷到了东方之国。在那里，他们遇到稻草人，然后他们穿过树林的时候遇到了铁皮人，还有狮子，他们就一起来到有毒的花田，穿过有毒的花田，他们就到了绿宝石城。在绿宝石城，他们见到了奥兹，奥兹说想实现他们的愿望，他们就必须先杀死西方女巫。多萝西他们就来到了西方，遇见了西方女巫，他们把水泼到西方女巫身上，西方女巫就化掉了。然后他们又回到了绿宝石城见到奥兹，奥兹告诉他们，他是个普通人。多萝西他们就又去往南方，他们先遇到了打人树，后来到了白瓷国，还遇见了一个怪物，最后他们一起到了考德林之国，遇到了南方女巫。南方女巫叫多萝西穿上东方女巫的银鞋子，让她把两个鞋跟碰三下，就这样多萝西回家了。

师：实际上多萝西一直穿着那双……

生：银鞋子。

师：她介绍得怎么样？

生：很好。

师：很好？那你们怎么没有掌声呢？

（生鼓掌）

师：我们的读书会上要经常听到掌声。我们要学会赞美别人。赞美是一种美德，所以你赞美别人时你就拥有美德了。刚才大家都赞美她了，你们人人都有美德。真棒！你介绍得非常清楚，通过他们绘制的这张图，我们找到了奥兹国。奥兹国的东方有一个国度，这个国度叫什么名字？

生：芒奇金国。

师：对，芒奇金国。然后多萝西他们一路往前走，到了哪里？绿宝石城！刚才队长介绍说，来到绿宝石城，奥兹要他们去杀死西方女巫，所以他们来到西方，杀死了西方女巫。回去以后，他们希望奥兹给他们想要的东西，但是奥兹能不能给他们？

生：不能。

师：最终他们到了哪里？

生：南方。

师：对，南方的考德林国。最终多萝西实现了自己的愿望，回到了堪萨斯。这就是他们行走的路线（根据前面的讲述在黑板上完成历险贴图）。梦想小队把行走的路线说得非常清晰。看看你们小队的图，你们图中的东方、西方、南方，还有奥兹国中心的绿宝石城，这几个地方的方位正确吗？

生：正确。

师：大部分小队是正确的，但是还有三四个小队，方位有一点点小错误。今天的交流结束了以后，如果发现了问题，回去以后把方位改一改，让这个图更加完美。现在，请梦想小队的同学全体起立，你们作为一个团队集体亮相一下。我想问问你们：你们为什么用一条竖线（指着历险图中的竖线）把这个跟这个隔开来？你们是怎么考虑的？

生：多萝西的家原本是一片草地，于是我们就把它画成了绿色的。中间她要穿过沙漠，于是就把它画成这种偏黄的颜色。最后到这边的时候，她到了一片新大陆，于是就换成了这个颜色。

师：这是什么地方？

生：新大陆就是奥兹国。

师：也就是说，你的这条竖线是用来区分多萝西在堪萨斯州的家跟奥兹国的，是吧？

生：是的。

师：你们觉得他们的这条线画得正确不正确？

生（齐说）：正确。

师：好的。给他们一点掌声，画得真好，这条线隔开了堪萨斯州和奥兹国。但是，你们能不能给梦想小队画的这条线提提建议？他们还可以怎么画，才能更符合这本书给我们讲的内容？

生：我觉得多萝西的家被龙卷风卷到了芒奇金人的住地，东方女巫知道信息了，就应该画个东方女巫过去的大致路线。

师：你讲得非常的详细，但是需要听清楚我提的问题。你看那条竖线，他们是从上往下画的。你觉得怎么画才是最正确的？我们就谈这条竖线。

（生沉默）

师：没想好？请你先坐下。刚才梦想小队的同学说，这条竖线是为了隔开多萝西的家跟奥兹国的，但是你们有没有发现奥兹国的……（教师根据地图做手势）

生：书里讲到奥兹国周围全是沙漠，所以多萝西他们就不能直接从这里走到家。

师：也就是说，如果给他们画的这条竖线提点建议的话，你认为应该怎么画才是正确的？

生：我认为应该将奥兹国圈起来，然后在周围画上沙漠，然后她的家单独画在一个地方。

师：我想问你，你叫什么名字？

师：林心怡。

师：林心怡真是一个非常会读书的小朋友，因为书中真的就是这么讲的，奥兹国被沙漠包围着。所以她给你们提建议了，梦想小队，你们听明白了吗？这条线应该围绕着奥兹国，而且周围都是沙漠。（面向全体学生）看看你们有没有画出沙漠来？回去后可以把它补起来。你看，这样一交流就知道怎么去画这个图了。

（二）汇报二：雄鹰小队

师：我们再来看看第二个小队画的历险图（出示图7-19）。是哪个小队？

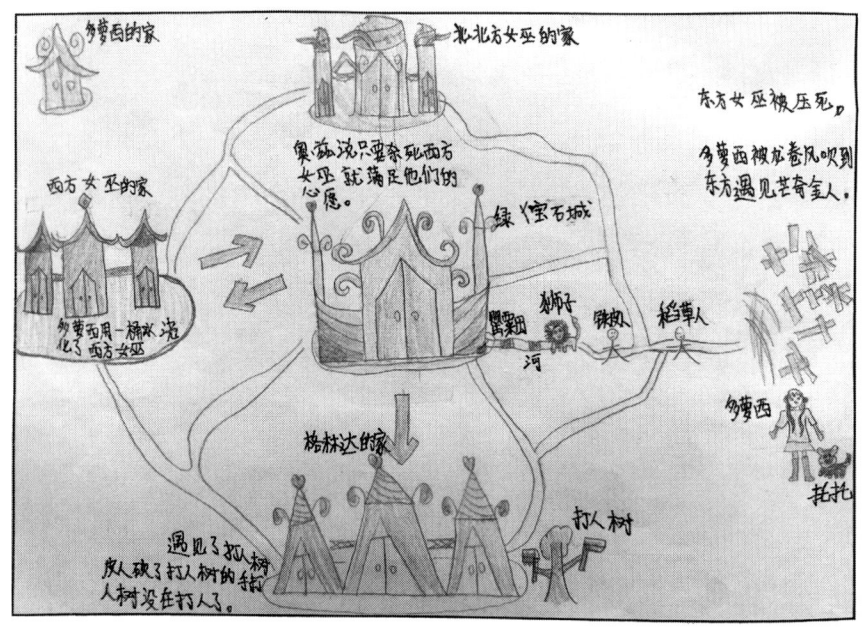

图 7-19

生：雄鹰小队。

师：雄鹰小队的小朋友，我想问你们一个问题，你们这里有两个箭头，就是在绿宝石城和西方的温基国之间有两个箭头，方向不一样，为什么？

生：因为他们到绿宝石城之后，去了西方女巫那里，然后从那里又回到了绿宝石城。

师：也就是说他们曾经几次来到绿宝石城？

生：两次。

师：非常好，这就是你们的发现。这个小细节被他们小队抓住了。大家发现没有，他们两次来到绿宝石城，一去一回。

我们再来看一看他们这幅图，上面有很多的颜色，从东方到绿宝石城有黄色。你们为什么要画这个颜色？

生：因为芒奇金人说了，要到绿宝石城就必须要走黄金路。

师：我们书上叫什么路？

生：叫黄砖路。

师：从东方的芒奇金国到绿宝石城，他们要沿着黄砖路走，所以他们没有走错方向。你们看看自己的地图上面有没有画出黄砖路？有的小队画出来了，但是你们用的什么颜色？我发现，有的同学低下了头，有一个同学不好意思地一笑。如果要给雄鹰小队提点建议的话……

生：他们画的路都是黄砖路。

师：符合故事内容吗？

生：不符合。

师：就一条黄砖路，所以千万别画错。再来看看这幅图，图上用了很多的色彩，这个地方是绿宝石城，用的是绿色，那么我想问问大家，芒奇金国应该是什么颜色？

生：蓝色。

师：这个温基国是什么颜色？那边弥漫着的飞沙是什么颜色？

生：黄色。

师：考德林国呢？

生：红色。

师：现在看看自己的图，你们自己绘制的地图需要修改吗？需要修改的，请起立。

（好多学生起立）

师：知道自己画的图有问题了，那么就去改，好事儿。就害怕自己错了，还不知道。大家回去以后再把这个图改一改，希望你们把改好以后的地图让夏老师发给我，让我看看你们对奥兹国的地形有没有一个全面的了解，那我就知道你们是否真的读懂了这本书，好吗？

生：好。

【设计意图】小组合作绘制历险地图的方法非常适合这本书，可以帮助学生梳理故事情节。想要发现学生在绘制地图时所表现出来的创造力和存在的问题，老师就需要进行细致认真的整理工作。在交流的过程中，让学生通过小组之间的互动，相互提醒，自我发现，这才是成长之道。

三、发现历险的秘密

（一）发现一：稻草人、铁皮人、狮子都不知道，其实他们拥有智慧、爱和勇气

师：当然了，我们绘制这张奥兹国的历险地图，才是第一步。最难的一步来了，我们要通过这幅图去发现，并且要把自己的发现写在秘密之塔里面。这个秘密之塔有三层，也就是说我们要写三个大秘密，第一大秘密、第二大秘密和第三大秘密。

我们先来看一看第一大秘密，在12个小队当中，我发现有9个小队写的秘密都跟奥兹有关系，但是只有一个小队跟大家的发现不一样。游龙小队的队长，把你们的发现读一读。

生：奥兹没有给狮子、铁皮人、稻草人想要的东西。

师：你给我们解释一下。为什么这么说？

生：《大骗子的魔术》中写道，奥兹给狮子喝的是绿水，而不是真正的

勇气；给铁皮人的是用针线缝出来的一颗心，不是真正的心；给稻草人的，他也说了，是装着缝衣线和别针的混合物，并不是真正的大脑。

师：这位队长看书特别细致，这么小的细节都记得一清二楚，岳老师佩服，请坐。那么我们来看一看他们的发现，他说得很明确，奥兹没有给他们想要的东西。那么我想问问，他们想要的东西是什么？

师：比如，狮子想要的东西是什么？（出示狮子图像）

生：勇气。（板书：勇气）

师：铁皮人想要的东西是什么？（出示铁皮人图像）

生：心。

师：稻草人想要的东西是——（出示稻草人图像）

生：大脑。

师：稻草人想要大脑，大脑最富有——

生：智慧。

师：对，他要的东西其实就是智慧（板书：智慧）。铁皮人想要的是心，因为有了心才有——

生：爱。（板书：爱）

师：说得好，要的是爱。而狮子呢，要的是勇气。奥兹没有给他们智慧、爱和勇气，那他们最后有没有拥有智慧、爱和勇气呢？

生：有。

师：于是，问题来了。有一个小队就问了一个问题，这个问题问得很好！扬帆号小队和书幸小队问了同一个问题，我们大家一起来读一读。

生：狮子、稻草人、铁皮人是怎么得到自己想要的东西的？

师：是呀，他们怎么得到的呢？

生：狮子喝了绿水，以为自己得到了真正的勇气，然后有了信心，所以他自然而然地就会有勇气。稻草人没有大脑，但是奥兹给了他"大脑"，它也是同样有了信心,自然而然地也就变聪明了。铁皮人得到了"心",他原本是有感觉的,变成铁皮人以后不知道自己依然有感觉,但是得到了"心"以后他也很有信心。所以,他们本来就有他们想要的东西。

师:你把最后一句话再重复一遍。

生:他们所有人想要的东西,其实他们原本就有。

师:同意吗?

生:同意。

师:不要勉强。要同意,必须拿出证据来。他说他们本来就拥有智慧、拥有爱、拥有勇气,必须找到证据。所以现在,给每个小队五分钟时间做一项任务,希望你们能完成这个任务。请你们这四个小队在书里找证据,证明稻草人本来就拥有智慧。你们这四个小队在书里找证据,证明铁皮人本来就拥有爱。你们这四个小队来找证据,证明狮子本来就有勇气。

先每个人自己找,用自己的话简洁概括出来证据是什么。开始行动!

(生翻书寻找证据)

师:接下来,你们小队内交流一下各自找到的证据,而且要用自己的话表达出来,不要照着书念哦。怎么来交流呢?待会儿我会请每个小队的3号同学起立汇报你们的发现。因此,小队内的其他队员要把发现告诉3号同学,给你们五分钟时间。

(生小队内交流)

师:时间到!请每个小队的3号同学起立(全是男生)。小伙子们,你们肩上的担子不轻呀。这个环节是抢答,谁抢到了谁就先回答。其余小队可以补充,但是不能重复别人的观点,所以我们要学会倾听别人的发言。我们先从"稻草人"开始,你们从哪里看出来稻草人本来就是有智慧的?

生:多萝西晕倒了,然后稻草人对狮子说,让狮子快跑,不然她晕倒了的话,他们是抬不起来的。如果稻草人没有智慧,他肯定就不会叫狮子跑，然后用自己的蛮力去把多萝西抬回来。

师：有预见。

生：还有，在第52页，他们渡过小河的时候，稻草人对铁皮人说，让铁皮人砍一些树，做一个木筏子就可以帮助他们过河。

师：居然连页码都说出来了。还有第三个证据吗？

生：第三个是在第59页。那个时候多萝西和狮子晕倒了，只有稻草人和铁皮人还没有晕倒，稻草人就建议铁皮人和他用手搭一把椅子，把多萝西抬回去。

师：这个建议又是稻草人提出来的。还有补充吗？

生：他们要过一个大沟的时候，过不去。稻草人就说可以把路旁的一棵树砍倒，横在大沟上面，他们就可以走过去了。

师：富有智慧。第四个，还有第五个吗？

生：在这本书的第51页，他们遇到了怪物卡利达，正要被怪物撕得粉碎的时候，稻草人想到了一个办法。他们上了桥，过了桥以后，稻草人就让铁皮人把木头砍掉，卡利达就掉下去了。

师：好的，你跟他刚才说的是连在一起的，但是他刚才没说，你补充了。好，就算第五个吧。

生：在第63页，狮子晕倒了，他们抬不动。铁皮人他不是救过田鼠女王吗？稻草人就想了一个办法，做一个架子，让田鼠女王的那些子民一起把狮子抬出去。

师：这个办法又是稻草人想出来的。六个了。还有吗？

生：第59页，他们看见卡利达的时候，如果稻草人没有脑子的话，他根本就不会叫他们赶快逃跑。

师：是他提醒大家赶紧跑的。

生：还有一次，他们说要狮子背着他们跳过去，然后稻草人就说他先来。因为多萝西跳过去的话，就会摔死；铁皮人跳不过去的话，就会被摔得坑坑洼洼；稻草人掉下去就没多大事儿。

师：第八个。八个证据可以证明稻草人本来就是有智慧的。你们也是有智慧的小伙子！再来看看，从哪里看出来，铁皮人本来就是有爱的。

生：在第九章，猫追赶田鼠女王，被铁皮人看见了，他就去帮助田鼠女王。

师：第一个。

生：去绿宝石城的时候，铁皮人不小心踩死了甲壳虫，他就哭了。

生：第三个是，如果铁皮人没有爱的话，他就不会感谢多萝西帮他上油。

师：你看，小细节也被你捕捉到了，真棒！三个了，你们还有补充吗？

生：有一次砍树，如果他没有爱的话，他就不会帮助多萝西他们了。

师：对，他帮着他们砍树，逃过卡利达的追击。一共四个。最后，从哪里看出来，狮子是有勇气的？

生：第六章，狮子发出一声吼叫，多萝西被吓得心怦怦乱跳，这说明狮子有勇气发出怒吼。

师：你是从这个角度看出狮子具有勇气的，这个角度是平时我们阅读时容易忽视的，真棒！

生：还有过山沟的时候，他们跳不过去，狮子就在心里估了一下山沟的距离，然后就说他好像可以跳过去。

师：实际上他是在跟自己斗争，说明他很有勇气。

生：卡利达追来的时候，狮子站在多萝西前面说："只要我在，你们就休想伤害她。"

师：面对卡利达，狮子把所有的朋友护在自己身后，这就是勇气。

生：第二十一章，狮子成了百兽之王，老虎说森林里有大怪物，然后狮子就骄傲地说："他在哪儿？我要去打败他。"

师：四个了。你还有补充吗？

生：跟蜘蛛怪斗争的时候，如果狮子一点都不勇敢的话，他就根本不敢跟蜘蛛怪斗争。

师：这个也被你发现了！五个啦。现在我们来总结一下，我们通过寻找证据，发现这名同学的观点——他们所有人想要的东西其实原本就有，是正确的，也就是说他们身上本来就是有智慧、有爱、有勇气的。如果他不提出这个观点，大家都没有刚才这么多的发现，所以你们的发现来源于他；而你们找到了这么多证据，就是为了证明他的观点是对的，为你们自己和他鼓掌！

其实我也有一个发现，允许我说一说吗？

生：好。

师：有一个角度，你们没注意到，就是奥兹对他们说的话，奥兹对稻草人说（学生朗读）——

生（读）：只有经验才能给人带来知识，你在地球上的时间越长，所得到的经验就越多。

师：越有经验就越有智慧。稻草人在地球上待的时间越来越长，也就越有智慧。

生（读）：真正的勇气，是害怕时仍然敢于面对危险，而你并不缺少这种勇气。

师：刚才第三排的小队回答了狮子有没有勇气，就证明了奥兹的观点，非常棒。

生（读）：心使得大多数人都不快乐，你要知道你没有心倒是一件幸运的事。

师：为什么铁皮人会哭？为什么会流泪？为什么走路那么小心？因为他不快乐，就说明他有心，就说明他心中是有爱的。所以我们读书的时候，千万不要忽视那些小细节，因为每一处小细节都可以为你的观点提供论据。

好，通过刚才的讨论，我们发现他们三个身上是拥有智慧、爱和勇气的，这是他们想要的东西。那么，多萝西想要的是什么？

生：回家。（板书：回家）

师：能让多萝西回家的法宝在她自己身上吗？是什么？

生：鞋子。

师：对了，是那双银鞋子，也就是说她实现梦想的东西就在她的身上，但是她——

生：没发现。

师：好，现在我们根据刚才的讨论，就可以总结出我们今天这节课的第一个大的发现，你发现——

生：稻草人、铁皮人、狮子和多萝西，他们想要的东西都在他们自己身上，只是他们不知道。

师：给她掌声！我们这节课第一个最大的发现：他们都拥有这样的能力，但是他们不知道。

（二）发现二：关于奥兹

师：再来看看你们的学习单。我刚才说了，我看了你们的学习单，有9个小队对奥兹非常感兴趣，但是我发现你们对于奥兹的秘密有两种观点。第一个观点是——

生（读）：奥兹是个骗子，根本不会魔法。

师：第二个观点是——

生（读）：奥兹不是魔法师，而是普通人。

师：我想问问大家，这两个观点一样吗？

生：不一样。

生：我觉得一样，两个观点都是说奥兹不会魔法，是个普通人。

……………

师：这两个观点有相同的地方，那有没有不同的地方呢？

生：在语言方面写得不同，但意思一样。

师：意思一样，表达方式不一样是吧？意思怎么个一样法，你能解释一下吗？

生：意思一样，就是都说奥兹不会魔法，他就是普通人。

师：但是第一个观点说奥兹是个骗子。你说骗子跟普通人一样吗？

生：不一样。

师：怎么个不一样？

生：骗子心里有点坏，普通人不是很坏。

师：普通人有点……不好不坏，是吧？

生：是。

师：一个是骗子，说明他坏。一个是普通人，说明他好像不好不坏。那么奥兹究竟是不是坏人？好，我给你们两分钟时间讨论一下。

（小队讨论）

师：好，时间到。有些小队讨论很热烈，有些小队闷声看书。那奥兹是不是坏人呢？

生：我认为奥兹不是个坏人，因为如果奥兹是坏人的话，他根本就不会帮多萝西、稻草人、铁皮人和狮子。

师：他就干脆拒绝他们了。谁还要表达观点？

生：我觉得奥兹是个骗子。为什么呢？因为奥兹承诺，如果他们打败了西方女巫，就帮他们实现愿望。我的观点跟刘奕彤说的差不多，他是个普通人，但是我觉得他也是个骗子。因为他说给他们智慧、爱和勇气，结果那些全是假的，并不是真的。

师：好，说得非常好，他的观点有点辩证的味道了，跟刘奕彤刚才说的不同。他认为奥兹虽然是个普通人，但是他骗人了。还有吗？

生：我觉得奥兹是坏人，因为多萝西帮奥兹实现了愿望，奥兹却没帮他们实现愿望。

师：但是好像在他们看来也实现了，特别是稻草人、铁皮人和狮子。不过，你的观点也有一些道理。大家都有自己的观点，特别好。但是我现在想问你们的是，奥兹愿意做骗子吗？

生：不愿意。

师：对，所以奥兹说了这么一句话，不知道你们关注到了没有。一起读。

生（读）：我怎么能不做一个骗子呢？所有这些人都叫我做一些明知道不可能做到的事情。

师：第一句，再读一读，读出问话的语气来，开始！

生（读）：我怎么能不做一个骗子呢？

师：好，我怎么能不做一个骗子呢？这说明了什么呀？

生：这说明了他不想当骗子。

师：但是……

生：但是他还是当了。

师：这是他愿意当的吗？

生：不是。

师：他是迫不得已去当的。他不愿意当，可是他不得不去做这个骗子，因为这些人都需要他。那，奥兹给他们什么了呢？一个用绸子做成的心，一杯水，还有一些针。给他们的这些东西真的能让他们拥有智慧、爱与勇气吗？

生：不能。

师：其实是不能的。所以这两个小队的问题，现在你们能解决吗？金钥匙队、金青鸟队，能解决吗？（生答略）是真的还是假的？（生答略）给他们的东西是真的，但是能不能给他们智慧、爱、勇气？

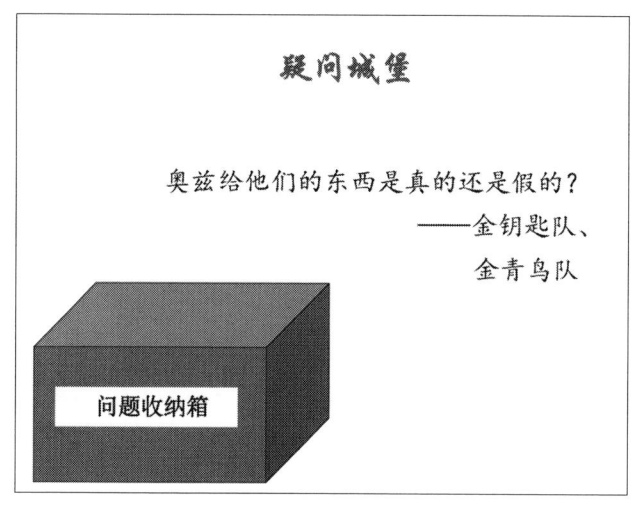

图 7-20

生：不能。

师：奥兹知道自己给他们的东西并不是智慧、爱、勇气，为什么他还要给他们？这很关键。好，请你说。

生：因为如果奥兹没有达成他们的愿望的话，他就会很早暴露自己的身份——骗子，奥兹国的臣民就不会相信他了。

师：也就是说他这样做是为了——

生：保护自己。

师：对！保护自己。还有吗？他这样做是为了什么？除了为了保护自己，还有什么？

生：奥兹这样做是为了帮助他们找回信心。

师：奥兹原来也会成全人。别看他们说他是骗子，但这个骗子也有作用，你看那些人就信他，于是他就成全了大家。尽管奥兹给他们的东西不能带来智慧、爱、勇气，可是他们认为自己有了智慧、爱和勇气。所以，爱书的小鱼儿这一队问，奥兹为什么要隐藏秘密？现在你们有了答案了吗？

生：他不想将自己的身份暴露给臣民，想保护自己。

师：当然，我们知道奥兹不仅是为了保护自己，他也在成全别人，而且他的这些话也给我们以启迪，大家读一读红色部分。预备，齐——

生（读）：只有经验才能给人带来知识。真正的勇气，是害怕时仍然敢于面对危险。心使得大多数人都不快乐。

师：好了，现在我又想到了一个问题。既然他们本来都拥有这个东西，为什么还需要奥兹给他们，他们才认为自己有智慧、爱和勇气了呢？这是怎么回事呢？

生：我觉得稻草人、铁皮人和狮子，他们觉得自己并没有在现实生活中表现出智慧、爱和勇气。稻草人遇到了问题，觉得自己思考得不对，其实是没有经验，但他觉得是自己没有智慧；铁皮人遇到了事情，他本来就是用爱来面对的，但是他觉得自己使用的并不是爱；狮子觉得自己只是去面对了一个问题，并不是有了勇气。

师：也就是说，对于自己拥有智慧、爱和勇气，他们有没有信心？

生：没有。

师：没有信心。他们认为这些东西是他自己本来就有的吗？

生：不是。

师：他们认为这些东西都是由……

生：别人给的。

师：好，都是别人给他们的，所以你们这么一总结，我们又发现了第二个秘密，你们知道是什么吗？这个秘密就是——

生：自己想要的东西，不是靠别人，而是靠自己得来的。

师：所以，我们要相信自己。这就是我们今天发现的第二个秘密。哇，我们四（5）班同学又登上了一个新的台阶。真棒！

（三）发现三：关于西方女巫

师：再回到我们的学习单。金钥匙队他们写了这五个字，我有点莫名其妙。他们说发现了一个大秘密是"女巫的秘密"，只有他们一个小队认为女巫的秘密是个大秘密。我现在想问金钥匙队，女巫的秘密是啥？

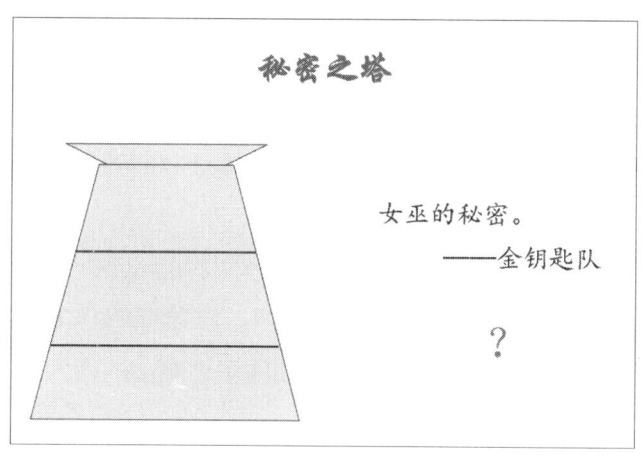

图 7-21

生：女巫遇到水就死了。

师：所以女巫怕什么？

生：怕水。

师：不仅怕水，还怕什么？

生：怕黑。

师：在你们心目当中，女巫是什么样的？

生：在我心目当中，女巫什么都不怕，她是很勇敢的。

师：好吧，什么都不怕，天不怕地不怕，但是西方女巫却怕水怕黑。那么你认为这个最大的秘密就是这个，是不是？

生：是的。

师：因为在我们心目当中，女巫什么都不怕，可是她却怕水怕黑。好，那么你们有没有发现，往往一个非常厉害的人——

生：最厉害的人也有害怕的时候。

师：看上去外表好强大，其实——

生：内心特别的弱小。

师：看上去外表很强大，其实内心特别的弱小，所以真正的强大，是外在的强大，还是内心的强大？

生：内心的强大。

师：我们刚才通过金钥匙队发现了女巫的秘密，我们发现了原来真正的强大不是外在的强大，而是内心的强大。就像他们四个（指着黑板上的人物贴图），都不会魔法，最终居然战胜了会魔法的西方女巫，原因是什么？

生：虽然他们外表看起来是弱小的，但是他们的内心是坚强的。

师：内心的强大才是真正的强大。这是我们这节课的第三个大发现。

【设计意图】讨论的起点是学生的发现。讨论的终点是学生更多、更丰富的发现。讨论的过程，就是不断地引导学生论证别人的观点，理解别人的观点，最终慢慢建立自己的观点，让每个学生经历一个不断爬坡的成长过程。在此过程中，教师要善于制造思维冲突，通过一个个追问，帮助学生不断进行反思，从而有所发现。

四、总结延伸

师：在这个过程当中，你会发现他们每个人都在慢慢地——

生：成长。

师：他们都在成长，因为他们终于发现了自己身上的秘密（板书：发现自己）。根据这个总结，我们才会知道这本书原来告诉了我们一个成长的大秘密。什么叫秘密？秘密都隐藏在一些现象的背后，不容易被人发现。可能我们在写学习单的时候，我们还只是关注表面，但是今天一讨论，我们发现了这么多的秘密。也就是说，我们在寻找秘密的过程当中，也发现我们在座的每个小朋友都很——

生：棒。

师：对，原来在寻找的过程当中，在寻找他们的秘密的过程当中，我们发现了一个最大的秘密——我们每个人都很厉害。现在，我们的讨论就要结束了，我想问你：你有没有产生新的问题？有？什么问题？

生：我身上的秘密是什么？

师：好！你去发现吧。你身上拥有什么？你还缺失什么？然后你去寻找吧。这个小朋友真可爱。

师：我在你们的学习单中还看到了好多问题。一起来看一看。

书幸队问：为什么作者要按大脑、心、勇气的顺序讲述？也就是说作者为什么要安排稻草人先出场，铁皮人第二个出场，狮子第三个出场？这个问题太棒了，书幸队，我给你们竖一个大拇指。

金钥匙队问：为什么善良的力量比邪恶的力量大呢？好棒！

第三个问题：龙卷风为什么会来？又是怎么来的呢？你们可以去研究。

第四个问题：世界上真有奥兹国吗？

生：没有。

师：好吧，再想想，不要急。有观点是好事，但是就像刚刚岳老师说的，要用什么来证明观点？

生：要有依据。

师：第五个问题：东方女巫的银鞋子被谁捡到了？你们发现当多萝西到堪萨斯州的家的时候，她脚上的银鞋子还有吗？

生：没有了。

师：被谁捡到了？你们想想看。

师：第六个问题：后来狮子、铁皮人、稻草人过上了什么日子呢？

师：第七个问题：多萝西走后，她的家人在干什么呢？

有这么多问题呀，你们都可以写出自己的奥兹国的故事来了。也可以就刚才的这些问题，接着对这本书进行一些探讨，我们今天的交流只是一个开始。这本书值得我们一读再读，这才是经典的魅力，是可以读一辈子的书。

【设计意图】充分利用学习单中的问题，引发学生对图书内容产生更多的思考，引导他们走向更丰富的交流与言语实践活动之中。

第八讲

与整本书阅读
　　相伴的写作

8

> 写作本身就是阅读教育重要的一环。
>
> ——[美国]戴维·皮尔逊

> 内容人人看得见，含义只有有心人得之，形式对于大多数人是一个秘密。
>
> ——[德国]歌德

大概是在 2017 年，上完《绿野仙踪》整本书阅读交流课后，孩子们陆陆续续离开教室。有一个小男孩经过我身边的时候停了下来，他仰起头问了我一个问题："岳老师，为什么堪萨斯州那里总是刮龙卷风呀？"我笑着对他说："你倒是可以好好研究一下这个问题。"小男孩先是若有所思然后绽开笑容跑出教室的样子，今天依然历历在目。

交流课结束后，孩子们的思考并没有结束，因此交流课不是阅读一本书的终点，有很多延伸活动可以安排起来。在各种各样的延伸活动当中，我们单单来谈一下"写作"，正如美国加州大学伯克利分校教育学院前院长戴维·皮尔逊所说："写作本身就是阅读教育重要的一环。"[①]

整本书为创意写作提供了多种可能

美国文学教育研究专家朱迪思·朗格认为，在很多情况下，"阅读"与"写作"是彼此分离的，而在想象构建的课堂中这种分离消失了，"当课程关注的重心是学生的思维活动，那么阅读与写作就不再被视为一种技巧、活动或终结性的事物，而是可用于增进学生想象的语言工具"[②]。促进学生

[①] 曾多闻.美国读写教育改革教我们的六件事[M].新北：宇宙文化创意有限公司，2018：84.
[②] 朱迪思·朗格.文学想象：文学理解与教学[M].樊亚琪，译.王晓英，审校.上海：上海教育出版社，2015：156.

思考的语用目标自然而然地就会把"阅读"与"写作"整合到一起，而这种整合的路径可以有很多种。

巧用一本书的结构

此刻，如果你的面前有一本童书的话，那就仔仔细细地看一看这本童书是由哪些部分构成的。我想大概是这些部分吧：封面、勒口、腰封、扉页、前言、目录、正文、后记等。你所看到的一本书的结构，和单篇文章的样子是完全不一样的，创意写作就可由此展开。

封面

封面能体现作品的主旨，作家和编辑的意图。一个封面就可以做很多文章。

有些书的封面非常好地传达了作品的主旨，那就写一篇阐释性的文章，说说封面设计好在哪里。所有的阐释都会带着孩子们自身对作品的理解，孩子们甚至会因为封面的设计再次回望作品，从而产生新的理解。

虽然有些封面设计代表了编辑的意图，但是小读者们会感觉它不能体现作品的主旨，那就请孩子们重新设计一个封面，并且将自己的设计用书信的方式告诉编辑。比如，孩子们对中国少年儿童出版社出版的《绿野仙踪》这本书的封面设计提出了很多异议，于是写作活动就此展开。很有意思的是，原先"绿野仙踪"这四个字是黑色的，徐子涵小朋友建议设计成紫色，后来书名真的变成了紫色，是不是编辑真的采纳了徐子涵的意见，那就不得而知了。

图 8-1　从左往右依次为原封面、徐子涵设计的封面

> 尊敬的编辑：
>
> 　　您好！
>
> 　　读了《绿野仙踪》后，我给这本书重新设计了一个封面，希望您能喜欢我的设计。
>
> 　　您知道我为什么想把封面设计成这样吗？因为我认为《绿野仙踪》中的四个人物多萝西、稻草人、铁皮伐木工和狮子虽然在追求梦想的路上遇到了许多困难，但是他们尽力克服了困难并实现了自己的梦想，为这个故事画上了圆满的句号。之所以这样认为，是因为他们心里想着："我一定要实现梦想！"他们心里有追求梦想的激情，而不是一望无边的绝望。您看，我画的背景是一片美丽的森林，因为美丽的景色能突出他们的激情，如果采用黑森林，看见的只能是绝望。
>
> 　　您想知道我为什么把书名和作者竖排写在旁边吗？那是因为如果我把字横排，画面的空间就会变小，不仅不能突出它的含义，画面旁边也不饱满。若竖着排，不仅可以突出图画，也不会让整个封面太空旷。我还用紫色来书写书名，因为画纸是白的，用紫色可以提高鲜亮度，而且紫色本身就代表着梦幻，奥兹国就是一个梦幻的国度。
>
> 　　您想知道我为什么把封面的图画画成这个样子吗？因为这本书讲的就是多萝西、稻草人、铁皮伐木工、狮子追求梦想的故事，所以他们正走向翡翠城，他们的脚下就是黄砖路。
>
> 　　最后，我希望您能采纳我的建议。
>
> 　　祝您身体健康，工作顺利！
>
> 南京师范大学附属中学仙林学校小学部　徐子涵
2017 年 5 月 28 日

同一本书不同的出版社会有不同的封面设计，有些时候，即便是同一个出版社也会因为出版时间不同而有不同的封面设计，将不同版本的封面设计放在一起进行比较，提出自己的观点并说明理由，也是一个很不错的读写活动。比如，法国作家儒勒·列那尔的作品《胡萝卜须》，交流课结束后围绕封面设计的讨论并没有结束。大家都觉得江苏文艺出版社的封面设计更符合胡萝卜须的形象和他的内心世界，并结合作品内容提出了自己的见解，借由封面设计又将对作品内涵的讨论提升到一个新的高度，同时还培养了孩子们的审美能力。再比如，二十一世纪出版社出版的米切尔·恩德的作品《永远讲不完的故事》，封面设计就有好几个版本，究竟哪一个版本最能突显作品主旨的同时还能吸引读者呢？可以让孩子们把自己的想法写下来。

勒口

有些图书的封面是有勒口的。什么是勒口呢？就是图书封面延长后向内折叠的部分。勒口上主要有书的内容简介、作者或译者的简介等，但也有空白勒口。那么，我们就可以指导学生写一写这本书的内容梗概，也可通过搜集资料，对作者和译者进行简单介绍。

拿撰写内容梗概来说，这对孩子们的读写能力提出了挑战。内容梗概一般指作品的大概内容或情节，它是作品的浓缩版。第五讲中提到，加拿大资深读写教师阿德丽安·吉尔将故事的两种结构分别描述成"平路故事"和"爬坡故事"。对于"平路故事"而言，因为人物一般都是扁平化的，所以围绕人物特点列举相应的事例即可，如《弗朗兹的故事》和《长袜子皮皮》这一类的作品，就可以按照这样的思路来撰写。"爬坡故事"相对来说难度就要更大一些，估计得把一本书好好翻上几遍，需要找到推动情节发展的关键事件，以此为基础撰写内容梗概，而寻找关键事件实际上考验的是对整本书的阅读与理解。因此,写作本身就是整本书阅读教学中的重要一环。

腰封

现在有些图书的封面中部会有一条纸带,这叫作"腰封"。腰封上一般印着与图书相关的宣传、推介性文字。仔细读一读这些文字,都是用较为精练的语言概括了这本书的大致内容、思想内涵和产生的影响等。因此,如果孩子们读的一本童书刚好没有腰封或者孩子们对一本书的腰封有着自己的想法,是否可以请孩子们来设计一个腰封呢?在平时的写作中,我们总是希望孩子们的描写越具体越细致越好,而腰封的设计恰恰相反,要求语言凝练,还需要有一定的推介性,这恰恰填补了平时写作的空白。

目录

有些童书的目录中只有章的编号,比如《不老泉》;甚至有一些童书连目录都没有,比如《小王子》。这些都为创意写作提供了机会。孩子们读完一本书之后,可以给这本书加上目录,给每章加上小标题。我们甚至

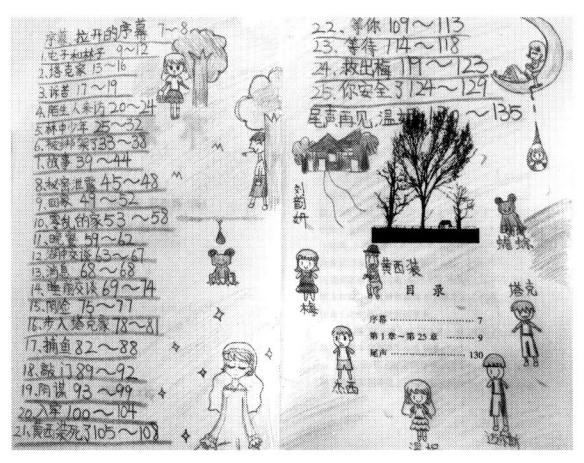

图 8-2 六年级刘韵妍同学创作的《不老泉》目录

还可以对孩子们提出更高的要求，要求孩子们拟写的标题能够关注故事发生的一个个时间节点、人物行走的路径和做的事情，等等。这是一种非连续性文本的写作，对孩子们提炼语言、精准表达等，都提出了挑战。

从一本书的结构出发，还可以生发出很多的创意写作，就看我们是否善于捕捉图书结构的空白之处。

在人物身上做文章

一本书中塑造了形形色色的人物，每个人物都是独一无二的。从人物入手开展读写活动，既可以帮助学生在写作中加深对人物的理解，又能使其在阅读中关注人物塑造的诸多细节。

人物介绍

翻开一本书，我们通常会看到一本书的内容介绍，却较少见到"人物介绍"，这项读写任务完全可以交由孩子们完成。读完一本书后，用简洁清晰的文字概括出人物的基本特征，让读者对人物有一个初步的认识，也可以做一个人物图谱，清晰呈现人物之间的关系，还可以将绘画和文字结合起来。

人物介绍也可以换一种视角。如果是以书中某个人物的口吻来介绍的话，又会是怎样的呢？比如，《柳林风声》中的鼹鼠、河鼠、老

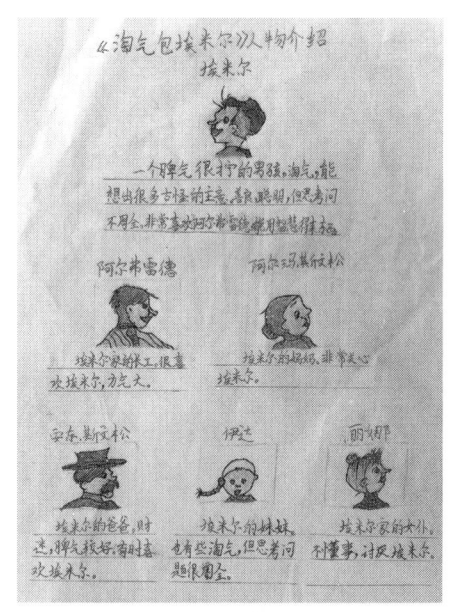

图 8-3　二年级杨宸硕同学创作的《淘气包埃米尔》人物介绍

獾、蟾蜍会如何介绍自己呢？如果以其中一个人物的口吻来介绍自己的三个朋友，他会怎么来介绍呢？换了一个不同的视角，带来了思维角度的变化，对于孩子来说也丰富了阅读和写作的经验。

人物介绍也可以带有一点评论的性质，把自己对人物的理解明确地表达出来，有理有据，具有说服力。比如，《男生贾里全传》《女生贾梅全传》中就生动地塑造了不少可爱的男孩和女孩，我们可以开展一个"人物品评"活动：

> 贾里，拥有一丁点儿"伟人"细胞，总想去干惊天动地的大事，可总不能成功。尽管一直失败，但他始终不放弃，接着干下一件"大事"。不过，贾里倒是个好哥哥，虽然他不会去佩服妹妹，但总想帮助她，有一些些的责任心吧。
>
> ——高静

> 可爱的贾梅实在是个令人羡慕的女孩，她天真活泼，心地善良，富有同情心，更有一对疼爱她的父母。她很崇拜林晓梅，两人是一对非常要好的朋友。林晓梅总盼望长大以后成为一位了不起的、出色的女明星，况且，她确有文艺天赋。贾梅也总想象着自己是个美丽动人的女孩，整天被一群男生包围，多么扬眉吐气……不过，我有个友情提醒，梦该醒了，回到现实生活中来吧！
>
> ——陈如慧

> 鲁智胜是一个花花点子满肚肚的小男孩，总出些馊主意，闹点恶作剧，弄得人家怪不好意思的。但是，他很喜欢帮助朋友，总是为贾里打抱不平，贾里要是有求于他，他肯定有求必应。
>
> ——冯立

> 林晓梅，很扎眼的"时髦女孩"，一分钟灰姑娘也不想做，总想让自己成为别人关注的焦点，有些骄傲自负，很有个性，总把自己打扮得别出心裁，是贾梅最崇拜的人之一。她还去学了霹雳舞，因为她最不希望的事就是有人忘记了她。尽管如此，林晓梅的成绩却名列前茅，尤其是英语，不简单哪！
>
> ——龚培智

> 张潇洒似乎处处都潇洒，天文地理，他都能聊，连股票都能分出"绩优股""垃圾股"，而且他外表也酷，肩宽鼻高，眼睛绝不斗鸡，头发留中分，梳得服服帖帖，穿的T恤是鳄鱼牌，自行车也是阿米尼的。看来，他确实够潇洒，名副其实。不过千万不要被他潇洒的外表所迷惑，其实在耍人方面他可是个有名的老手哦。
>
> ——陈如智

不同风格的"人物介绍"读写活动，一方面要符合作品本身的特点，另一方面也要与孩子们的读写水平相匹配。

变换叙述者

不同的叙述视角会展现出故事的不同方面，可以让孩子们尝试运用不同的叙述视角来讲述故事，获得更为丰富的体验。

比如，《我和小姐姐克拉拉》中塑造了两个活泼可爱的小朋友，一个是姐姐克拉拉，一个是弟弟克拉，从书名中就可以看出，这个故事是以弟弟克拉的口吻来讲述的。选择这个讲述故事的视角，说明作者充分考虑了低年级孩子的认知水平和理解能力。当孩子们阅读完一个个故事后，姐弟俩的形象非常清晰地建立在他们的头脑当中了，此时可以让孩子们尝试着变换一下讲述人。如果是以小姐姐克拉拉的口吻来讲述故事的话，那么不仅仅要讲出克拉拉怎么说的、怎么做的，更要讲出克拉拉内心的想法，而这些内心的想法需要基于孩子们在阅读时对人物内心的揣测，从而更好地帮助孩子们理解作品本身。如果是以第三人称客观视角叙述，孩子们完全可以从读者的角度出发，把自己看成是讲述人来讲述这个故事，所谓旁观者清，如何按一定顺序有条理地讲述出故事的前因后果，对孩子们的思维培养和语言表达都有益处。对于低年级孩子来说，识字量较少可能会影响书面表达，因此口头讲述故事也是一个不错的选择。

比如，对《夏洛的网》这本书，孩子们最意犹未尽的部分是——当小猪威尔伯在集市上因为获得了特别奖而拥有了一个可以安享天命的未来时，夏洛却默默地离开了这个世界。夏洛走了，可威尔伯永远也忘不了夏洛，威尔伯会如何回忆自己和夏洛在一起的日子呢？他会如何讲述和夏洛的第一次见面，又会如何讲述当自己听到那个坏消息时夏洛却坚定地说"我救你"……以威尔伯的口吻来讲述夏洛离开后自己对夏洛的思念，用日记的方式将他们相处的美好时光记录下来，既是对这本书的回忆，也是对夏洛的怀念，更是变换成作品中的主要人物来讲述故事，让美好永存于内心深处。当以威尔伯的口吻来讲述故事的时候，哪些内容需要凸显，哪些内容需要剪裁，哪些内容需要借助想象来加以填补，这些都在考验着孩子们。

选择什么样的叙述视角来重新讲述故事，需要基于作品本身的叙述特点和孩子们的读写水平。而如何巧妙地运用新视角让孩子们愿意重新讲述故事，需要教师创造性地劳动。

人物评论

到了小学高年级，随着孩子们知识经验的丰富和读写能力的提升，可以围绕人物展开一些专题性的评论。比如，《西游记》可以就"师徒四人中谁最重要"展开人物述评；《三国演义》可以对曹操、刘备、诸葛亮等主要人物展开有针对性的人物形象分析；《永远讲不完的故事》的主人公巴斯蒂安来到幻想帝国后，伴随着一个个愿望的产生，他也发生了一系列变化，那就可以从"愿望的正当性"这个角度对人物进行分析，写一篇带有议论性质的文章。

从故事延宕开来

孩子们最感兴趣的就是书中的故事了，故事给了孩子们想象驰骋的空间，而很多老师也会在这个方面做足文章，采用续写、扩写、改写、补写等方式，这些也是创意写作。当然，我们还可以从故事出发，在写作的文体上有所突破。

比如《豆蔻镇的居民和强盗》是一部非常有意思的童话：在这个很小很远又很特别的小镇上生活着快乐的居民，而小镇郊外的一所破房子里住着三个好吃懒做的强盗，最终他们在居民的帮助下在小镇上找到了工作，成了豆蔻镇上快乐的居民。看来做一个善良有用的人就会快乐起来。为了延展作品主旨，我们可以这样设计：豆蔻镇很小，还缺少医院、水果店、花店、宠物店……如果你来到了豆蔻镇，希望做什么工作呢？请你写一份创业申请书，说明自己想为豆蔻镇做什么，并且说明理由。基于对作品主旨的理解和对小镇情况的了解，如何成为一个对小镇有用的人，在小镇上找到自己的位置？孩子们撰写的创业申请书就能很好地体现他们的思考。

比如《小鹿班比》是一个关于"成长"的故事，每一个事件背后都蕴藏着成长的秘密，读完后可以安排一个写作活动将之提炼出来，化为每个孩子成长路上的经验，也许这就是阅读的意义所在吧。因此我们可以这样设计：小鹿班比最终成了鹿王，它也即将走完自己的一生。它很想将自己的生存之道写下来，告诉自己的后代。请你结合书中的故事，写一份丛林生存秘籍，说明若要在丛林中保全自己的性命，应该怎么做。这份生存秘籍看似是小鹿班比写给自己后代的，但实际上也是每个孩子写给自己的。

从上面两个例子不难看出，原本的故事类文本延展出了带有实用性质的文章写作，让孩子们借由一本书丰富写作体验，拓展写作经验，不失为一种有意思的尝试。

当然，整本书的创意写作远不止上面提到的几种路径，一切皆来源于教师的不断创造。采用什么样的路径才能发挥作品的特质，还能展现孩子们的创造力，考验着教师对作品的理解、对儿童的认识和对读写教学的研究与实践。

在整本书中看到写作的秘密

在你开始写作前，或者说在你开始做任何事情之前，你都应该问问自己知道些什么。而你头脑里储备的知识，其实都来源于生活中你每时每刻的思考和感悟……

有时候，重要的并不是人物的外表，而是他的动作、仪态、说话方式……你只需要把这些借鉴过来，然后把它们赋予你故事中的人物就行了。

一个真正的故事，总是充满变化的，在你写作的时候，一定要牢记这一点。当你发现随着故事的展开，不论经历了多少事，你的人物却依旧保持原样的时候，你就需要好好思考一下了。因为这就意味着，你笔下的人物是虚假的、没有生命的，就像这朵布做的玫瑰花一样。

如果你的脑海里没有一幅故事发生地的清晰地图，人物们很有可能会迷路的……除此之外，画地图还可以帮助你厘清思路：这些地点之间相隔多远？你的人物如何在这些地点间移动？是走路，是飞行，还是通过地下暗道？一个地点和另一个地点之间会有什么东西？从一个地点向另一个地点移动的时候，人物会看到什么样的景象？这些你都要想清楚，因为只有这样，你才能让你的人物合理地在地图上移动。

你想要描写一些非同寻常，或者十分滑稽的东西时，复杂的长句子和华丽生僻的辞藻就能派上用场了……但在有些情况下，你就需要一种简单朴实的风格了，就像记者用圆珠笔在本子上如实记录发生的事件一样……模仿一个人的风格，时间越久，你就越有心得……在不知不觉间，你已经把他的风格转变成了一种全新的、不同的、独属于你的风格！

当你想检查发型是不是整齐，衣服裤子是不是相称的时候，你会怎么做？你会照镜子。同理，当你写下了什么东西，想检查它们是不是正确时，你需要做的，就是把它们大声地朗读出来……当你的朗读变得不太顺利，你的阅读节奏被打乱的时候；当你不得不跳到开头再重新读一遍，或者你觉得朗读变得吃力，不得不放慢速度的时候……很显然，你写的东西就需要斟酌了，或许有一个多余的词，或许有一个病句……

以上六段文字来自一本非常有意思的童书——《孤岛上的23堂写作课》：作家阿尔图诺·费里尼和乔费德里克·斯拉卡巴尔迪应邀来到一座

小岛参加会议，突如其来的暴风雨把他们困在了这座孤岛上。他们被安排住进小女孩吉尔达的爸爸开的旅馆，原想着可以一边看足球赛一边打发滞留在岛上的时光，谁知暴风雨造成的停电让四周陷入一片黑暗。怎么度过这个漫漫长夜呢？吉尔达搬来了一个很奇妙的箱子，箱子的主人是吉尔达的叔公，他是一名作家。于是两位作家和一个小女孩就开始一一解锁箱子里的23件物品，孤岛上的23堂写作课就此展开……这六段文字非常清晰而又直观地阐述了写作秘诀，涉及写作素材、人物塑造、故事架构、语言风格、文章修改等，而这本书所展现的写作技巧远不止这些，23件物品就有23个写作秘诀，每一个都可谓高超纯熟。

这本书的高明之处，就在于用23个各具特色的小物件串联起整本书，既给我们讲述了一个情节并不复杂却充满了巧思的故事，又较为全面地展示了写作秘诀，同时似乎在告诉我们，写作的秘密就在作品当中。

歌德说过："内容人人看得见，含义只有有心人得之，形式对于大多数人是一个秘密。"在阅读过程中，我们关注了作品的内容与主旨，却很少关注作品的表达，于是形式对于我们来说就是一个秘密。如果能够给孩子们揭开形式的面纱，他们将会看到一个好的写作者的大概模样。

一个好的写作者是如何架构一个故事的

在《孤岛上的23堂写作课》这本书中，作家阿尔图诺·费里尼告诉小女孩吉尔达，写作者的头脑里一定要有一幅故事发生地的清晰地图，这幅地图可以帮助写作者厘清创作的思路。

《风与树的歌》是日本著名儿童文学作家安房直子幻想小说的代表作。这本书中一共讲述了8个故事，阅读这些故事后，其实就能发现作者创作的清晰思路。下面我们就借由这本书中的《狐狸的窗户》和《夕阳之国》来加以总结。

《狐狸的窗户》讲述了一个猎人和一只小白狐狸之间的故事：打猎归来的路上，猎人遇到了一只小白狐狸，并跟随小白狐狸来到了它的印染店；小白狐狸把猎人的手指染成了蓝色，在由蓝色手指搭成的菱形窗户里，猎人看到了自己日思夜想的已经逝去的亲人；为了表达对小狐狸的谢意，猎人把自己手里的枪递给了小狐狸。《夕阳之国》讲述了两个小女孩之间的故事："我"在后窗的橱窗上摆上了一根跳绳和一双运动鞋，没有人懂得这是一边跳绳一边去遥远的橙黄色国度的意思，除了关子；在关子的指导下，她们一起给跳绳涂上了橙黄色的药水，结果她们真的来到了夕阳之国，可是当她们跳到 100 下的时候又返回来了；就这样，"我"不断地来往于夕阳之国和现实世界，"我"家店里的跳绳也因此卖得特别火爆；可是当橙黄色的药水用完，"我"去找关子要药水的时候，却发现关子不见了，橱窗里的跳绳和运动鞋也都不见了。

从这两个故事中，我们可以发现幻想小说的一些基本特质：

一是幻想小说一般都包含现实世界和幻想世界。《狐狸的窗户》中猎人孤独地走在林间的山路上，他的母亲与妹妹在很多年前的一场大火中永远地离开了；小狐狸的妈妈也在这片树林中被猎人枪杀了。可是，猎人和小狐狸在幻想世界中的桔梗印染店相遇了。《夕阳之国》中"我"是一个开店人家的女儿，用爸爸给的一根跳绳和运动鞋装饰了面对背街小巷子的一扇小橱窗；关子说自己是坐落在一栋十五层大楼顶层的美容院老板娘的孩子，她还从自家美容院的架子上取下了一瓶橙黄色的药水送给了"我"；用涂上了橙黄色药水的跳绳，"我"和关子来到了夕阳之国，看到了橘黄色的沙漠和一只孤零零的骆驼。

但是我们又会发现在幻想小说中，现实世界和幻想世界之间的界限是模糊的，幻想小说采用了"让人觉得也许真的发生过"的小说的叙述方式，取得了亦真亦幻的艺术效果。安房直子更是以其丰富的想象，模糊了幻想和现实世界之间的界限，如《狐狸的窗户》中，在山道上的一个拐弯处，天空一下子亮得刺眼，于是就进入了幻想世界，这种景象其实在现实中也会出现，着实让读者分不清是真还是幻。

二是出入幻想世界是需要媒介的。猎人进入幻想世界是在山道转弯处，天空突然亮得刺眼，并且出现一道蓝光；猎人能完完全全走出幻想世界，是因为回到家中后，他习惯性的一个洗手的动作洗掉了小白狐狸为他染的蓝色手指。而进入夕阳之国的媒介则是一瓶橙黄色的药水。给跳绳涂上药水，连续跳七十下就可以来到夕阳之国，跳到一百下又可以返回现实世界；没有了橙黄色药水，就无法抵达幻想世界了。

三是幻想世界和现实世界是彼此联系的。幻想世界中的景象与现实世界有着千丝万缕的联系。比如，猎人对亲人的思念；"我"在贴着橙黄色纸的小橱窗里摆上了跳绳和运动鞋，心里想着那将会带"我"去橙黄色国度，结果用涂上橙黄色药水的跳绳跳七十下就真的来到了夕阳之国。再比如，现实世界和幻想世界中都有相同的色彩，《狐狸的窗户》里是蓝色，《夕阳之国》里是橙黄色。安房直子的小说中一般都有梦幻般的色彩，雪夜中亮着的橘黄色的灯，在一片油菜花田里跑着的女孩子的身影，在森林里歇息着的一群大白鸟，还有那飞雪落花般的蓝色萤火虫……她说："我太喜欢在幻想和现实的境界之间那种微妙地变化着的彩虹一般的颜色了。"

四是幻想世界中有现实的成分。幻想世界中出现的景物和景象，不是我们在童话中所见到的那些在现实世界根本没有的幻象和幻境，所有的一切都是在真实世界中实实在在存在着的，如《狐狸的窗户》中的树林、山道、原野、桔梗花田、印染小屋等，《夕阳之国》里出现的沙漠、夕阳、骆驼等。

这些基本特质就是作者创作时的基本思路。在此基础上，我们就可以引导孩子来创作属于自己的幻想故事了。以《狐狸的窗户》和《夕阳之国》为例，我们尝试用一张表格（如表 8-1）来架构自己的故事。

表 8-1

故事名称	现实世界	进入幻想世界的人	进入幻想世界的媒介	幻想世界	回到现实世界
《狐狸的窗户》	"我"走在打猎回来路上	"我"（猎人）	山道转弯处，天空突然亮得刺眼，出现一道蓝光	在一片蓝色桔梗花田中，看着蓝色手指的印染小屋里，通过染着蓝色手指搭成的菱形窗户，"我"看到了思念的亲人	无意中洗掉了蓝色手指，再也找不到桔梗花田了
《夕阳之国》	"我"在属于自己的、后墙上贴着橙黄色纸的小橱窗里，摆上了一根跳绳和一双运动鞋，只有关子能够看懂它的意思	"我"（一个小女孩）	一根涂有橙黄色药水的跳绳	跳绳跳到七十下进入夕阳之国，看到橙黄色的沙漠，跳到八十几下，就看见了路驼的影子	没有了橙黄色药水，也找不到关子，橱窗里的跳绳和运动鞋都消失了
《_____》					

以上分析在一定程度上还原了故事地图，既能帮助孩子们理解作品的意义，也能让他们感受到一个清晰的创作思路对于创作一个吸引人的故事所起到的关键作用。从这个意义上来说，阅读与写作本身就是连接在一起的。

一个好的写作者是如何塑造人物的

在《孤岛上的23堂写作课》这本书中，作家乔费德里克·斯拉卡巴尔迪告诉小女孩吉尔达，写作的时候可以将生活中人物的动作、仪态、说话方式等赋予到故事中的人物身上。他着重强调塑造人物时可以借鉴生活，实现"形象的叠加"，给我们提供了塑造人物的路径和方法。我们可以将作品中人物塑造的一些技巧迁移到写作指导中来。

借助人物的出场塑造人物形象。《柳林风声》是一部不可多得的经典童话，格雷厄姆刻画了独具一格的动物形象，让鼹鼠、河鼠、老獾、蟾蜍四个伙伴的故事成为小朋友的最爱。故事从春天里鼹鼠的一次闲逛开始，他来到一条从未见过的水流丰盈的大河边。在这里，他遇到了河鼠。趁着这美好的春光，河鼠带着从未坐过船的鼹鼠开始了一段河上的旅行，然后就遇到了老獾和蟾蜍。四个小伙伴一个接一个地出场，每个人物的出场都不一样，读者一下子就能捕捉到每个人物的特点。我们来读一读这个片段：

"我在看水面上移动着的一串泡沫，"鼹鼠说，"觉得它怪好玩的。"

"泡沫？啊哈！"河鼠高兴地吱喳一声，样子怪招人喜欢的，像在对谁发出邀请。

岸边的水里，冒出一只宽扁发亮的嘴。水獭钻出水面，抖落掉外衣上的水滴。

"贪吃的花子们！"他朝食物凑拢去，"鼠兄，怎么不邀请我呀？"

"这次野餐是临时动议的。"河鼠解释说，"来，介绍一下，这位是我的朋友鼹鼠。"

"很荣幸。"水獭说,两只动物立刻成了朋友。

"到处都闹哄哄的!"水獭接着说,"今儿个仿佛全世界都上河来了。我到这洄水湾,原想图个清静,不料又撞上你们二位!至少是——啊,对不起——我不是这个意思,你们知道的。"

他们背后响起了一阵窸窣声,是从树篱那边传来的。树篱上,还厚厚地挂着头年的叶子。一个带条纹的脑袋,脑袋下一副高耸的肩膀,从树篱后面探出来,窥望着他们。

"过来呀,老獾!"河鼠喊道。

老獾向前小跑了一两步,然后咕噜说:"哼!有同伴!"随即掉头跑开了。

"他就是这么个人!"满心失望的河鼠议论道,"最讨厌社交生活!今天咱们别想再见到他了。好吧,告诉我们,到河上来的都有谁?"

"蟾蜍就是一个,"水獭回答,"驾着他那条崭新的赛艇,一身新装,什么都是新的!"

两只动物相视大笑。

…………

格雷厄姆笔下的鼹鼠是可爱的,也是比较敏感的,对任何一个微小的事物都充满了好奇,以至于那些对河鼠来说已经司空见惯的东西却能引起他的注意,他的语言就显露出了这些特点。河鼠呢,就像一个大大咧咧的男孩子一样,他的观察和感受没有那么细致,但是他倒是一个可以交心的朋友,因为他能关照到朋友的感受,尽管自己没有发现水里的泡沫,但是他依旧和鼹鼠一样开心;而且从河鼠与水獭的对话中,我们也能感受到河鼠人缘极好,喜欢热闹。老獾的出场很有意思,我们先听到的是他的声音,然后是对他的动作的描摹:"探"和"窥望",一个小心谨慎、不喜欢社交的形象就初步建立了起来;而河鼠的招呼、老獾的回应,以及河鼠后来的议论，都在不断向读者强化着人物形象。蟾蜍在这个片段当中并没有出现，但是一个爱好虚荣、喜欢出风头的形象就在水獭平静的描述中凸显了出来，而河鼠和水獭最后的"相视大笑"也意味深长，从而给还未出场的蟾蜍赚足了吸引力。

每个人物的出场都带有明显的个性化标签，好的写作者不会放过任何一个塑造人物形象的契机，通过人物的动作、仪态，说话的内容和方式等不断向读者传递着信息。阅读时对这些内容稍加分析，再迁移到真实的写作情境中，无疑会引导学生更好地观察与表达。

借助人物的内心活动展现人物形象。当你阅读《总有一天会长大》时，你一定会叹服于作者对主人公约根内心活动的敏锐体察和细腻描写，正是在一次次的描写中，约根的单纯可爱与胆小怯懦展露无遗。一起来看看《硬币》这一章中的以下两段文字。这一章主要讲述了约根在去小店的路上把爸爸给自己的一克朗硬币弄丢了，可恶的马丁捡到了这枚硬币后不但不还给约根，反而堂而皇之地占为己有；可是在牛高马大的马丁面前，约根虽然难过、气愤，但也只能默默承受。

手里有一枚属于自己的硬币，这可是世界上最美的事了！是整整一克朗！而且是你不用塞进储蓄罐里的一克朗，是你平时眼睁睁地塞进去后又要摇一摇的储蓄罐，证实它是否真的在里面的一克朗！	约根得到爸爸给的一克朗硬币开心极了！可是作者并没有用一个简单的词语"开心"来表达，而是把约根开心时内心的感受具体描写了出来。在一个比一个长的句子中，作者连用三个"一克朗"，约根兴奋的心情就一次又一次地得到了强化，加上前面"整整""不用塞进""摇一摇"等修饰性词语，就更能体现约根此时的开心了。对这种心情的淋漓尽致的描写，也恰恰反映出约根的天真与可爱。

> 1. 约根吞吞吐吐地说，嗓音也变了。他觉得嗓子发干，似乎连话都说不来了。
> 2. 他似乎觉得，他的说话声比刚才更轻了。
> 3. 他轻声说道，这声音除了他自己外谁都听不见。
> 4. 他一声不吭地站在那里，不知道怎么做才好。

这是约根和马丁对峙过程中对约根的几次描写。读着这四句话，你是否感觉到约根的声音在发生着变化？是的，声音越来越小，直到最后"一声不吭"，这是为什么呢？这都是内心害怕的感觉在作怪呀。不仅如此，约根对自己声音的感觉也有变化，从一开始的"嗓子发干，似乎连话都说不出来"，到感觉自己的说话声更轻了，再到感觉只有自己能听见自己的声音，这一切都在说明约根的内心越来越害怕了，从而将约根胆小怯懦的性格特点丰富且有层次地展现在小读者面前。

作者用第三人称限制叙述的方式，细致描摹了约根成长过程中的内心世界，完满塑造了一个胆小怯懦的人物形象，为人物最终的成长和变化做了铺垫，而这本书最大的创作特色就在于此。在读写活动中教师要善于发现作品的特点，通过具体的故事情节来指导学生的写作活动。

运用白描手法塑造人物形象。白描手法是文学创作中的一种表现手法，主要用朴素简练的文字描摹形象。有一本书叫作《胡萝卜须》，讲述了一个在家里饱受虐待的儿童的故事。因为他的头发是棕红色的，他的母亲就给他取了这个别号"胡萝卜须"。在这个家庭中，胡萝卜须没感受到爱和温暖，而是受尽了折磨。这本书一共有50章，每章都独立成篇，分别讲述了关于胡萝卜须的一个故事。这本书的最后一章叫作《胡萝卜须的照相册》，这一章用三十张"文字照片"，给我们全面、丰富地展现了胡萝卜须的生活状况，其中有胡萝卜须是如何遭遇妈妈的嫌弃、咒骂和抽打的，有胡萝卜须是如何在哥哥和姐姐中间求得一丝丝不能表现出兴奋的小幸福的，有胡萝卜须作为家庭的传声筒、受气包是如何小心翼翼地努力争取到一点点的安全感的，也有胡萝卜须在与同伴的相处中是怎样遭受排挤、任人摆布的，等等。可以说这一章集中展现了胡萝卜须的生活全貌，是对胡萝卜须生存境况的全景式展现。我们一起来看看其中的几张"文字照片"：

一

如果一个陌生人翻看勒皮克家的照相册，他免不得要吃惊，他看到姐姐埃内斯蒂娜和大哥费利克斯各式各样，穿着漂亮服装或是日常衣着，或站或坐，或笑或颦，在富丽堂皇的背景前面拍摄的照片。

"胡萝卜须呢？"

"我本来有他挺小的时候拍的几张照片的，"勒皮克太太说，"因为他照得那么可爱，都让别人抢去了，我连一张也没留下。"

事实上是根本从来就没有人给胡萝卜须照过相。

→

这幅照片中，并没有出现胡萝卜须，只有勒皮克太太和一个翻看照相册的陌生人。这里面有着强烈的对比：一面是哥哥和姐姐穿着各式各样的漂亮服装，各种姿态的摆拍；另一面是在相册中找不到胡萝卜须的身影，相形之下，胡萝卜须在家庭中的地位显而易见。最让人心酸的是，勒皮克太太居然用一句堂而皇之的解释，掩盖了事情的真相，直到最后一句冷冷的说明，母亲的偏心由此在读者心中留下了深刻的印象。

三

还有不少别的标记：

胡萝卜须的脸一点也不讨人喜欢。

胡萝卜须的鼻子像鼹鼠掘起的土堆。

胡萝卜须的耳朵里，不管人家怎么掏，经常总有着一些面包皮。

胡萝卜须可以把雪放在舌头上融化，吃下去。

胡萝卜须的脚步沉重，走相难看，像个驼子。

胡萝卜须的脖子上总是有一层黑黢黢的老垢，好像戴了个项圈。

末了，胡萝卜须气味挺怪，他一点儿麝香都没有。

→ 这幅照片中，只有胡萝卜须一个人，这是给胡萝卜须的一个特写镜头，主要展现了他的外貌。作者抓住富有特征的身体部位，比如脸、鼻子、耳朵、脖子，以及走相和气味等，写出了胡萝卜须的外貌特征。读后，一个长得不太好看，有点脏兮兮，身上还带着一股怪味的胡萝卜须就站在我们面前了，和第一张照片中鲜亮的哥哥姐姐形成了鲜明的对比。作者描写胡萝卜须的外貌，用了七句话，形成七个段落，基本上是以"胡萝卜须"开头，每一个特点的描写都富有画面感和形象感，不是标签式的词语堆砌，而是富有特点的形象描摹。

十一

在玩打雪仗的时候，胡萝卜须独当一面，因为他在雪团里包着石头，大伙儿都害怕他，威名远扬。

他瞄准别人的脑袋：这比较快当。

→ 如果说前面两张照片都是单个场景的展现，那么这张照片就是多场景的组合。作者为我们呈现了胡萝卜须和同伴相处的五个场景：打雪仗时没有人愿意与胡萝卜须组成一地面上结了冰，别人都在溜冰，他就在溜冰场旁边的草地上，自己另外安排了一个小小的冰道。

在做"跳马"游戏时，他喜欢弓着身蹲着，让别人从他身上跳过去。

玩"抓俘虏"时，他总是不顾自身自由，任人家随意摆布。

玩"捉迷藏"时，他可躲得真好，人家都把他忘了。

⇨

团队；自己一个人孤独地安排赛道，孤独地滑冰；为了讨好大家、获得和大家一起玩耍的机会，胡萝卜须心甘情愿地做弯下身躯的"马"，并在"抓俘虏"的游戏中任人摆布；最让人心酸的是，他是一个可有可无、无足轻重的人，因为"捉迷藏"时，大家经常会忘记他。

虽然没有细致描写胡萝卜须的动作，但是从他的行动中，我们知道：孤独的胡萝卜须必须用这种方式才能获得可怜的快乐。

十四

"爱抚！这话什么意思？"胡萝卜须问那个被妈妈溺爱的小比埃尔。

大概弄懂了之后，他叫起来：

"我啊，我希望的就是用手指在盆子里拿炸土豆片吃，还有，就是吮吸连核的那一半桃子。"

他想了一下：

"要是勒皮克太太爱抚地咬我几口，她准是从鼻子开始。"

⇨

这幅照片展现的应该是胡萝卜须和小比埃尔的对话场景。有两个意思：一是作者特意强调了小比埃尔的特质——被妈妈溺爱；二是作者刻意隐去了小比埃尔的回答，而只是保留了胡萝卜须说的话。

作者这么做的目的是什么呢？一是告诉我们，对于胡萝卜须来说，他从未被"爱抚"过，所以不懂得其中的意思；二是告诉我们，小孩子经常会做的一些不起眼的事情，在胡萝卜须这里都是一种奢望；三是即便勒皮克太太有"爱抚"的行为，那也是"咬"。这些都充分说明，"爱抚"对于胡萝卜须来说，是可望而不可即的。

二十一

她还说：

"要是空中有一个斑点，路上有一摊狗屎，这都算是给他的。"

"他的脑袋瓜子里总是有个什么好主意，可就是有头无尾。"

"他真骄傲，简直会为了引人注目而杀人。"

→ 这张照片并未出现胡萝卜须，而只是出现了勒皮克太太，主要通过勒皮克太太的三段话来展现胡萝卜须在妈妈心目中的形象。借助于他人的语言，站在他人的视角来塑造人物形象。三段话，就把一个妈妈的恶毒和一个孩子的处境，充分地展现出来了。

二十六

他成了父亲和母亲的连接线了。勒皮克先生说：

"胡萝卜须，这件衬衫上少了一粒纽扣。"

胡萝卜须把衬衫递给勒皮克太太，她说：

"难道还要你来命令我吗，傻瓜？"

不过，她还是拿出针线篓子，把纽扣缝上了。

→ 一个场景，三个人物。作为"连接线"的胡萝卜须，只有"递"的动作，没有语言。发声的是勒皮克先生和勒皮克太太：一个是命令，而且指令有点模糊，但是胡萝卜须知道其中的含义，说明这样的事情他已经习以为常；一个是埋怨，反问再加上一句"傻瓜"。莫名其妙地挨骂，这就是受气的胡萝卜须。你看，通过其他人物之间的语言描写，也能展现人物形象。

三十张"文字照片",每一张都是如此这般短短的几笔勾勒,没有浓墨重彩的渲染,没有浮夸华丽的修饰词语,语言简练,不夸张也不美化,自然直接地描绘出来,不做分析和论述。白描手法的充分运用,让读者真切地感受到胡萝卜须的生活境况。为了避免重复单调,列那尔高超地运用了这种技巧。一是将其运用于不同的场景,照片中有的出现了具体的场景,有的没有出现,有的却呈现了多个场景,有的却只有单个场景。二是将其运用于不同人物的塑造当中,但都没有离开核心人物;每张照片中出现的人物是不一样的,有的就只有胡萝卜须,有的是胡萝卜须和其他人在一起,有的胡萝卜须根本就没有出现,而是让其他人说话。同样的手法,不同的角度,呈现了人物塑造的丰富性和多样性,突出了人物的典型特点。

通过不同场景和场景中的人物,对人物的动作、仪态及说话内容和方式等进行简单勾勒,塑造较为丰富的人物形象,这样的白描手法,孩子们是可以尝试学习与运用的。

一个好的写作者是如何讲究词语的运用和句子结构的

翻开汪曾祺先生的散文集《人间草木》,你就会知道一个好的写作者运用语言的功力,你会在阅读中情不自禁地赞叹汪老莫不是成了神,竟然能把汉语的美如此清雅地抒写出来。以《葡萄月令》为例,读读下面节选的两部分文字,就能窥见全貌:

一月,下大雪。

雪静静地下着。果园一片白。听不到一点声音。

葡萄睡在铺着白雪的窖里。

这是散文的第一部分内容,分为三段。第一段说明时间、天气;第二段描写了环境，让读者感受到下雪天白茫茫的安静；第三段一个"睡"字就凸显了葡萄的可爱，以及作者对葡萄的喜爱。作者用最少的语言、简单的色调，用五个短句子形成三个段落，富有节奏地营造出一种寂静与安宁。

雪化了，土地是黑的。

黑色的土地里，长出了茵陈蒿。碧绿。

二月份葡萄出窖。出窖前地面是什么样的景象？这两段进行了描写。作者两次提到"土地"，而且用了不同的结构，难道不可以将"土地是黑的"与第二段并到一起，直接用一段话完成描写吗？可以。但是高明的写作者在这里的反复、停顿与变化，恰恰形成了语言的建筑美，也展现了大地慢慢复苏的过程。接下来对"茵陈蒿"的描写也很有意思，按照惯常的表达应该是"长出了碧绿的茵陈蒿"，可是作者将"碧绿"一词后置，一个词语单独作为一句话。这种异于常规的表达，恰恰展现了春天的勃勃生机，起到了一种强调的效果。

品味了这两部分文字之后，一个好的写作者是如何讲究词语的运用和句子结构的，孩子们就有了最直观的感受。所谓的写作时要多用成语，去除反复，多写堆满修饰词语的长句子等说法，在这样清新雅致的文字面前不堪一击。孩子们是天生的语言家，经由阅读他们会敏锐地感知到好文章的妙处所在，他们也会看到一个好的写作者应该有的样子。

当然，一个好的写作者还有很多样子，在持续不断的优质阅读中，只有引导孩子们进入深度阅读，孩子们才能真正发现写作的秘密，才能真正地实现从阅读到写作的跨越。

 案例分享

《布伦克的故事》诞生记
——《下落不明的故事》读写活动

秋天到了,新的学期也来了,跟孩子们一起读一本书吧,手头的这本《下落不明的故事》就是一个不错的选择。第一次看到这本书,总感觉封面比较阴郁,一种说不出来的冷透过眼睛一直到达心底。直到读完这本书后,我才明白了这种冷背后的暖,这是主人公邦贝用极其冷峻的目光在观察、认识这个世界,透露出来的却是这个世界角落里的深深的暖意。

邦贝是一个侏儒症患者,也是一个伟大的作家。他平时几乎不出门,一切与外界打交道的事情和平时的生活基本上由住在楼下开杂货店的布伦克先生负责,而他自己住在阁楼上,这里就是他的小天地。在这个小天地里,邦贝把自己创作的一个个故事写在一本叫作"愿望之书"的本子上,就这样他写了10个故事。当有一天这本"愿望之书"只够再写一个故事的时候,邦贝希望这最后一个故事一定要是个特别的故事,一定要有意义,一定要真正发生,而不只是写在纸上。什么叫让故事真正发生呢?邦贝让布伦克买来涂改笔,自己用笔涂掉了故事发生的地点;他还让布伦克买来了绸质气球和蜡烛;接着,邦贝把"愿望之书"拆开,这样他就拥有了11个故事——第11个故事其实是几张白纸,邦贝希望这个故事由自己去讲述——他还在每个故事的后面附了一封信,告诉拿到这封信的人,他放飞了自己写的故事,让这些故事自己决定发生的地点和主人公,见到这封信的人可以将故事寄还给他,告诉他这些故事最终来到了哪里,他就会把这些收回的故事放到"愿望之书"里,并且把书送给寄信人。

从一个寒风刺骨的冬日凌晨开始,邦贝一一放飞了这些故事,接下来就是令人崩溃的漫长等待。就在邦贝孱弱的身体快要无法承受一次次失望

带来的身体和精神的双重打击时，布伦克却陆续把一封封信送到了邦贝的手中，因为邦贝在每封信的背后都留下了"布伦克杂货店转"的字样。

就这样，一封封曾经放飞出去的信，一年后又跨越千山万水回到了邦贝身边，因为每个信封上的邮票都是来自故事发生地，邮寄地址都是邦贝所知道的当地的地名，甚至连寄信人的姓名都带有故事发生地的文化烙印，所有的故事一如邦贝所愿都真正发生了。那最后一封信呢？最后一封寄出去时还只是几张白纸的信呢？布伦克迟迟没有把这封信送来，而且他好几天没有露面，还用纸条告诉邦贝自己生病了。邦贝只能等待，他感觉自己现在就只为这个最后的、没有写下来的故事而活着。

一天夜晚，月光特别皎洁，邦贝发现自己魂牵梦萦的第 11 封信居然落在了离天窗两米远的屋顶上。他找来一张小板凳站上去，抓起自己的拐杖向外伸，最后他索性一条腿踩在了屋顶上，一只手牢牢地抓住天窗的窗框。就在拐杖够着这信封的一瞬间，邦贝一头从屋顶上栽了下去。最终，布伦克为最后一个故事找到了落脚点，这个故事的主人公就是邦贝，故事就发生在当下，他把这个故事写了出来，起名叫《梦境的对岸》。

于是邦贝写的 10 个故事，还有布伦克写的 1 个故事，组成了《下落不明的故事》这本书的主要内容，11 个故事之间还穿插着关于邦贝的故事，以及邦贝和布伦克之间的故事。现在终于明白了，这就是一个大故事里套着一个个小故事的叙事结构，而一个个小故事也在这个大故事中慢慢地、一点点地融合，形成了一个完美的、精致的、温暖的故事。

这本书中究竟有多少个故事呢？读书交流会的最后，孩子们数了数。就在大家满以为数得清清楚楚的时候，小梅忽然皱着眉头，用手指着黑板上画出来的故事地图，说："不对，应该还有一个。"

这话一出，大家的兴奋劲儿顿时收住了，教室里突然安静下来，很快，一个个声音响了起来："是的！""是的！"……

"是布伦克！"小徐抢先说道，"还有一个布伦克的故事。"

很快，大家达成了共识，作品中还暗含了一个故事：布伦克帮助邦贝实现愿望，完成了邦贝父母给自己的托付。只是作者并没有把这个故事铺展开来，而是把更多的想象留给了读者。

作者没有写的可能有什么呢？这个问题自然而然就成了接下来讨论的焦点。

要想解决这个问题，必须思考关于布伦克，作者已经写了些什么。这就要回到作品当中，寻找布伦克为邦贝做了哪些事情，答案很快就出来了，大致就是贴邮票、送信，还有就是照顾邦贝的生活和情绪等。那布伦克为什么要这样做呢？他究竟出于什么样的考虑呢？从中可以看出布伦克是一个什么样的人？

所有这些讨论看上去离讨论的焦点有点远，但实际上始终围绕着焦点，一点都没有偏离：要想了解作者没有写的是什么，那肯定要从作者在作品中写了什么入手；要想了解作者没有写的是什么，那一定要知道如果作者写的话，会围绕什么样的中心来写，知道作者思考的方向；要想了解作者没有写的是什么，那么就要了解布伦克的为人，让所有的故事情节能不断强化布伦克这一人物形象的设定。围绕焦点话题展开的讨论，让这次写作活动有了明确的目的与方向。

那么，我们可以写一些什么呢？有了上面的讨论作为基础，小组讨论也自然而然变得热烈起来。小组讨论后，我和孩子们围绕着以下四个话题展开了深度交流：

一是邦贝等待的这一年中布伦克是如何度过的。孩子们觉得布伦克是一个善良的人，加上邦贝父母的托付，因此当他看到邦贝在等待中一天天消沉下去的时候，他也一定心急如焚，肯定会为自己的无能为力而烦闷甚至生气，他可能都无法把心思放在自己经营的杂货店上……

二是布伦克是如何得到第一封信的。根据《下落不明的故事》这本书的故事情节，孩子们做出了一个判断：布伦克起初并不知道邦贝日渐消瘦、坐立不安的原因，一定是某一个偶然的机会发现了邦贝放飞的信后才得知这一切的。问题随之而来，这第一封信是如何来到布伦克手中的呢？大家七嘴八舌说开了：有的说是布伦克杂货店的老主顾无意中发现后送给布伦克的，毕竟邦贝在信的最后写的是"布伦克杂货店转"；有的说其实这封信也没飞多远，以邦贝购买的这些放飞用的材料来看，肯定是飞不太远的，可能就落在了布伦克杂货店附近的街道上，一个偶然的机会被布伦克发现了……大家就这么你一言我一语，说着说着故事还真有了简单的眉目，有些小朋友还兴奋地请大家把书翻到相应的页码，结合书中的语段来验证自己的猜想。

三是布伦克是如何知道邦贝的愿望的。如果说如何得到一封信让整个故事有了转机的话，那么通过阅读信件得知邦贝的愿望，那就是整个故事的转折点。问题来了，布伦克是在什么时候、什么情况下打开这封信的？打开这封信的那一刻，布伦克的眼前浮现出这近一年来邦贝的哪些反常举动？不用说，孩子们自然而然地开始阅读《下落不明的故事》的开头部分，在书中的语言文字中放飞自己的想象。

四是布伦克是怎么想到办法让这些故事重新回到邦贝身边的。是呀，这个问题可难住了孩子们，相信也难住了故事中的布伦克。既然要帮助邦贝实现愿望，那就要让邦贝相信这些信件真的来自故事发生地，可是怎么才能做到呢？布伦克是在一个什么境况下突发奇想的呢？小金同学觉得，布伦克热衷集邮，集邮的人都有整理邮票的习惯，一定是布伦克在整理邮票的时候突然想到的。真是一个不错的想法！

就在这时，我问了孩子们一个问题：

"那这个邮戳是如何盖在邮票上的呢？"

孩子们听完后都傻愣愣地看着我。数字时代，这些传统的通信方式离孩子们已经非常久远了，孩子们根本就没有想到这一点，于是必要的知识铺垫是一定要有的。

继续回到刚才的问题，我告诉孩子们其实书中有关于布伦克如何"盖邮戳"的描写。对这本书的故事情节已经谙熟于心的孩子们立刻找到了第104页的一段话，这段话描写了布伦克在邦贝从屋顶跌落后，在邦贝的厨房里发现了一个档案夹：

> 布伦克把档案夹带到自己的房间，收拾起集邮簿，打开夹子，找到了他的顾客们在一年里陆陆续续给他送回店里的所有故事。
>
> 他也找到了四个已经打开的信封，上面有他自己亲手写下的寄信地址，每次都用了不同的笔迹。因为邦贝放飞出去的故事都降落在这个城市的附近，所以布伦克就成了唯一能够满足邦贝愿望的人。他又看到了那些邮票，就是那些邮票，使得邦贝对于故事能够自己找寻地点的浪漫信念变得非常确定。他检查着邮票上面的邮戳，那是他用一只白煮蛋从邮票上面转印下来又盖到邦贝的信封上面的。

故事的玄机在这一刻又一次清晰地呈现在了孩子们面前。此刻，有些小朋友会心地一笑，有的小朋友不住地点头，小陈同学禁不住说："作者真是太厉害了！"是呀，好的写作者一定就是这个样子的，他的每一个设计、每一个铺垫，都是精心谋划的。

四个最关键的问题终于解决了。接下来就请每个小组的同学根据对这四个问题的思考，结合自己的理解和想象，来设计《布伦克的故事》的创作思路。我给每个小组提供了一份简单的创作单（如表8-2），让他们根据刚才的讨论完成四个场景的构思，尽量做到故事情节的设计连贯完整。

表 8-2

时间				
地点				
人物				
事件				
如何描写				

很显然，这个故事的创作需要大家合作完成，每个人承担其中一个场景的写作任务。孩子们欣然接受，并投入各自的创作中。整个创作过程历时一个月，大致经历了三个阶段：

第一阶段，撰写初稿。小组同学根据各自的写作任务撰写初稿。这个环节，各种创意层出不穷。课间，我经常被几个同学围堵在教室里。

一个说："邦贝放飞的信过了好久才来到布伦克手中，我估计这时信上的字迹有些不清晰了。"

一个说："为什么一年后邦贝才收到信？因为我觉得信到布伦克手里的时候，已经耽误了时间，布伦克想办法帮邦贝实现愿望也花了很长时间。"

一个说："岳老师，我能不能把第一个场景设计在秋天的一个阴沉沉的黄昏，我感觉这样的天气会让人绝望的，很符合邦贝和布伦克当时的心境。"

…………

第二阶段，共同创作。初稿完成后，孩子们纷纷表示担心：四个人的想象彼此会产生冲突，而且语言风格也不一致，怎么才能很好地协调呢？看到孩子们这份创作的热忱，我索性又给他们提供了一次共创的机会，让他们成为彼此作品的读者，大家互相提建议，形成统一的情节与风格。共同创作的过程，就是一个学习共同体内的成员相互成就的过程，每个孩子都非常认真地倾听、记录着同伴的建议，为小组共同的创作目标一起努力着。

第三阶段，完善修改。大家把自己的修改稿再一次发出来，在小组长的统一安排下进行第二次、第三次修改。在这个过程中，很多小组长给组员提出了中肯的建议，组长陈明扬给组员的建议是这样的：

> 王榕写的第一部分已经非常好了，基本上不用修改，可以再加一些动作描写，让我们能更直观地感受到布伦克前面这一年是怎么度过的，再润色一下吧。
>
> 下方烨呢，建议可以把布伦克跟芬格勒太太的对话部分描写得出彩一点，完善到看上去和原本的小说没有什么差别，让读者感觉这确确实实就是生活中的一个场景。再把对话部分继续扩展，注意一下提示语的位置，以及提示语本身。
>
> 徐启皓呢，请你在这周再继续好好改一改，因为我这部分的结尾已经修改过了，你那部分的开头需要描写布伦克所遇到的问题是什么，然后请你在布伦克是怎么突然想到办法的这一部分继续完善。还有就是想问一下，你那个结尾的环境描写是有什么特别的想法吗？因为目前的这个环境描写给我一种悲伤、压抑的感觉，你说整个小城都陷入了一片黑暗。我觉得结尾用环境描写是很好的，也可以和王榕写的第一部分的开头承接、呼应起来，但是要能体现布伦克已经想到方法了，所以建议你不要用"陷入黑暗"来描述。另外就是细节描写，其实你写的这部分的重点不在于布伦克是如何把邮戳转印上去的，而在于他

究竟是如何想到的，所以这中间一定要有心理描写，而且是一个渐渐往前、一环套一环的心理描写，你再加油修改一下。

作为整个读写活动的组织者与亲历者，我被孩子们真挚的创作热情、不断追求超越的勇气与行动，以及同伴之间坦诚的协作感动了。真正的写作，不是冰冷的任务，而是发自内心的表达，与温暖的文字一起飞扬，就像《下落不明的故事》这本书带给我们的温暖一样。

附学生作品：

布伦克的故事

王榕　卞方烨　陈明扬　徐启皓

一

路旁一棵弯着腰的树，落下了最后一片叶子。那片叶子在空中转了个圈，放弃了最后的倔强，躺在了沥青路面上。一辆自行车驶来，压在那片叶上，"咔哧"，四分五裂。

布伦克坐在小店里查看账簿。秋风溜进来，吹乱了布伦克日渐灰白的头发。他皱了皱眉，挠了挠头发，放下账簿，起身倒了一杯咖啡，坐下继续工作。

早上的秋风似乎惹怒了布伦克。他早已无心做事，看着小电梯中被邦贝吃了一半的面包和摆放凌乱的咖啡杯，叹了口气。"邦贝这是怎么啦？"布伦克自言自语道。他用粗糙的手洗着咖啡杯，洗完了，用纸巾擦干湿漉漉的手，随手将杯子放在桌上。咖啡杯上残留的水珠顺着杯壁滴滴答答流下来。布伦克扯来一块抹布胡乱擦着，一不小心咖啡杯摔在瓷砖地面上，碎了……布伦克连忙捡起，轻轻地摇了摇头，"砰"的一声扔进了垃圾桶。

早上对于布伦克来说是比较忙的，他还有很多事情要做。此刻，他却戴上帽子出了门。

阳光的确很明媚，可布伦克感觉不到一点暖意。他拉紧衣服，抬头看了看阁楼上的小人。此刻，邦贝拿着那根拐杖——把手是金子做的，站在阴影下，旁边的桌上摊着一张做了很多标记的世界地图。只见邦贝斜着身子，紧盯窗外，眼神迷茫。

布伦克收回视线，继续往前走，心里想着：邦贝最近似乎总在担忧着什么，每天送去的三根面包他只吃了半根，喝的咖啡也变多了，到底是为什么呢？邦贝遇到了什么情况，我要不要去问问他呢？

秋风肆意地吹着，布伦克又用手紧了紧身上的衣服。

二

冬天，驾着他那整天呼呼作响的北风逼近了这个世界。初冬的雪一片一片落下来，一会儿就铺满了整条街。

布伦克站在杂货店门外，任由那雪花一片片地落在他的脸上、身上，最后融化成水。现在已是中午，人们都在家吃午饭，店内并没有人，布伦克有了出来透透气的时间。雪花落在肌肤上，那冰冷的感觉刺激了他的大脑，让他清醒，也让他不由自主地想到邦贝，直到他的耳边突然响起了一个细微的声音，而且这个声音越来越大：

"布伦克！布伦克！"

布伦克忙定定神，向声音发出的方向望去。是芬格勒太太，她经常来布伦克这里买东西，布伦克也经常和她闲聊。

只见芬格勒太太满身是雪，她一边抖落身上的雪，一边往手上哈着气，说道："布伦克，你怎么了？我喊了好几遍，你都没有回应。"

布伦克抱歉地说道："对不起，我刚才在想一些事。您来买东西吗？"说完，布伦克便带着芬格勒太太走进店内。

"没错,我来买五个鱼罐头,我家的猫最近吃得多。"芬格勒太太答道。

布伦克从货架上拿了五个鱼罐头装进袋子里,递给芬格勒太太。

芬格勒太太一边掏钱一边接过袋子:"给你钱。哦,等等,瞧我这记性,差点儿忘了这个。"

说着她从口袋里拿出一封信:"这是我今天打扫花园的时候发现的。这封信的信封上竟然是空白的,我只能拆开信,在信中发现了地址,这封信是给你的。"

布伦克拿起信翻来覆去看了看,心中纳闷:"我怎么会有信呢?我批发的食品都到了呀!这是谁寄来的呢?"

"这个人也太奇怪了,他寄信为什么不去邮局寄呢?"芬格勒太太略感疑惑,"好了,布伦克,如果没什么事了,那我就告辞了。再见,布伦克。明天我还会来采购点东西。"

布伦克心不在焉地回了一句:"再见,随时欢迎。"

这时,店内又来了新顾客,布伦克把那封信放进柜台的一个抽屉里,准备闲下来后再打开瞧瞧。

窗外的雪渐渐小了下来,一阵微风,将最后几片雪花也吹散了。

三

送走了芬格勒太太后,布伦克又去接待顾客。小店照往常一样经营着,小雪与寒风卷着不知从哪搜刮来的枯叶与纸片,敲着店玻璃。

下午来了不少客人,货架空了,但邦贝餐盘里的食物依然是满的。不知哪位客人又在柜台上放了两封空白的信,留了张字条,与芬格勒太太意思相同。布伦克仔细核查过账簿之后,脱下工作服,穿上棕色围裙背心,关了店门。

太晚了,他坐在床上,拿出三封信,刚要阅读,便连打几个哈欠。

摸着厚厚的信纸，布伦克想：算了，明天再看吧。他把三封信搁在了床头。

雪停了，月光惨白，铺洒在窗边、床上。台灯忘了关，灯火与月光融成了一片。

太亮了。

布伦克无法入睡。"邦贝在干什么？发愣？抽烟？"他觉得亮光像大网，蒙住了他的心。

布伦克将头一侧，看见了那三封信。信纸露了出来，亮光映在纸上使他心闷。布伦克瞟了一眼信纸……"等等，这像……邦贝的字?!"有些模糊，但那倾斜而飘逸的字体确实出自邦贝之手。不会错！布伦克立刻挺直身子，用力抓住信。他极力克制心脏的狂跳，披上格子褂，扶起眼镜，踢开被子，坐在桌旁。

三封信的开头都是一个故事，用修改笔涂过。布伦克决定先读三个故事后附的说明，虽然看不清，但三封信对比来看也能勉强读出：

"我——邦贝，特此放飞我写的故事，让他们自己决定故事发生的地点和主人公。见信者可以将故事寄还给我，告诉我故事最后落脚的地方。只有当我——邦贝，得知故事真正发生过了，才会把它们收到《愿望之书》里去……"

布伦克将房间里的吊灯打开，一拳捶在桌上，杯底的咖啡渣晃动起来。深夜，他几乎毫无困意：原来，邦贝一年前向我订气球是为了放飞他的故事！原来，邦贝每天晚上守在窗边是在等待这些故事！原来，邦贝只喝咖啡不吃饭，是在牵挂这些信啊！

"原来如此！"最后，他居然叫出声来。

布伦克站起身来，将咖啡倒了，换上牛奶。他觉得这几天可以少喝咖啡了。

皎洁的月光似乎照得他心里亮堂堂的，他站在窗前，积雪铺在路上，几棵梧桐立在街旁，天上的云逃逸了。

可他突然想到了什么，手中盛牛奶的咖啡杯猛然掉了……

四

是的，布伦克突然想到："我可以帮助邦贝。"是的，他可以。

可是，该怎么让信看起来真的像从远方寄来的呢？布伦克再度陷入了沉思。他绞尽脑汁，白天想，晚上想，躺在床上想，连做梦都在想，没日没夜，连头发都更显花白了。

这天，布伦克翻着他的账簿，心不在焉，手里的账簿散落一地。他漫不经心地捡起，又开始托着脑袋发呆。

突如其来的敲门声打破了店内的宁静。布伦克下意识地站起身，还带翻了椅子。

他打开门，"你的信！"送信人说道。

"谢谢。"布伦克一边接过信一边礼貌地回应。

待送信人走后，他小心翼翼地打开信封，取出信，随手把邦贝写的信放在桌上，开始读刚收到的来信，原来是有一批鱼罐头要从爱尔兰寄过来了。他习惯性地用水把邮票先泡一会儿，然后贴在门上，最后用镊子取下来，拿在手里端详着。

窗外开始下起小雪，几片雪花落在布伦克的桌上，布伦克下意识地把雪花擦掉。

他看了看邮票，又看了看邦贝写的信……

"咦？有了！我可以把合适的邮票贴在信封上，这样就可以当成是从远方寄来的信了！"布伦克兴奋得差点喊出来。他拿出了所有的邮票，立即开始寻找合适的一张……

窗外，几棵梧桐树上还有几点金黄，虽然稀疏，但耀眼。

第九讲

整本书阅读呼唤
　　　怎样的师者

9

我们通常开始于最远的地方、最高的原则、最伟大的理想，然后迷失在富有想象力的思想制造的模糊梦境中。但是如果你从很近的地方开始，从最近的地方——你自己开始，那么整个世界就打开了，因为你就是世界，超出你的世界只有自然。自然不是想象的，它是实际的。现在正在你身上发生的也是实际的。你必须从实际的地方开始，从现在正在发生的开始。而现在就是永恒。

——[印度] 克里希那穆提

耐心和持久，胜过激烈和狂热，不管环境变换到何种地步，只有初衷与希望永不改变的人，才能最终克服困难，达到目的。

——[法国] 儒勒·凡尔纳

此刻，我的手边放着一本书，这本书的封面已经开始泛起黄色的小点，我会时不时让它出来透透气，这就是《教育就是解放心灵》，是享誉世界的心灵导师克里希那穆提的作品。他一生都在对世人说话，所有语言归结为一点，"我只教一件事，那就是观察你自己，深入探索你自己"。他的心，要为世人指明一切伟大智慧的精髓——认识你自己。

好吧，跟大家聊到现在，我们最终回到我们自己吧。

一个追求心灵完整的教师

"我也知道读整本书对孩子来说是一件好事，但是教材要学，考试要考，还有各种各样的杂事，我们想做但是没有时间呀。"

"有没有什么办法，让我很快就能掌握整本书阅读教学的一些方法？"

"是否可以给我们提供一些整本书阅读教学现成的教案和课件呢？"

……………

以上是在一些公开场合或者私下交流时，很多老师表达的感受、愿望与诉求等，这几乎代表了大多数教师内心的真实想法，底层逻辑很清楚：不想、不愿做整本书阅读；要做可以，给我方法，给我技术，给我现成的东西，不要耗费我的时间与精力。

当我把这些内容呈现给你的时候，我的内心再一次被深深地刺痛。我们一面迎接着人工智能带给当代教育的巨大冲击，一面饱含热情地为扑面而来的教育新思潮奔走呼号，一面却牢牢地紧握着已经冰冷斑驳的教鞭乐此不疲地做着机械的、无意义的事情。我们不需要思考，只需要按部就班；我们不需要创造，只需要因循守旧。越来越多的老师追求短平快，追求齐步走，让多少孩子在此间跌跌撞撞、遍体鳞伤。

克里希那穆提认为，教育的中心工作就是实现"心灵的绽放"，不仅仅是学生，还有教师。他认为，"绽放是很重要的，否则教育就会仅仅成为适应工作或某种职业的机械过程"①。事实是，我们正一步步地被卷入这个机械的过程，成为这个过程中的一环。我们勤于追求知识与技术，却疏于思考与改变，而这个过程带来的痛苦与撕裂的体验，并没有让我们停下来静静地思考什么是真正好的教学。

"真正好的教学不能降低到技术层面，真正好的教学来自教师的自身认同与完整"，帕克·帕尔默在《教学勇气：漫步教师心灵》开篇就清晰地阐述了这本书所要表达的重要观点。接着，帕尔默对这个观点做了如下解释："在我所教的每一堂课里，我与学生建立联系进而引导学生与学科建立联系的能力，比起依赖于我采用的方法，更依赖我了解和相信我自己，并愿意使其在教学中运用，且敏于接受其影响的程度。"在帕尔默看来，"不好的老师把自己置身于他正在教的科目之外——在此过程中，也远离了学生。而好老师则在生活中将自己、教学科目和学生联合起来"②，追求的是一种完整的教育人生。

帕尔默认为，"好的老师具有联合能力。他们将自己、所教学科和他们的学生编织成复杂的联系网，以便学生能够学会去编织一个他们自己的世

---

① 克里希那穆提.教育就是解放心灵[M].张春城，唐超权，译.北京：九州出版社，2010：序言.
② 帕克·帕尔默.教学勇气：漫步教师心灵 十周年纪念版[M].吴国珍，等译.杨秀玲，审校.上海：华东师范大学出版社，2014：2-3.

界",而"好老师形成的联合不在于他们的方法,而在于他们的心灵——这里的心灵是取它古代的含义,是人类自身中整合智能、情感、精神和意志的所在"[1]。也就是说,我们每个人、每个教师都具备这种"心灵",就看我们愿不愿意、能不能够动用"它"来形成一种联合能力,将自己与孩子们眼前所学的内容,以及孩子的当下和未来形成深度连接。从这个意义上来说,当我们能够觉察出整本书阅读之于儿童的意义,之于自身生命的意义时,这种来自外部和内部的力量的不断聚合,会塑造我们生命的完整。

21世纪初,当我一次次地尝试着将儿童文学的整本书阅读带进小学语文课堂时,其他班级的孩子正埋头于各种各样名目繁多的练习。我曾经做过一个调查,我们班一学期的阅读量人均20多本,其中阅读量最多的一名同学读了56本,最少的读了6本。孩子们爱读书是家长希望看到的,可是这样大量地阅读,特别在同轨班级都在进行应试练习的情况下,孩子们的学习成绩也就成了家长们担忧的问题。家长们的想法是可以理解的,那么是不是意味着我得放弃?不,我选择了坚持,选择了一种近乎执拗的坚持。当孩子们的生命在阅读中一点点绽放的时候,当我也能清晰地感受到自己内心的火焰在腾腾燃烧的时候,我为什么要选择放弃呢?即便是大家都在围绕着分数转圈,我也愿意走在这条孤独的道路上。一种寂寞中的丰盈,让我欲罢不能。

二十多年前开展整本书阅读教学,面临着"一穷二白"的境地:没有资料,没有可以借鉴的经验。能有的也就是自己的这一番热情,一份从未想过失败的热情。可随之而来的一个个问题摆在了我的面前:孩子们读的书从哪里来?什么时候读书时机最佳?用什么方法能让孩子们尽快地、自觉地爱上读书?怎么组织读书讨论?等等。我开始了思考与探索……

---

[1] 帕克·帕尔默.教学勇气:漫步教师心灵 十周年纪念版[M].吴国珍,等译.杨秀玲,审校.上海:华东师范大学出版社,2014:3.

首先，我根据自己多年来班主任工作的经验，将少先队组织中的"雏鹰假日小队"这一形式与阅读活动相结合，形成了班级读书会的管理网络，并与日常的教学工作融为一体，较好地解决了班级读书会的组织问题，还充分调动起了孩子们的阅读热情；另外我还组建了多样的书友队，也就是将学生分为 10 个小队（当时我们班一共 65 个孩子），每个小队每学期有自己的共读书单，读完后与其他小队交换图书，这样孩子们只需花一本书的钱，就可以读到 10 本不同的书，班级读书会中比较棘手的书源问题也就迎刃而解了。

可是如何组织学生进行整本书的阅读交流呢？这真是让我一筹莫展。作为一名小学语文教师，我已经习惯了单篇课文的教学，虽然课文内容不同，但还是有基本的路数的。可是如今面对的是整本书，一本书基本上有十多万字，和一千字不到的单篇课文相比，不是一个"丰富"所能概括得了的。怎么办？那段时间，这个问题一直缠绕着我，让我纠结……还记得那时候，中央电视台的《艺术人生》正在热播，我喜欢这个栏目，喜欢这种对话所营造的无拘无束的氛围，在主持人精心设计的一个个话题中，我们听到了一个个灵魂的诉说。不知怎么，我突然想到如果把《艺术人生》的对谈方式移植到我们的班级读书会中，那会怎么样呢？说行动就行动，于是就有了《草房子》整本书阅读交流活动中的尝试。我把整个阅读交流分为四个板块，即心心相印（人物篇）、真情告白（感悟篇）、精彩回放（朗诵篇）、推而广之（推介篇）。为了创设一个平等交流、自由无拘束的氛围，我让孩子们围坐在一起，彼此可以看到对方的目光，而我也和孩子们一样坐着。静静地倾吐，静静地倾听，在欢笑与泪水中，在碰撞与反思里，孩子们完全沉浸在曹文轩老师所营造的温馨的精神家园中。我一定没有记错，那是 2003 年的 9 月，那个金黄的秋天。这个在别人看来普通到不能再普通的秋天，对于我来说，对于我的孩子们来说，却有着不一般的感受，我想孩子们会和我一样，永远不会忘记。

就在给你们讲述过往的这一幕幕时，泪花在眼眶里打转。二十多年来，我一直做着一件事情：和孩子们一起读书。这件事情，将我和孩子们的生命，以及作品的生命、作者的生命，还有故事中人物的生命，紧紧地联系在一起了。

一个深具思考能力的读者

在整个儿童阅读活动中，一个有协助能力的大人，特别是一位老师，他的任务究竟是什么呢？我们可以说他做了提供、刺激、示范和响应等工作。

他可以给孩子们提供图书和时间去阅读，还有一个吸引人的阅读环境，让孩子们想去阅读。

他可以刺激孩子们想成为一位深具思考能力的读者。他可以为孩子们示范读故事，并以实际行动让孩子们见识一位优秀的读者该有的样子。他还会在所属的阅读团体中响应与分享他的阅读心得，同时协助并引导孩子也能有所响应。[①]

还记得第七讲中，我们看到了艾登·钱伯斯在《打造儿童阅读环境》这本书的开篇描绘的"阅读循环"示意图。在这个图的中央，赫然写着"有协助能力的大人"，可见在儿童阅读活动中，居于核心位置的就是有协助能力的大人。如何才能成为有协助能力的大人呢？艾登·钱伯斯在这本书的最后做了如上总结。就拿第三点来说：刺激——他可以刺激孩子们想成为一位深具思考能力的读者。

---

① 艾登·钱伯斯.打造儿童阅读环境[M].许慧贞，译.北京：北京联合出版公司，2016：183.

要想把学生培养成深具思考能力的读者，教师首先就要成为深具思考能力的读者，就像艾登·钱伯斯说的，"读者也是由读者造就的"①。

为什么特别强调这一点，那是基于几点思考：

一是教师理应成为一名读者。非常遗憾的是，目前很多中小学老师是不大读书或者说是不热爱阅读的。在第二讲中，我们曾经谈到数字时代对儿童的冲击，其实不仅仅是对儿童，对成人的冲击也相当大。很多老师在繁忙的工作之余，将看朋友圈、刷小视频等动作当成了休闲，而这种碎片化的阅读不但不能提高一个人的阅读能力，反而会极度扰乱人的心智，让人无法长时间专注地去学习、阅读。如果一位教师自己都不读书的话，那怎么可能培养出爱阅读的孩子呢？所以这是一个重要前提。

二是教师要成为一名经常阅读的读者。一项针对某省中小学教师阅读状况的调查（共计有效问卷 8 719 份）显示，当被问及"过去一年，你阅读了大约多少本书（纸质书和电子书均可）"这个问题时，被调查者回答"几乎没有读书"的占比为 13.4%，回答"5 本左右"的占比为 63.7%，回答"10 本左右"的占比为 17.2%，回答"20 本以上"的占比为 5.7%。②由此可见，中小学老师的阅读量是极其有限的。我们都知道一个优秀的阅读者必定拥有一定的阅读量，没有一定的阅读量作为支撑，谈何独立思考与理性判断？

三是教师要成为敢于突破自己舒适区的读者。选择什么样的书来阅读，也体现了一个阅读者的阅读偏好和阅读取向。从我个人从事的儿童阅读教师培养工作来看，仅以教育类书籍为例，老师们对于教育理论、课程理论、

---

① 艾登·钱伯斯.打造儿童阅读环境[M].许慧贞，译.北京：北京联合出版公司，2016：172.
② 刘莘.中小学教师的阅读现状与出路[EB/OL].(2022-12-04)[2024-06-05] https://mp.weixin.qq.com/s/6BjmWCmOHM5xie3Sy_vj3Q.

教学理论、文学理论、阅读理论等方面的理论书籍比较犯怵，而比较喜欢容易阅读且能立刻转化为教学实践的书籍，如教学设计、教学案例、教学叙事等。作为一名教师，如果仅仅限于阅读一些侧重于技术、方法类的书籍，则无法形成全局性理解和深刻的洞察力，也就无法实现自身的跨越式发展。

因此作为教师，首先要成为一名读者，然后在大量阅读童书的基础上，还要不断突破自己的认知边界，既要关注"术"的层面，也要关注"道"的层面，这样才有可能成为一名深具思考能力的读者。

一个共创式教练

大约在4亿年前，一条勇敢的小鱼慢慢爬上了岸，迈出了它在坚实的陆地上的第一步，它没有回头，没有回到熟悉的海洋，它头也不回地往前走，往前走……这就是提塔利克鱼。

当这个可爱的小鱼来到陆地，突然之间，它发现自己看到的东西更多，也能看到更远的地方了。以前在水里，光只能穿行几十米，它只能看到眼前很少的一部分东西。可是现在呢，光的传播距离几乎是无限的，它毫不费力地就看到了遥远的地平线。

小小的一步，却成就了大大的改变。很明显，提塔利克鱼看见的东西显著地影响了它的思考方式。以前在水里，看见的距离近，看见的东西少，心思单纯、反应敏捷就足以应付一切了。而在陆地上，它看见的距离远，看见的东西多，就可以腾出时间思考各种不同的行动方案，衡量每种方案的优缺点。这个时候，它的想象力就有了施展的空间。

接着，各种超乎想象的进化就开始了……

当司空见惯的教育生活正逐渐消磨着我们的热情、好奇与冲动时，我们是不是也可以来学着做一条提塔利克鱼，从自己原有的认知海洋，勇敢地上岸，融入教育生活坚实的陆地，开始一场场智识的探险，让生命重新被点燃呢？

爱因斯坦说："问题是不可能在产生这个问题的原有框架中被解决的。"① 我们必须认识到：在过去信息不对称的时代，教师依赖自身积淀的知识和经验就可以实施教学。可伴随着数字时代的到来，这种信息的不对称已然被打破，孩子们可以通过各种不同的渠道获取知识，从而挑战着教师的教学权威，从这个意义上来说，教和学的边界会变得越来越模糊，学习正逐渐转变成一个"输入、创作、分享"的综合体验过程。在这样的背景之下，教师在教育过程中扮演的角色也会随之发生变化，"去中心化"的思想也越来越深入人心。

那么，如何改变我们旧有的角色模型，进入一个新型的角色定位呢？"共创式教练"的提法，或许能给我们一些启发。

"教练"一词源自西方管理学，是从日常生活和对话、运动心理学及教育学等发展出来的一种新兴的、有效的管理技术，能使被教练者洞察自我，发挥个人的潜能，有效地激发团队并发挥整体的力量，从而提升企业的生产力。中国企业领导力训练专家唐渊认为，当主客双方关于学习的互动关系形成的时候，就形成了"教练"。由此可见，教练不是企业的专利，它适用于所有学习关系，包括教师和学生。教学本身就是一种活动的过程。"教练"就是教练者运用教练技术帮助他人通过学习获得成长从而达成目标的一种活动。而这种活动的主体"教练者"，我们给他一个角色称谓叫"教练"。

---

① 转引自：顾远，周贤. 教育 3.0[M]. 北京：中国纺织出版社，2022：6.

"'共创'这个词是指教练与被教练者之间的关系是积极且互动的。在共创式教练过程中,两个平等个体为了实现被教练者需求而建立的关系,也可以被当作一种同盟关系。"①《共创式教练:转变对话,蜕变人生》一书中提出了共创式模型(如图9-1)。

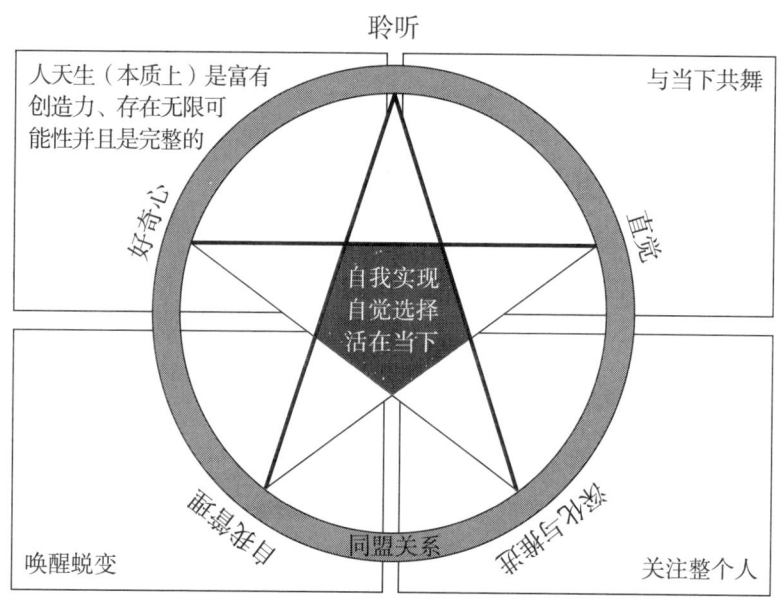

图 9-1 共创式模型②

从图中,我们可以看出整个共创式模型立足于四大基石:

一是人天生(本质上)是富有创造力、存在无限可能性并且是完整的。

---

① 亨利·吉姆斯-霍斯,凯伦·吉姆斯-霍斯,菲利普·桑达尔,等.共创式教练:转变对话,蜕变人生 第4版[M].王宇,译.叶菁,审校.北京:电子工业出版社,2020:10.
② 亨利·吉姆斯-霍斯,凯伦·吉姆斯-霍斯,菲利普·桑达尔,等.共创式教练:转变对话,蜕变人生 第4版[M].王宇,译.叶菁,审校.北京:电子工业出版社,2020:18.

只有坚信这一点，教练才能成为被教练者"坚定的陪伴者与支持者，而不是充满焦虑和担心的搀扶者"①。作为教师，我们应该看到儿童身上所蕴藏的无限潜能，他们未来的发展充满了无限的可能性，我们要做的就是毫无保留地相信他们。尤其在整本书阅读当中，老师们经常会担心孩子们不会做（说），做（说）不好，这些心底的怀疑，孩子们是能感受得到的，这无疑会成为他们发展中的一大障碍，不能让孩子获得对于自己的正确认知，失去了前进的动力。

二是关注整个人。教练（教师）面对的不是一个问题，一次对话，一次阅读活动，而是一个人。这是一个完整的人，他拥有心、智、身、灵。而我们现在的教育过度关心智识的部分，以阅读一本书为例，我们更关心的是读过一本书，你积累了哪些好词好句，懂得了什么道理，学会了什么阅读策略，接下来你打算怎么做，甚至还要求学生背诵一些内容只为应付考试，等等。

"今天教育创变的一个重点，在于突破把人的发展狭隘定义为智力的开发这样一种占据西方百余年的文化传统，也正是这样的狭隘性导致我们面临的教育体系擅长头脑的教育，而忽略了心的教育。"②在第二讲中，我们曾经提到学习型组织之父彼得·圣吉的这个观点，放在这里再次温习一下。那么，智识的部分不需要吗？需要，也有必要去学习，但它不是全部。一个看似正确的做法，可能带来情绪的负面影响、身体的莫名不适，以及缺乏对生命的体察。作为教师应该意识到，只有我们所做的每一件事情与孩子的生命全然交织在一起时，也就是"当理智、情感和身体三者处于完全

---

① 亨利·吉姆斯-霍斯，凯伦·吉姆斯-霍斯，菲利普·桑达尔，等.共创式教练：转变对话，蜕变人生 第4版[M].王宇，译.叶菁，审校.北京：电子工业出版社，2020：11.
② 丹尼尔·戈尔曼，彼得·圣吉.三重专注力：如何提升互联网一代最稀缺的能力[M].倪韵岚，译.北京：机械工业出版社，2017：XX.

的和谐时，心灵的绽放就会自然地、不费力地、完美地到来"①。

三是与当下共舞。"'共舞'一词对应共创的两个本质，'共'在于协作，'创'在于舞动着向前。在一个真正意义上的共创式对话中，有一些'舞蹈片段'是由教练引领的，有一些是由被教练者引领的，有一些根本分不清是谁在'领舞'、谁在'跟随'。"②我觉得将"共舞"投射到"共读"活动当中，再合适不过了。在整本书阅读实施的过程当中，教师要选择一个恰当的姿态出现在孩子们面前，除却我们通常意义上对自我身份的认同，教师还是一名读者、一名聊友、一名协作者。最伟大的创新并非来自单个的发明家，那种自上而下、指挥控制式的解决问题方式也产生不了最伟大的创新。真正伟大的成功，是团队为了共同目标协同工作的结果。③所以，教师要把自己看成团队的一员，和大家共同开启一段探索的旅程。

四是唤醒蜕变。"在共创式教练对话中，教练与被教练者的共同目标是赋予后者更完整的生命……就像一棵树，从叶片到枝杈，从枝杈到树干，最后到根部，你会发现看似无关的事物实际上总是有着千丝万缕的联系，这种联系是深层次的……教练应通过这个具体的目标看到更深层次的东西，看到那棵树完整不可分割的、宏观的生命全貌，看到对被教练者来说更为重要的东西，也就是被教练者的具体目标掩盖下的那些更深层次的内容。"④

---

① 克里希那穆提.教育就是解放心灵[M].张春城，唐超权，译.北京：九州出版社，2010：2.
② 亨利·吉姆斯-霍斯，凯伦·吉姆斯-霍斯，菲利普·桑达尔，等.共创式教练：转变对话，蜕变人生 第4版[M].王宇，译.叶菁，审校.北京：电子工业出版社，2020：15.
③ 转引自：斯坦利·麦克里斯特尔，坦吐姆·科林斯，戴维·西尔弗曼，等.赋能：打造应对不确定性的敏捷团队[M].林爽喆，译.北京：中信出版社，2018：推荐序.
④ 亨利·吉姆斯-霍斯，凯伦·吉姆斯-霍斯，菲利普·桑达尔，等.共创式教练：转变对话，蜕变人生 第4版[M].王宇，译.叶菁，审校.北京：电子工业出版社，2020：15-16.

这段话跟我们熟知的"冰山理论"有异曲同工之处。我们往往只看到了事情的一部分或者说是很小的一部分，就以为我们看到了事情的全部，这种"不知道自己不知道"的可怕随处可见。

在整本书共读过程中，我们要尽全部心力为孩子挑选最适合他的那一本，清楚地知道这本书的阅读对于他们的生命有着怎样的照耀。"儿童时代是各种感受形成的关键期，非常容易受到影响，并且正因为时间短暂，所以较之成人更不能接受平庸之作，不能让儿童在这方面浪费时间。儿童时代的印象是持久的。这些印象累积起来，就成了他们长大之后表现出的人格类型，正如谚语所说的，'儿童是成人之父'。"①在与学生围绕一本书展开的对话中，我们也应该充分借助于共读的这本书以及探讨的话题，在一定程度上实现对儿童情感的滋养和精神的唤醒。

一个教练过程，最终是为了实现被教练者的需求并促使其获得成长。那么很显然，居于共创式模型（如图9-1）核心位置的一定是被教练者。"自我实现、自觉选择、活在当下"既可以看作从被教练者的生命全景来确定现在应该采取何种行动，也可以看作被教练者从带到教练过程中的具体问题出发而需要连接的内容。作为教练的教师应该在教练的过程中帮助被教练者（学生）通过一本书的阅读过程，寻找到一种生命的意义感和价值感，能够在纷繁杂芜的世界里寻找到安顿精神之舟的坚固之锚，真正感受和体验生命滋养自我的过程，如此组合在一起就创造了能够实现生命完整的光和热，用钱理群教授的话来说，就是"打下精神的底子"。

再来看看共创式模型，其中有一个圆环被称为"同盟关系"，它表示"在共创式模型中，能量会聚集到教练关系之中，而不是教练身上。被教练

---

① 转引自：松居直. 我的图画书论[M]. 王林, 选编. 郭雯霞, 徐小洁, 译. 乌鲁木齐：新疆青少年出版社, 2017: 63-64.

者与教练一起建立高效的工作关系来满足被教练者的需求"①。同盟关系清楚地指明了教练和被教练者之间是一种共创式的协作关系。在这样的关系中，教练需要在教练过程中导入五种要素，才能促进同盟关系的形成与稳固。

一是倾听。倾听来自被教练者的声音，尤其需要进入声音背后的更深的层次，了解被教练者目前处于生命的什么阶段。在整本书阅读中，教师的聆听姿态，将直接激发孩子的表达欲望，而充分的表达才能让教师对接下来的对话做出正确的引导，并将这样的引导与孩子所处的生命状态紧密联系起来。

二是直觉。"直觉非常重要，有时它所带来的感受和信息要远远高于有意识的分析和推理。"② 这一点对整本书阅读的讨论来说非常重要。在对话过程中，我们对孩子的回答做出的回应往往来自自己的直觉，直觉不仅能实现及时有效的反馈，也能促进其进一步投入对话当中。有时我们也可以根据直觉对对话的进程做出适时的调整，最终实现讨论的目标，但这对于大部分教师来说是有难度的，因为这种不确定性有时会让我们束手无策。这也告诉我们，成为一名有经验的教练，是需要不断学习的。

三是好奇心。教练的工作是通过提问的方式来引导被教练者进行探索的，因此教练应该要保持足够的好奇心，"教练过程中的好奇心会使教练和被教练者并肩进入被教练者生命中去探索更深的领域，期待着能够发现些

---

① 亨利·吉姆斯-霍斯，凯伦·吉姆斯-霍斯，菲利普·桑达尔，等.共创式教练：转变对话，蜕变人生 第4版[M].王宇，译.叶菁，审校.北京：电子工业出版社，2020：21.
② 亨利·吉姆斯-霍斯，凯伦·吉姆斯-霍斯，菲利普·桑达尔，等.共创式教练：转变对话，蜕变人生 第4版[M].王宇，译.叶菁，审校.北京：电子工业出版社，2020：22.

什么"①。整本书阅读的过程其实就是师生相互协作共同发现的过程，在此过程中教师应该充分相信学生是有能力寻找到答案的，通过具体的有针对性的问题逐步打开学生的心扉，当学生能感受到来自教师的好奇心时，那么学生的好奇心也会被足够调动起来。

四是深化和推进。推进被教练者行动的实施是教练的核心目的。前面已经提到如何设计主题、话题和问题，这是整本书阅读交流顺利推进的前提。在讨论过程中如何促进更高层次的理解，这对于学生来说就是一个学习的过程，而这种学习有可能会促使学生的蜕变，由此可以帮助学生看到自身的潜力，产生更多的想法。

五是自我管理。"自我管理是一种能使教练把个人观点、偏好、骄傲、防御心态或小我放置一边的能力。教练应该沉浸于被教练者的状态和感受，而不是忙于处理自己的思想、分析与判断。自我管理意味着教练放弃做自以为正确、让自己得意的事情。光芒应该始终在被教练者身上闪耀，而不是在教练身上。"②说白了，教练应该树立并践行"以人为本"的观念，知道自己的使命是帮助被教练者实现需求。对于教师来说，就是要秉持"儿童为本位"的教育理念，以"学"为中心组织和开展整本书阅读活动，将"小我"放置一边，充分相信每一个孩子。在教学设计的时候，多考虑孩子的学习起点，少用一些看似漂亮实则毫无意义的噱头；在与孩子进行讨论的时候，让孩子多说，自己少说，不能跟孩子抢着说，更不能忙不迭地把自己的理解硬塞给孩子，应该更多地赋能每一个孩子。

---

① 亨利·吉姆斯–霍斯，凯伦·吉姆斯–霍斯，菲利普·桑达尔，等.共创式教练：转变对话，蜕变人生 第4版[M].王宇，译.叶菁，审校.北京：电子工业出版社，2020：23.
② 亨利·吉姆斯–霍斯，凯伦·吉姆斯–霍斯，菲利普·桑达尔，等.共创式教练：转变对话，蜕变人生 第4版[M].王宇，译.叶菁，审校.北京：电子工业出版社，2020：24.

我们每个人要努力成为一名"教练型教师"。作为在教学活动中提供服务的一方,我们要服务于学生生命的成长,支持他们发生蜕变。这是一个非常愉悦的生命体验过程,而我们的生命也会因为和孩子们的生命紧紧联系在一起,变得更有意义。

生命需要我们做出改变。"无论我们是谁,生命都会让我们经历那些必须面对的事。但问题是,我们愿意将这个力量用于自我改造吗?我发现,只要我们愿意在更深的层次处理自身的改变,那么即使是在非常激烈的情况下也不会留下心理伤痕。"[1]

朋友们,我们正在面对和经历我们应该面对和经历的一切,那就尊重生命中的这种变革性力量,坦然接受生命对自己的引渡吧。

---

[1] 迈克·A.辛格.臣服实验[M].易灵运,译.南京:南京大学出版社,2019:187.

附录 FULU

整本书阅读推荐书目

1.《戴小桥全传》

   梅子涵 / 著

2.《青蛙和蟾蜍》

   [美国] 艾诺·洛贝尔 / 文·图；潘人木、党英台 / 译

3.《弗朗兹的故事》

   [奥地利] 克里斯蒂娜·涅斯特林格 / 著；湘雪 / 译

4.《我和小姐姐克拉拉》

   [德国] 迪米特尔·茵可夫 / 著；程玮 / 译

5.《一年级大个子二年级小个子》

   [日本] 古田足日 / 著；[日本] 中山正美 / 绘；彭懿 / 译

6.《了不起的狐狸爸爸》

   [英国] 罗尔德·达尔 / 著；[英国] 昆廷·布莱克 / 绘；代维 / 译

7.《豆蔻镇的居民和强盗》

   [挪威] 托比扬·埃格纳 / 著；叶君健 / 译

8.《火鞋与风鞋》

   [德国] 乌苏拉·韦尔芙尔 / 著；湘雪 / 译

9.《查理和巧克力工厂》

〔英国〕罗尔德·达尔 / 著；〔英国〕昆廷·布莱克 / 绘；任溶溶 / 译

10.《夏洛的网》

〔美国〕E.B. 怀特 / 著；任溶溶 / 译

11.《长袜子皮皮》

〔瑞典〕阿斯特丽德·林格伦 / 著；〔瑞典〕英格丽德·万·尼曼 / 画；李之义 / 译

12.《德国，一群老鼠的故事》

〔德国〕维里·费尔曼 / 著；程玮 / 译

13.《总有一天会长大》

〔挪威〕托摩脱·蒿根 / 著；裴胜利 / 译

14.《去往圣克鲁斯的遥远之路》

〔德国〕米切尔·恩德 / 著；何珊 / 译

15.《隧道的森林》

〔日本〕角野荣子 / 著；〔日本〕大庭贤哉 / 绘；魏雯 / 译

16.《随风而来的玛丽阿姨》

〔英国〕帕·林·特拉芙斯 / 著；任溶溶 / 译

17.《罐头里的小孩》

〔奥地利〕克里斯蒂娜·涅斯特林格 / 著；〔德国〕安妮特·斯沃博达 / 绘；任溶溶 / 译

18.《绿野仙踪》

　　［美国］莱曼·弗兰克·鲍姆 / 著；马爱农 / 译

19.《雪地寻踪》

　　［俄罗斯］维·比安基 / 著；韦苇 / 译

20.《我的妈妈是精灵》

　　陈丹燕 / 著

21.《男生贾里全传》

　　秦文君 / 著

22.《女生贾梅全传》

　　秦文君 / 著

23.《草房子》

　　曹文轩 / 著

24.《城南旧事》

　　林海音 / 著

25.《人间草木》

　　汪曾祺 / 著

26.《小鹿班比》

　　［奥地利］费利克斯·萨尔登 / 著；邹绛 / 译

27.《柳林风声》

　　［英国］肯尼斯·格雷厄姆 / 著；杨静远 / 译

28.《爱丽丝漫游奇境》

[英国]刘易斯·卡罗尔/著；王永年/译

29.《孤岛上的 23 堂写作课》

[意大利]帕多文尼高·巴卡拉里奥、[意大利]亚历山德罗·加蒂/著；张皓舒/译

30.《风与树的歌》

[日本]安房直子/著；彭懿/译

31.《佛兰德斯的狗》

[英国]奥维达/著；王家湘/译

32.《铁路边的孩子们》

[英国]伊迪斯·内斯比特/著；任溶溶/译

33.《不老泉》

[美国]娜塔莉·巴比特/著；吕明/译

34.《回声》

[美国]帕姆·穆尼奥兹·瑞恩/著；孙张静/译

35.《战马》

[英国]迈克尔·莫波格/著；李晋/译

36.《小王子》

[法国]安东尼·德·圣埃克苏佩里/著；程玮/译

37.《时间的折皱》

[美国]马德琳·英格/著；黄聿君/译

38.《胡萝卜须》

[法国]儒勒·列那尔/著;徐知免/译

39.《少年小树之歌》

[美国]佛瑞斯特·卡特/著;姚宏昌/译

40.《最后一个讲故事的人》

[美国]唐娜·巴尔巴·伊格拉/著;马爱农/译

41.《下落不明的故事》

[德国]莱因哈特·容/著;[英国]艾玛·奇切斯特·克拉克/插画;钱飏/译

42.《战地厨子和半个小兵》

[荷兰]本尼·林德劳夫/著;[荷兰]路德维希·沃尔比达/绘;张雨童/译

43.《永远讲不完的故事》

[德国]米切尔·恩德/著;李士勋/译

44.《风之影》

[西班牙]卡洛斯·鲁依斯·萨丰/著;范湲/译

后记 HOUJI

2004年,我出版了第一本专著《班级读书会123》。

2007年,修订版《班级读书会ABC》由北京师范大学出版社出版。

2024年,《走向深度阅读:小学整本书阅读教学9讲》即将正式出版。

二十年来,发生了太多的变故:

我亲爱的母亲和父亲,先后离开了这个世界。感谢他们生我养我,教会我善良、真诚,让我有勇气和力量面对这个世界和自己的内心。

我离开了体制,却更加热爱教育。我走上了一条充满荆棘的创业路,虽然磕磕绊绊,但是让我在最好的时候看到了更加辽阔的世界。

去年,我经历了人生中的一大困境,我笑着面对,没有一丝恐惧,感谢这么多年来深深滋养了我的儿童文学,以及一本本启迪生命的书。

2023年仲夏的一天夜晚，我跟先生在小区里散步。

"如果你知道生命即将结束，你还会平静地去做你手头还没有完成的事情吗？"我问。

"我会的。"先生说。

"我也会的。"我说。

于是，我选择从2023年开始写这本书，不仅是写给你的，也是写给我自己的。

感谢在这条路上指引、帮助过我的所有师友，感谢你们的加持！

感谢我的先生朱晓东，是你的爱与包容让我成了今天的我。

岳乃红

2024年6月5日